¿De dónde *demonios* salió el Eneagrama?

FÁTIMA FERNÁNDEZ CHRISTLIEB

TÍTULO DE LA OBRA: Eneagrama. ¿De dónde demonios salió el Eneagrama?

COORDINACIÓN EDITORIAL: Gilda Moreno Manzur
DIAGRAMACIÓN: Abigail Velasco
PORTADA: Víctor Gally

Ilustración de la portada basada en la obra Ars Brevis; [Logica Nova]/Raymundus Luyll [ms 993], publicada en 1432. Copia digital. Madrid: Ministerio de Cultura. Subdirección General de Coordinación Bibliotecaria, 2006. Número de control: BVPB20070010624. Biblioteca Palma. © 2006 Ministerio de Cultura. Objeto digital 11000951, p. 6. Tomado de: http:/bvpb.mcu.es/es/consulta/resultados_busqueda.cmd?posicion=2&forma=ficha&id=154

© 2016 Editorial Pax México, Librería Carlos Cesarman, S.A.
Av. Cuauhtémoc 1430
Col. Santa Cruz Atoyac
México DF 03310
Tel. 5605 7677
Fax 5605 7600
www.editorialpax.com

Primera edición
ISBN: 978-607-9472-08-5
Reservados todos los derechos

a Óscar

a Diego, Mariana y Andrea

a Óscar, Adrián y Andrés

¡GRACIAS!

A Óscar, por su versátil, alegre y profundo apoyo de cada día.

A Adelaida Harrison, en quien encontré siempre a una interlocutora más entusiasta que yo, aun desde antes de comenzar la redacción.

A los miembros del Seminario de Comunicación en el Instituto de Investigaciones Sociales de la UNAM, sin cuya retroalimentación esto no se hubiera transformado en un libro.

A Teresa Barrenechea, a Jorge Mendoza, a Ángeles Mastretta y a mi mamá, por sus sugerencias.

A Maurilio Suárez Ortiz, por su tiempo y sus libros en préstamo y en regalo.

A Remy, porque el sedimento que me dejaron sus incursiones en tantas tradiciones fue definitivo.

A Tere Berumen, por sus perfectos apuntes sobre lo que no traen los libros.

A Beatriz Solís, por tantas décadas de complicidad en este tema.

A Óscar y Mary Velasco, por su cercanía siempre motivante.

A Aarón Sánchez Ortega, por su apoyo en la búsqueda de libros por las bibliotecas de la UNAM.

A Ana Cecilia Terrazas y a Gerardo Gally, por su convicción de que este libro puede ayudar a cambiar vidas.

A Gilda Moreno, por su enorme profesionalismo editorial y su cálida paciencia.

A aquellos con los que tomé cursos o talleres de Eneagrama. Van las gracias en orden cronológico: Alfonso Ruiz Soto (1989), Ilse Kretzschmar (2004), Claudio Naranjo (2007), Rafael Ruiz (2008), Andrea Isaacs (2010), Ginger Lapid-Bogda (2011), Adelaida Harrison-Andrea Vargas (2012), Peter O'Hanrahan- Mónica Tinoco (2013) y Roberto Pérez (2015).

Índice

Introducción:

¿Desde dónde y para qué se escribe este libro?

Estoy rodeada de personas que al escuchar la palabra Eneagrama hacen un gesto de rechazo o abiertamente expresan su desinterés. Lo asocian con una técnica para atrapar ingenuos y desinformados o lo identifican con un producto más del creciente mercado de la autoayuda. En parte tienen razón. Se trata de algo que con frecuencia ha caído en manos de gente que únicamente lo ve como un juego trivial de nueve personalidades o una forma fácil de ganarse la vida.

Conocí a una mujer joven que, tras abandonar sus estudios de secundaria, comenzó a ganarse la vida colocando uñas postizas. Años después la encontré ofreciendo consultas de Eneagrama. "Es divertidísimo –me dijo–, y no falla, tarde o temprano todos mis clientes se van con su número." "Sí, se van sonrientes y etiquetados", pensé. Ella y quienes le hacen caso por lo general no tienen elementos para mirar más allá, están lejos de percatarse de que la ubicación de su persona en uno de los nueve tipos de personalidad no es más que la máscara que su ego adoptó para sobrevivir en este mundo. El Eneagrama va mucho más allá. Esto de las fijaciones del ego es una pequeña parte.

Hay otro tipo de personas, en la academia especialmente, que no saben ni quieren saber qué es el Eneagrama. Hace tiempo eligieron sus creencias y, si bien se dan cuenta de la obvia diferencia de personalidades que encuentran en los habitantes de su mundo, piensan que se deben a los cuatro temperamentos de Hipócrates, a los genes o tal vez a algún suceso de su vida privada. La mayoría de mis colegas saben con quién y cómo llevarse, así como también tienen muy claro cuál debe ser su correcto comportamiento social para evitarse problemas y punto final. No pensarían que el Eneagrama encierra puntos de contacto con las tesis cuánticas de David Bohm o con algunas teorías de punta de la biología evolucionista contemporánea.

Por supuesto, no es mi intención convencer a nadie de nada. Escribí este libro para responder las preguntas que a mí me surgieron cuando la vida me puso el Eneagrama en las narices. Necesitaba saber de dónde había salido y si era tan serio como yo lo percibí desde el primer momento.

En este libro que tienes en las manos no es mi intención explicar de cabo a rabo lo que es el Eneagrama. No, para nada. Eso está escrito en decenas de otros libros. Lo que encontrarás aquí es una historia de cómo creo que se ha articulado este conocimiento a través de los siglos. Aquí están vertidas algunas respuestas que no había encontrado de manera satisfactoria durante años a interrogantes como: ¿de dónde viene este conocimiento? ¿A quién se le ocurrió y cuándo? ¿Cuán serio y verificable es? Creo haber entrado en el territorio en el que se responden estas interrogantes a lo largo de los capítulos. Solo eso: coloqué un pie firme en el camino que lleva a desentrañar el origen real del Eneagrama. Dije un pie, falta el otro. Se requieren más investigadores que no trabajen en solitario como yo, sino en equipo, con una dirección clara, un financiamiento razonable y un plazo de terminación porque se trata de una historia sin principio preciso, creo que sin final.

Es apenas en la segunda mitad del siglo XX cuando el Eneagrama se abre masivamente y la bibliografía es ahora, en la segunda década del siglo XXI, tan extensa como variada. Si alguien entra hoy a una librería y hojea un texto sobre el tema puede soltarlo rápidamente por considerarlo como la enésima oferta del "atrévete a ser feliz", o puede comprarlo y devorarlo para quedar asombrado y buscar otro y otro más. Todo depende de qué libro encontró y de qué tipo de búsqueda se trate. Lo mismo ocurre con los sitios de internet.

Los caminos para dar con el Eneagrama son muy diversos. El mío fue ese territorio que no falla: el de la confianza profunda en alguien. Corría el año de 1971, acababa de comenzar a estudiar una segunda carrera en la Universidad Nacional Autónoma de México (UNAM). En el primer año coincidí con un compañero que, al igual que yo, quería formarse para contribuir en la construcción de un ámbito social más justo. El entorno era beligerante, los comités de lucha y los colectivos de distinto tipo formados al calor del movimiento estudiantil de 1968 estaban en plena actividad, el materialismo histórico prevalecía sobre cualquier otro enfoque que intentara comprender la realidad. Sobrevivir intelectualmente era sinónimo de aprender a pensar por uno mismo y tener claro en qué y en quién confiar.

Al día siguiente del sangriento jueves de Corpus de 1971, teníamos clase de ciencia política a las siete de la mañana en la Ciudad Universitaria. Como es obvio, nadie podía hablar de otra cosa, la furia y el desconcierto por lo ocurrido la noche anterior permeó todo. En la Facultad de Medicina, a unos pasos de la de Ciencias Políticas, tendido sobre un pizarrón, yacía un estudiante asesinado. El enojo, la desazón, la tragedia unía a los presentes y cada quien hallaba explicaciones y consuelo con los más afines. Yo encontré la afinidad, ese día y los que vinieron después, en un compañero de nombre Rafael Landerreche. Su herencia intelectual era consistente, su búsqueda de sentido era descomunal. Valiente al enfrentar a los adversarios, disipaba mis dudas con lecturas que me abrían los ojos y la mente cada vez más. Años después me habló del Eneagrama. Un día me regaló un casete de audio con el fragmento de un seminario impartido por Richard Rohr[1] en Nuevo México, y me dijo algo así como "esta eres tú". La cinta contenía un tipo de personalidad del Eneagrama. Lo escuché varias veces con creciente atención y me impactó. ¿De dónde salía esa larga y pormenorizada descripción tan acertada de mis zonas de luz y oscuridad? Tardé años, muchos años, en despejar la incógnita.

Me quedé a trabajar en la UNAM. Ahí estudié la maestría y el doctorado. Ahí fui directora de la televisión universitaria, ahí he dado clases durante las últimas cuatro décadas, ahí encontré el modo de investigar interdisciplinariamente, ahí me quisiera morir. Aunque haya incursionado en el periodismo y en la administración pública, lo mío es la academia y esta tiene reglas del juego. Una de ellas es hacer ciencia de la manera más contundente posible y otra, en México, es pertenecer

---

[1] Richard Rohr es un estudioso y practicante contemporáneo del Eneagrama; nació en 1943 en Topeka, Kansas. Es conferencista y autor de varios libros, entre ellos *El hombre salvaje, El Dios desnudo y El Eneagrama. Los nueve rostros del alma.* Desde 1986 está al frente del Centro para la Acción y la Contemplación en Albuquerque, Nuevo México.

al Sistema Nacional de Investigadores, además de someterse a diversas evaluaciones académicas.

Explicito lo anterior para dejar en claro que no podía conformarme con los escasos párrafos o páginas de antecedentes que suelen aparecer al inicio de los libros sobre el Eneagrama. Necesitaba preguntar quién es el autor, cuál es su fuente, qué documento respalda sus afirmaciones, qué validez epistemológica tiene tal conocimiento y así sucesivamente. Algo parecido les ha ocurrido a numerosas personas en varios países y al mismo tiempo. Quizá por ello han brotado tantos libros como hongos en tiempo de lluvia. Hay una enorme necesidad de verificar que se trata de un conocimiento fincado en fuentes comprensibles y consultables.

Este libro contiene no solo las respuestas que yo hallé en cuanto documento me adentré para captar la naturaleza de las fuentes. Además, está preñado de un ejercicio casi cotidiano dirigido a poner en práctica lo que el Eneagrama me ha enseñado hasta ahora. Cuando se tiene el privilegio de compartir la vida con alguien que está decidido a potencializar sus talentos, que admite sus errores y vierte lo mejor de su energía en hacer que las propias fortalezas emerjan y trasciendan, este instrumento se convierte en algo muy valioso, en una clave inagotable para desentrañar las zonas difíciles de la existencia y también los espacios de claridad y de fuerza innata. Nunca será suficiente mi agradecimiento con la vida por haberme colocado frente y junto a Óscar Moreno Arózqueta.

Un dato adicional: ya cumplí sesenta años, es decir, ya entré a esa etapa en que uno escribe preferentemente acerca de lo que en el tránsito por la vida ha considerado realmente valioso, sea en lo académico o en lo personal. Lo he comentado muchas veces, va una más: no quisiera llegar a la última fase de la vejez sin escribir aunque sea unas cuartillas sobre temas a los que por puro gusto, por mera convicción y sin propósito laboral alguno, les he dedicado años. El Eneagrama, sus orígenes y sus alcances es uno de ellos. Este libro fue redactado, pues, desde una búsqueda que no hallará reposo mientras viva. Por mucho que avanzara en el terreno documental y en el práctico, y aunque comprendiera cómo opera en los niveles últimos, quedarían pendientes demasiados misterios acerca de cómo estamos construidos más allá del cuerpo tangible y cómo es que estamos vinculados a todo lo existente. La anatomía de nuestra naturaleza sutil ha sido una ausencia lamentable en el paradigma de la ciencia contemporánea en Occidente.

Este libro está dirigido principalmente a todos aquellos que en algún momento se han preguntado de dónde surgió el Eneagrama. Para quienes nunca hayan escuchado esa palabra, ofrezco aquí varias versiones. Una aclaración: durante todo el libro encontrarás escrita la palabra Eneagrama con mayúscula porque el instrumento es realmente único (además, Word así lo escribe aunque yo coloqué la minúscula).

En las últimas tres décadas se han escrito más libros sobre el Eneagrama que en los muchos siglos que esta herramienta tiene sobre la Tierra. Sí, el Eneagrama es algo muy antiguo, aunque durante largo tiempo no se le haya llamado así. Algunas de las primeras civilizaciones que poblaron nuestro planeta dejaron testimonios tangibles de su búsqueda por armonizar sus relaciones humanas, por trascender las limitaciones de la mente y por hallar el vínculo entre esta y el universo. Últimamente han surgido autores que ofrecen elementos para ubicar el Eneagrama en una u otra etapa o cultura, pero el mapa completo no está concluido. Hace falta investigación profunda y sostenida que comparta cada hallazgo para integrarlos en un todo coherente que abarque por lo menos 4 000 años de historia.

Primero ofrezco la etimología griega que aparece en cualquier escrito sobre el tema: "enea": nueve y "grama": escrito, trazado, línea. "El nueve era un término griego énneaz que servía para designar el plural de plurales, es decir el infinito, el todo", se afirma en la presentación de un texto de Plotino.[2] En varias culturas el número nueve tenía un significado más profundo, más relacionado con la unidad; no se trata de una mera designación de nueve unidades, sino de una convergencia matemática relacionada con todo lo existente. La palabra Eneagrama hace también referencia a un símbolo o diagrama que se encuentra ilustrado en las centenas de ensayos sobre el tema y que está en la portada de este libro. ¿De dónde surgió este símbolo? ¿Tuvo

---

[2] Tomado de Plotino (2009), *Amor, Belleza, Daimon*, México: Editorial Me Cayó el Veinte, p. 13.

una evolución o desde el principio se trazó como actualmente se le conoce? ¿Quién lo trazó? ¿En qué año? ¿En qué lugar? Tal vez algún día un equipo de filólogos, historiadores o apasionados por este tema dediquen unos años a sumergirse en documentos antiguos y tal vez nos respondan todo esto con absoluta precisión. También llegará el momento en que se verifique la existencia del símbolo trazado con rubíes sobre mármol afgano blanco en un monasterio ubicado en el Hindu Kush. Por lo pronto, con este libro entrego lo que yo encontré. El resultado me dejó tranquila y entusiasmada a la vez.

El fondo de este símbolo del Eneagrama, sus usos, su interpretación, su significado, se encuentran dispersos en la historia. Aquí me remonté tan lejos como fue posible y este recorrido es el contenido central del libro. Cuanto más avanzaba en la construcción de hipótesis sobre el origen y el desarrollo de este conocimiento, más puertas nuevas se me abrían y más rutas de investigación se trazaban. Cada vez que esto me sucedió formulé un tema de estudio pendiente. Por consiguiente, este texto se encuentra lleno de pistas y pletórico en preguntas.

Sigamos con la definición del Eneagrama, no sin hacer una aclaración: como ya lo dije, quienes creen que se trata únicamente de un juego de nueve personalidades se han quedado en el aspecto inicial de este asunto. Ese es solo un primer paso que tendría que dar cualquiera que desee convertir sus días en algo más divertido y con menos conflictos con quienes lo rodean. Una vez logrado esto, encontrará un mar de fondo que llega hasta el origen y funcionamiento del universo.

Comencemos con la definición que una estudiosa estadounidense del Eneagrama, Helen Palmer, aportó en 2004, dieciséis años después de haber publicado su primer libro, es decir, tras haber reflexionado y tenido contacto con el funcionamiento concreto de este conocimiento. En el prólogo de un libro de otra colega dice: "Puede afirmarse que el Eneagrama es el sistema de desarrollo personal más antiguo del planeta y, como todos los verdaderos mapas de conciencia, se renueva a partir del modelo conceptual de cada nueva generación" (Lapid-Bogda, 2006: 11). La siguiente definición es también producto de una larga experiencia de trabajo cotidiano con el Eneagrama: "Es una matriz vital, que pone de manifiesto la impronta energética, característica esencial de la persona y también raíz y fuente de todos los procesos vinculares de la personalidad" (Pérez, 2015: 11).

Es bastante conocida otra definición de Eneagrama que me parece relevante porque trae implícita una historia y una teleología. Hablo de la joya redactada por John G. Bennett poco antes de su muerte en 1974. En un par de párrafos este personaje seductor[3] sintetiza primero el recorrido de esa fracción de la humanidad que ha buscado siempre la autorrenovación para explicar después, en términos de algunos matemáticos antiguos, cómo es que la unidad como repetición infinita del número nueve puede ser simbolizada. Después de hacer algunos cálculos, concluye: "La combinación de estas características dio lugar a un símbolo que resultó tener una importancia sorprendente, ya que podía representar cualquier proceso que se renueve por sí mismo, incluyendo, claro está, la vida humana. Este símbolo está formado por nueve líneas y por eso recibe el nombre de Eneagrama" (Bennett, 2007a: 16). A eso le agrega algo de igual importancia: "Es un instrumento que nos capacita para ver el modo y el momento en que se ajustan los acontecimientos a las leyes cósmicas y nos permite así reconocer lo que hay de posible y de imposible en las empresas humanas" (Bennett, 2007a: 21). Esto exige desprejuiciarnos un poco. Si esto de "leyes cósmicas" ya te sonó a esoteria trillada, intenta seguir leyendo; puedes no entrar en ley alguna, mantener tu propia explicación acerca del funcionamiento de la vida y quedarte únicamente con un antecedente histórico de una eficaz tipología de personalidades. Sin embargo, tengo que advertir que no solo es cuestión de dejar fuera los prejuicios, sino de intentar aceptar que las raíces y el desarrollo del Eneagrama se ubican más en una concepción organicista de la vida y de la evolución que en una visión mecanicista sustentada en una causalidad lineal. De otro modo no es posible captar lo que dice Bennett o su maestro Gurdjieff.

---

[3] Leer la autobiografía de este viajero, diplomático y buscador inglés nos lleva a verificar que hay seres humanos que logran combinar el hambre de conocimiento científico con la intuición, la perseverancia y la humildad para autocriticarse. Se publicó en 1974, bajo el título de *Witness*, a cargo de la editora Omen Press de Tucson, Arizona.

Si atendemos a la etimología árabe, según Laleh Bakhtiar,[4] al Eneagrama sufí se le llama *Wajhullah*, lo cual significa "Signo de la presencia de Dios". Quien redacta la introducción a uno de los libros de esta autora afirma que la búsqueda del Eneagrama es llegar a ser un "Cero" y esto ocurre cuando el ego empírico o la falsa personalidad se disuelve en la suprema identidad.[5] Como podemos comenzar a percatarnos, el terreno que tocaremos es de una complejidad mayor de lo que comúnmente se cree.

Un discípulo de Gurdjieff –sin quitarle ese halo críptico que caracteriza a este autor– nos dice: "El Eneagrama es el jeroglífico fundamental de un lenguaje universal, que tiene tantos sentidos diferentes como hay niveles de hombres… El Eneagrama es el movimiento perpetuo, es ese *perpetuum mobile* que los hombres han buscado desde la más lejana Antigüedad, siempre en vano. Y no es difícil comprender por qué no podían encontrarlo. Buscaban fuera de sí mismos lo que se hallaba dentro de ellos; y trataban de construir un movimiento perpetuo como se construye una máquina, en tanto que el movimiento perpetuo es una parte de otro movimiento perpetuo y no puede ser creado fuera de este. El Eneagrama es un diagrama esquemático del movimiento perpetuo, es decir, de una máquina en movimiento eterno" (Ouspensky, 1977: 383).

Hay un par de definiciones que incluyen un elemento clave al hablar de la naturaleza del Eneagrama: la sabiduría perenne. Una fue elaborada por Jerome Wagner[6] y dice así: "El Eneagrama es una tipología psicológico-espiritual con raíces que se remontan a varias tradiciones de sabiduría perenne y con tallos que se extienden a través de varias escuelas de psicología moderna" (Wagner, 1998: 1). Retomando la idea de la filosofía perenne, Don Richard Riso y Russ Hudson presentan

---

[4] Bakhtiar, Laleh (2013b): *The Sufi Enneagram. The Secrets of the Symbol Unveiled*, Chicago: Institute of Traditional Psychology.

[5] Introducción de Samuel Bendeck Sotillos a *The Sufi Enneagramm: The Secrets of the Symbol Unveiled*, p. XXXIV.

[6] Un año después, en 1999, también Riso y Hudson hablan del Eneagrama como una condensación de la sabiduría universal, como "filosofía perenne acumulada durante miles de años por cristianos, budistas, musulmanes (especialmente sufíes) y judíos (en la Cábala)". P. 19 de *La Sabiduría del Eneagrama*, Barcelona: Editorial Urano (2000).

otra definición: "El Eneagrama moderno de los tipos de personalidad es una síntesis de muchas y diferentes tradiciones espirituales y religiosas. En gran parte es una condensación de la sabiduría espiritual, la filosofía perenne acumulada durante miles de años por cristianos, budistas, musulmanes…" (Riso y Hudson, 2000: 19). Se le llama perenne porque dura indefinidamente, porque atraviesa los paradigmas científicos y filosóficos que los seres humanos construyen para avanzar en el conocimiento del mundo.

Va una última definición que me parece maravillosa. Anthony G.E. Blake dice[7] que el Eneagrama es una obra maestra del arte simbólico y es la punta de un iceberg, cuya masa está formada con los pensamientos no hablados de la humanidad, los cuales a veces reciben el nombre de noósfera. Esto, añade Blake, no es un final sino un punto de inicio. Conforme entramos en ello, el Eneagrama se disuelve en una intensidad de pensamiento que difícilmente podemos sostener. No es diferente, agrega este autor, al Árbol de la Vida Kabbalista o al I Ching. Para verlo tenemos que ser capaces de crear nuestras propias formas. "Las características esenciales del Eneagrama son realmente universales. Las he encontrado en la ciencia, en los negocios, en los mitos y en el cine. Están bloqueadas en las liturgias antiguas… el Eneagrama no es solo un modelo para lo que hacemos o estudiamos, sino para lo que intentamos. Es un llanto humano obstinado por el deseo de significado" (Blake, 1996: xviii).

Podríamos tener a la vista decenas de definiciones más, pero por el momento basta con estas, dado que arrojan dos elementos de primerísimo orden: los procesos de autorrenovación y la sabiduría perenne. No tengo duda de que en ambos se encuentra la línea de continuidad que estuvo extraviada durante mucho tiempo.

Este escrito dio muchas vueltas antes de hallar un hilo conductor. La convicción de la antigüedad inequívoca del Eneagrama fue siempre un motor. Lo que por meses me impedía avanzar era que no hallaba una hipótesis que me convenciera. Tenía varias. Después de haber leído completos algunos de los textos que aparecen en la bibliografía, me incliné por refutar la conclusión a la que llega John Bennett casi

---

[7] En el prefacio a su libro *The Intelligent Enneagram* (1996), Boston: Shambala.

al final de su vida: "El conocimiento que, después de todo, enseñó Gurdjieff como 'sus ideas' surgió al colocar juntas dos mitades de una misma verdad. Una mitad se encuentra en la tradición occidental –principalmente platónica– y la otra mitad en la tradición oriental, principalmente Naqshband" (Bennett, 1975: 60).

Algo me inquietaba sobre esta conclusión de Bennett: sentía que, por un lado, había colocado a la Grecia de Platón y de Pitágoras como cabeza civilizatoria de Occidente sin decantar sus fuentes y sin considerar las civilizaciones que los precedieron y alimentaron. Por otro lado, tenía la impresión de que a mediados de los años cincuenta del siglo pasado este autor se deslumbró con los sufíes Naqshbandi al viajar a la antigua región de Bokhara, mientras que el conocimiento que recibió Gurdjieff procedía de otra matriz, la cual habría que ubicar. Hacia allá me enfilé.

Si cuatro son las civilizaciones más antiguas de la humanidad: la babilónica, la egipcia, la india y la china, comenzaría por ellas, en el entendido de que todo lo demás vino después, la Grecia clásica incluida. Con esto en mente empecé a leer en desorden, pero poco a poco fui atraída hacia un orden implícito dictado por las decenas de páginas introductorias sobre la historia del Eneagrama que había leído. Ninguna hablaba de China ni de la India. Egipto se asomaba de vez en cuando, en unas ocasiones por las dos épocas en que fue dominado por los persas aqueménidas de vecinazgo caldeo y, en otras, apuntando a ese cuerpo de conocimientos reunidos por iniciados egipcios y griegos entre los siglos III y I antes de la era común,[8] llamado *Corpus Hermeticum*, en el que resultaba fácil perderse si la búsqueda estaba enfocada a los orígenes del Eneagrama. No deseaba extraviarme en ese laberinto. Recordé entonces una idea de Norbert Elias, estudioso de los procesos civilizatorios: "La tradición europea, como un continuo desarrollo, se remonta a la antigüedad del Cercano Oriente y la grecorromana. Desde allí se puede rastrear a través de la Edad Media

---

[8] Los historiadores contemporáneos ya no usan el término "antes de Cristo", los reclamos de investigadores de otras religiones o tradiciones y de los agnósticos y ateos fueron escuchados. Ahora se dice "antes de la era común".

hasta los tiempos modernos" (Elias, 1998: 206). Si la grecorromana es posterior, lo indicado era comenzar por el Cercano Oriente.

El arranque estaba claro: la región comprendida entre el Tigris y el Éufrates sería mi puerta de entrada, misma que además resultó ser un eje articulador que me llevó desde dos mil años antes de Cristo hasta el siglo XX. Luego vino la hipótesis: el Eneagrama no está compuesto por dos mitades. Si comenzamos con la civilización babilónica podemos hallar un solo eje que tenga presente el intercambio cultural con Egipto y las migraciones hacia Persia, que contemple los abrevaderos de la Grecia clásica, sin olvidar el cristianismo primitivo y el oriental, hasta llegar al siglo XIII, a esta centuria medieval plena de diagramas y de intercambios con el mundo musulmán. Siete siglos después, con inquisiciones y secrecías de por medio, algo de todo esto será ofrecido a Gurdjieff como una enseñanza compleja y críptica que aún tiene ángulos por desentrañar.

Había que probar pues, que no hay dos mitades, sino una sabiduría que arranca en Mesopotamia y se ha conservado hasta hoy. No hay dos mitades, sino una serie de fragmentos en espera de ser articulados por un hilo conductor que ya se asoma.

Hallé evidencias fehacientes de la matriz caldea del número nueve, así como del uso de la circunferencia y del deseo de alcanzar el Absoluto desde la corporeidad humana. Emergieron indicios muy claros del manejo de vicios y virtudes entre los Padres del Desierto en el siglo IV, especialmente en el legado de Evagrio Póntico. Verifiqué el uso de un símbolo muy parecido al que hoy se maneja, con nueve vicios y virtudes, en la obra de Raimundo Lulio en el siglo XIII, época en que los grandes maestros sufíes explicitan su moral práctica con grandes coincidencias. Saltaron los protoeneagramas[9] elaborados por Athanasius Kircher en el siglo XVII. Me sorprendió el entorno de las iglesias ortodoxas de Oriente en las que creció Gurdjieff, su interés en los esenios y su condición de víctima del genocidio armenio en el que murió su padre. Logré entender por qué tantos sacerdotes jesuitas incursionaron en el Eneagrama: no fue porque a algunos les gustara lo esotérico, ni porque el símbolo les haya parecido un desafío, entraron

---

[9] Proto, usado en su acepción de prefijo que denota condición de primitivo o incipiente.

en este conocimiento porque su tradición de más de cuatro siglos los llevó hacia las visiones organicistas y complejas del mundo.

La historia completa está por escribirse, pero se requiere una mentalidad que no quiera colocar en un sitio estelar a algún autor, corriente, religión, filosofía o tradición. No debe haber disputa por el origen, es absurdo decir que el Eneagrama nació entre los sufíes y nada más. Tampoco tiene sentido afirmar que únicamente proviene de fuentes cristianas. Lo que en el correr de los siglos hubo fue un juego de intercambios entre la sabiduría caldea, la herencia helénica, el cristianismo primitivo y el medieval, las matemáticas árabes y las culturas vernáculas de varias épocas. El conocimiento sobre la autorrenovación humana y su correspondencia con lo que sucede en el universo amalgamó elementos de varias tradiciones que, en su momento, interactuaron entre sí.

El origen del símbolo del Eneagrama no se deja atrapar. El círculo o la unidad, el triángulo y las tres ancestrales fuerzas de tantas tradiciones, junto con la hexada que explica movimientos y acciones son un reto en cuanto a lo simbolizado y en cuanto a su materialidad primigenia. Surgen deseos de que no se halle nunca y al mismo tiempo la curiosidad se reaviva siempre. Si uno se detiene a observar las tablillas caldeas que se han conservado con la traducción de la escritura cuneiforme que hicieron los arqueólogos de la Universidad de Yale y los de Columbia, se fortalece la idea de que entre esas 500 000 piezas de arcilla puede haber una con el símbolo del Eneagrama. Esta es una inquietud que no se aplacó a lo largo de la redacción, sino que acrecentó mi interés por los magos caldeos de donde es probable que provenga. La incógnita en este punto, confieso, sigue abierta.

Todo lo hasta aquí mencionado es lo que yo deseaba leer algún día articulado en una misma historia. Hice todo lo que pude para hallar las fuentes más directas, pero sigo deseando que otros investigadores escriban la versión definitiva de esto que, durante siglos, más bien fue información de elites ilustradas, conocimiento blindado, pues.

Ojalá que tras su lectura, este texto invitara a alguien, no únicamente a saber más de este tema, sino a vivirlo. También, por supuesto, a indagar con mayor profundidad filológica e histórica lo que aquí se ofrece como posibles líneas de investigación. Se trata de un tema profundo que tomado en serio puede desembocar en crisis. En lo personal, atravesé por varias, muy saludables. El 4 de junio de 2014 estuve a punto de destruir las 80 cuartillas que entonces tenía escritas. Leí el brevísimo prefacio que A.G.E. Blake escribe para los *Estudios sobre el Eneagrama*, de J.G. Bennett, y en su último párrafo me hizo sentir la inutilidad de continuar con mi tarea. Si el conocimiento del Eneagrama proviene de una fuente superior[10] ¿qué hago yo rastreando documentalmente sus orígenes? En realidad me miré haciendo una monografía de escuela primaria. ¿Para qué buscar evidencia empírica de algo que por su naturaleza podría no tenerla? Me desplomé.

Por días me quedé varada hasta que volví a leer, con más tranquilidad, el siguiente fragmento de ese párrafo: "Se ha dado a conocer a algunos occidentales privilegiados, pero solo se transmite de modo práctico a quienes desarrollan un intenso trabajo interior. Baste decir que quien desee fervientemente comprenderlo, encontrará el camino para conseguir el material que necesite. Lo que se incluye en este libro puede servir como trampolín".[11] Si esto es así, pues del trampolín no me pienso bajar. Mientras estoy en él continuaré mi indagación racional por la historia de la humanidad. Los autores convencidos de este origen superior han persistido en su búsqueda, se trata de una metafísica profunda e inteligente, capaz de ser seguida racionalmente sin problema alguno. Eso sí, se requiere intuición y la búsqueda de un estado de conciencia menos denso.

Como dice Blake,[12] para trabajar con el Eneagrama se procede con aproximaciones progresivas. En este momento, en la segunda mitad del año 2015, debo esperar a que otros investigadores tomen la estafeta. Por mi parte, he decidido colocarle un punto final a este escrito.

---

[10] Blake no es el único que hace esta afirmación. Lo respaldan varios autores más: en la introducción a uno de los libros de Laleh Bakhtiar, *The Sufi Enneagram. Sign of the presence of God (Wajhullah). The secrets of the Symbol Unveiled*, p. XII, se dice que hay dos caminos diferentes para comprender el Eneagrama: el tradicional, conectado a la revelación divina y el moderno, que partió del primero. La obra de Raimundo Lulio parte de una visión del símbolo del Eneagrama en una cueva de la isla de Mallorca.

[11] Tomado del Prefacio de A.G.E. Blake al libro de J.G. Bennett (2007a), *Estudios sobre el Eneagrama*, Málaga: Editorial Sirio.

[12] En *The Intelligent Enneagram*, p. 200.

Un comentario adicional antes de dejarle la palabra a la historiografía. En el texto aparecen las aportaciones más significativas de los estudios sobre personalidad, desde sus inicios hasta hoy. Incluí esta información por dos razones: primera, estoy convencida de que un primer paso para adentrarse en el descomunal conocimiento del Eneagrama es la ubicación de la propia personalidad y de la de aquellos con los que interactuamos a diario. Es un paso indispensable en el autoconocimiento de los mecanismos que adoptamos para relacionarnos con los demás, es un instrumento clave para evitar o para solucionar un conflicto humano.

La segunda razón es que en la manera en que cada tipo de personalidad interactúa con los demás hay una vertiente comunicacional inexplorada. Tengo la convicción de que si comprendemos cabalmente cómo nos comunicamos con los demás, es decir, si captamos cuáles son los rasgos comunicacionales de la propia personalidad y de la de quienes nos rodean, es más fácil construir comunidad y también es posible detectar zonas de molestia antes de que surjan los prejuicios y las etiquetas.

Destaco lo anterior también por razones biográficas: primero estudié la carrera de Comunicación en la Universidad Iberoamericana, en aquella época en que los jesuitas impartían algunas clases y los expertos de los medios daban otras. Después entré a Sociología en la UNAM y en esta línea continué durante la maestría y el doctorado; por ello, mi búsqueda de cómo nos comunicamos con los demás y cómo podemos tender puentes desde las diferentes visiones es una constante en mi vida que aparece de manera intermitente en estos apuntes.

Este viaje por el Eneagrama me ha hecho pensar en la historia del universo: una vez puesto en marcha buscamos su origen. Los siglos arrojan hipótesis acerca de cómo se formó y de cómo es que al día de hoy aún se encuentra en expansión. Con el cuerpo humano ha ocurrido lo mismo: aún no terminamos de saber cómo operan algunas glándulas ni cuál es su influencia en la conducta innata de cada quien. Tampoco tenemos muy clara nuestra relación con todo lo existente.

Más adelante quiero estudiar a fondo a los herederos indirectos de Gurdjieff, quienes han escrito maravillas que apenas pude hojear. Su ley de la creación es un portento y su ley de siete me llevan casi todos los días a identificar dónde y cómo mi eneatipo frena los esfuerzos que hago por evolucionar, por ampliar mi conciencia, por ser un mejor ser humano. Creo que su concepto de evolución amerita un buen debate con tantos científicos contemporáneos como Eva Jablonka.[13] También creo que es un desperdicio que quienes siguen ortodoxamente la escuela de Gurdjieff no capten el valor de tantos estudios actuales sobre ese primer paso en la evolución humana: el autoconocimiento. Ambas visiones se complementan. Y un deseo más: que los psicólogos clínicos y los terapeutas se acerquen a este instrumento que no se centra en patologías, sino que coloca en el mismo nivel las zonas de oscuridad y las fortalezas naturales de cada ser humano.

No tengo duda: en estos tiempos de intolerancia, de fundamentalismo y de aplastamiento del otro, del diferente, del que piensa distinto, necesitan contrapeso. Siete mil doscientos millones de seres humanos permeados por entornos individualistas y con paradigmas económicos y políticos agotados necesitan modelos donde todos quepan, donde todos convivan, donde –a pesar de las diferencias– todos tengan iguales oportunidades de crecimiento y donde todos vean luz al final del túnel. El Eneagrama, de verdad, es uno de estos modelos.

---

[13] Genetista nacida en Polonia y emigrada a Israel. Trabaja en el Cohn Institute for the History of Philosophy of Science and Ideas, en la Universidad de Tel Aviv. Escribió, junto con Marion Lamb, *Evolution in Four Dimensions. Genetic, Epigenetic, Behavioral and Symbolic Variation in the History of Life* (2005), MIT Press. La versión en español fue publicada en 2013 por Capital Intelectual, Buenos Aires.

CAPÍTULO I

Babilonia: un gran núcleo civilizatorio de la humanidad actual

Lo más remoto para ubicar el origen del Eneagrama no es, de ninguna manera, el hombre de Neandertal, ni ningún ser humano del Paleolítico. Lo que ocurrió 60 000 o 35 000 años antes de la era común no es importante para lo que aquí buscamos. Esta investigación quiere ubicar vestigios de civilizaciones que se preguntaron para qué habían nacido.

Es posible que la historia que nos importa comience en Uruk, población situada en la ribera oriental del Éufrates, a 225 kilómetros de lo que hoy es Bagdad. Uruk, de cuyo nombre es posible que se derivara después el nombre de Irak, tuvo su apogeo en el tercer milenio a.e.c. y nos importa porque en esa época hubo ahí un templo (Cassin *et al.*, 1982: 42), es decir, un lugar de reunión de una comunidad humana, un incipiente vestigio de una gran civilización: la caldea y babilónica. Esta ciudad aparece descrita al principio de una de las joyas más antiguas de la literatura universal: la epopeya de Gilgamesh, quien en la vida real fue rey de Uruk. Como veremos, esta reliquia de la cultura mesopotámica será mencionada por John Bennett, discípulo de Gurdjieff.

El mundo antiguo, en el que se forjó la sabiduría del Eneagrama, no estaba dividido en estados nacionales ni las fronteras entre los países eran como las de ahora. El conocimiento fluía, tarde o temprano, entre los verdaderamente interesados en las interrogantes fundamentales de los seres humanos y del mundo. Pese a lo que para nosotros son precarios medios de locomoción, en los siglos anteriores a la era común hubo un fuerte intercambio de información y de prácticas entre quienes buscaban alcanzar el mayor desarrollo de la mente y de las potencialidades de mujeres y hombres.

Incluso la tajante división entre Oriente y Occidente nos impide ver influencias recíprocas en épocas muy antiguas. Hay evidencias de contacto, por ejemplo, entre la cultura china y la zona donde centraremos buena parte de la atención: el Turquestán. El relevante estudioso del taoísmo, doctor en filosofía y traductor del *Tao Te Ching* al español, Iñaki Preciado, afirma: "A finales del tercer milenio a.n.e,[14] como consecuencia de la expansión de los *huaxia*,[15] algunas tribus que hasta entonces habitaban las llanuras del centro de China, se vieron expulsadas y tuvieron que desplazarse hasta las tierras del actual Turquestán… Según otra versión, un jefe de las tribus Zhou envió a uno de sus consejeros a la región del Pamir donde fundó un reino" (Lao Tsé [Preciado], 2012: 45). Ambas versiones hacen referencia a zonas en las que se movió Gurdjieff antes de fundar su escuela, a la vez que confirman lo relativo de ciertas afirmaciones históricas.

También hay similitudes, no necesariamente por contacto directo, entre el pensamiento chino del siglo v a.e.c. y el griego de esa época: "…no hay diferencias fundamentales entre el pensamiento oriental y el griego durante el periodo presocrático. Es a partir de Platón y Aristóteles y más específicamente de Euclides y de Arquímedes, que el pensamiento griego tomó una dirección que fue decisiva para el mundo occidental" (García, 2000: 188).

En la Antigüedad los conocimientos tenían un origen ubicable, pero en su desarrollo se desdibujaba la huella de los autores para darse una fusión de culturas, de saberes, de procederes. A menos que se milite en una causa, en una religión, en una etnia o en una secta, los buscadores de las raíces del Eneagrama estarán de acuerdo con que la confluencia de sabidurías ha dado lugar a todo lo que hoy sabemos.

La lección de la historia de los últimos veinticinco siglos de la humanidad es la de la amalgama, las fusiones y las coincidencias

---

[14] A.n.e, antes de nuestra era, es otra forma menos estandarizada que también utilizan los historiadores para denominar lo ocurrido antes de la era común.

[15] Los huaxia, dice este mismo autor, es el pueblo antepasado de los han que surge de la unión de dos grandes tribus, la encabezada por el Emperador Yan y la del Emperador Amarillo. Con el nombre de Huaxia funcionó de 1991 al año 2000 el centro de investigación, hospital y escuela de Zhineng Qigong fundados por el doctor Pang Ming.

de lo que se va hallando en uno u otro lugar. También es el registro de las animadversiones, de la contraposición de miradas distintas, de las luchas egoicas por encumbrar a un líder o a un autor. Quienes estén genuinamente interesados en conocer objetivamente las raíces y los alcances del Eneagrama no pueden llevar agua a su molino particular, no pueden clavar la bandera de su propia ideología en lo que descubren. Se trata de una obra colectiva, en la que hubo hallazgos ubicables geográficamente, en la que ha habido y sigue habiendo aportaciones valiosas, pero que a final de cuentas forman parte de un legado común, de una herencia colectiva. Sumergirse en la historia para dar con datos precisos que confirmen o desarticulen hipótesis es, sin embargo, una tarea indispensable. Ojalá que en los próximos años surjan investigadores que quieran precisar la procedencia de la información actual y también se propongan encontrar la inscripción original del símbolo del Eneagrama. Es importante que así ocurra.

Desde distintos intereses los seres humanos han buscado siempre las evidencias más remotas. Muchos queremos saber dónde comenzó lo que nos llama la atención. Cada vez es más fácil penetrar en un tema sin necesidad de acudir a una biblioteca. La historia de la humanidad está cada vez más al alcance de cualquiera que pueda entrar a internet. Gracias a ello es posible, por ejemplo, saber que un matemático contemporáneo, que vive en Barcelona, está interesado en el origen y en la dimensión cultural de las matemáticas y su incidencia en la historia del pensamiento. Al leer en la red[16] uno de sus textos y, sobre todo, al ver las fotografías de algunas de las tablillas babilónicas fechadas casi dos mil años antes de la era común, uno siente deseos de examinar el conjunto de las 500 000 que se han recuperado para ver si entre ellas está el símbolo del Eneagrama. Este matemático, nacido en León, España, de nombre Pedro Miguel González Urbaneja, afirma que los arqueólogos hallaron medio millón de tablillas de arcilla con textos cuneiformes de la civilización babilónica, de las cuales casi 300 tienen contenido matemático. ¿Y las demás? Si una de las tablillas, la llamada "Yale Y BC 7289", pudo ser estudiada para saber que sus caracteres cuneiformes, escritos en numeración sexagesimal, al traducirse al

[16] www.hezkuntza.ejgv.euskadi/r43-573/es/.../8_pitagoras.pdf (recuperado el 14 de julio de 2015).

sistema decimal resultan ser una aplicación primitiva y empírica del Teorema de Pitágoras, ¿por qué no llevar a cabo algo semejante con alguna otra en la que aparezca un símbolo semejante al del Eneagrama actual? También la Universidad de Columbia conserva otra tablilla, la "Plimpton 322", sobre la cual los expertos afirman que se trata del documento matemático más importante de Babilonia.[17]¿Y si entre esas aproximadamente 470 000 tablillas babilónicas restantes estuviera el símbolo original cuya réplica llegó a manos de Gurdjieff? ¿O si alguna de las que contienen números caldeos es justo esa? Reitero: espero que alguien quiera invertir buena parte de su vida en investigarlo.

Por lo pronto, los hallazgos de la primera representación gráfica del símbolo del Eneagrama no se ubican antes del siglo XIII o no se han hecho públicos.[18] Antes de esta fecha, hasta el presente año de 2015, no se ha encontrado una tablilla, un sello, un documento o algún material original antiguo que lo contenga.

Se habla de un papiro egipcio que contiene el símbolo, pero mientras no se muestre en forma pública y documental, se trata de una conjetura. También se sabe que el papiro Bremmer-Rhind menciona las nueve manifestaciones que dan origen a los habitantes de la Tierra y que forman la *Pesdyet* de Heliópolis,[19] más conocida por el término griego de Enéada. Habría que indagar si este nueve o plural de plurales tiene alguna relación con el sentido del nueve de los caldeos.

Seguir indagando con la ilusión de encontrar alguna reliquia histórica en la que se encuentre dibujado ese círculo con el triángulo y la hexada o hexagrama es importante, pero no indispensable. No hay seguridad de que sea en las primeras civilizaciones cuando esa figura aparezca por primera vez. Hasta hoy, las evidencias empíricas apuntan a que el símbolo pudo haberse diseñado en la Edad Media, cuando los diagramas se utilizaron con más frecuencia para explicar

---

[17] Esta tablilla está fechada entre 1900 y 1600 a.e.c. En el artículo citado de González Urbaneja, "El Teorema llamado Pitágoras. Una historia geométrica de 4000 años" aparecen más datos.

[18] Algunos autores mencionan que Evagrio Póntico usaba el símbolo en el siglo IV, pero, hasta donde llega mi conocimiento, las fuentes y el diagrama no se han publicado.

[19] Tomado de Hart, George (1994), *Mitos egipcios*, Madrid: Editorial Akal.

la realidad circundante y cuando brotaron los genios matemáticos entre los descendientes de caldeos y persas. Lo que sí es evidente en las culturas más antiguas es la necesidad humana de trascender hacia algo que vaya más allá del cuerpo. Lo que sí es rastreable es buena parte del contenido del Eneagrama contemporáneo. Sin embargo, mientras tanto, es necesario mantener simultáneamente la hipótesis de que hubo un sello caldeo que hoy está desaparecido.

El Eneagrama completo, el que rebasa el juego de las nueve personalidades, apunta hacia lo intangible, hacia lo que en diferentes culturas se le conoce con diversos nombres, como el espíritu, el alma, la energía vital, el qi, la esencia. Ahí estaba puesto el interés de quienes comenzaron a hablar del significado del símbolo con sus nueve puntos; hacia allá se ha dirigido, por siglos, la búsqueda en diversas latitudes y culturas. La identificación de cada punto con un tipo de personalidad es una aportación del siglo XX.

Sin embargo, no es ocioso sumergirnos en la historia más antigua con el objetivo de encontrar datos fehacientes que arrojen luz sobre el origen del Eneagrama. A continuación se presentan algunos hallazgos relevantes en este sentido. Si el mundo caldeo ha sido reiteradamente señalado como un posible escenario inicial, era necesario buscar rastros en las fuentes primarias que apuntaron a varios siglos antes de la hoy llamada era común.

Ninguna cultura antigua es cien por ciento pura. La influencia o hibridación es consecuencia del contacto con el otro, con los otros, con aquellos a quienes se les reconoce el conocimiento o la habilidad que la propia tradición no tiene. La fusión de maneras de pensar y de actuar es normal en los pueblos que evolucionan. Por ello, en este rastreo histórico no cabe la búsqueda en una sola línea, lo importante es detectar el enriquecimiento que se logra en estos cruces culturales.

De esta amalgama de tradiciones es de donde proviene el conocimiento que Gurdjieff y sus discípulos dieron a conocer en el siglo XX. Identificar la procedencia de ese conocimiento obliga a echar la mirada muchos siglos atrás.

Entre las menciones a los orígenes del Eneagrama hay una que ha sido retomada por estudiosos serios y que sin ofrecer dato duro o evidencia documental no resulta descartable; se trata de la que hace J.G. Bennett acerca del periodo histórico en que se compiló el poema épico de Gilgamesh. Este era un héroe asirio "célebre por su conquista de la inmortalidad en un poema llamado 'Quien todo lo vio'. La leyenda, que proviene de un personaje histórico, rey de Sumeria del III milenio, revela la inquietud por descubrir el mundo del más allá y la preocupación ante la muerte".[20] Hace 4 500 años, época del poema –dice Bennett–, "apareció en Mesopotamia una hermandad de sabios que descubrió el secreto cósmico de la autorrenovación continua y lo transmitió de generación en generación. Durante largo tiempo se conservó en Babilonia y hace 2 500 años se reveló a Zoroastro, a Pitágoras y a otros grandes sabios que ahí se reunieron en tiempos de Cambises (rey persa que conquistó Egipto en el 524 a.C.). Posteriormente los guardianes de la tradición emigraron hacia el norte y hace unos mil años llegaron a Bokhara tras atravesar el río Oxus" (Bennett, 2007a: 14). Bokhara es no solo una ciudad sino una región situada al norte de lo que hoy es Irán y Afganistán.

Esta afirmación ha sido objeto de comprobación histórica posterior. Llama la atención que un hombre con inicial formación científica, como Bennett, la utilice como punto de partida para sus escritos. Él estudió en el King's College School en Gran Bretaña y ahí dirigió el Instituto para Estudios Comparados en Historia y Filosofía de la Ciencia. La cita anterior revela varias cuestiones importantes:

Primera, la búsqueda de la autorrenovación permanente, que es un elemento central del Eneagrama.

Segunda, la aparición de una hermandad de sabios precisamente en la cuna de la cultura babilónica, expandiéndose hacia el norte, hacia la zona de Bokhara y Nishapur.

Tercera, la transmisión oral de este conocimiento de una generación a otra, tal y como hasta el siglo XX fue comunicado el Eneagrama.

Cuarta, la existencia de un intercambio informativo que sostienen caldeos, persas, egipcios y griegos, que después será objeto de inter-

---

[20] Nota de Elena Sabás, traductora de *Estudios sobre el Eneagrama*, de J.G. Bennett, en la página 14 de dicho texto.

cambio entre árabes y cristianos cuando aquel conocimiento aún no recibía el nombre de Eneagrama.

Quinta, las emigraciones y la expansión del conocimiento de la antigua Babilonia hacia la región donde Gurdjieff asegura haber recibido conocimientos. El río Oxus, citado por Bennett, antes se llamó Pamir y se ubica precisamente en esa región donde hoy hacen frontera Afganistán, Tayikistán, Turkmenistán y Uzbekistán.

Estas cinco derivaciones de la cita llevan a plantear la hipótesis de que algunos de los conocimientos fundantes del Eneagrama proceden de aquella región donde posteriormente afloraron persas y árabes. A esto habría que agregar otro cruce de culturas y lenguas: el que ocurre en el siglo XIII entre algunos linajes sufíes, algunos científicos persas y árabes y algunos medievalistas europeos. Una derivación de este conocimiento es lo que llega a Gurdjieff a finales del siglo XIX y principios del XX. Quede pues esta hipótesis en mente mientras incursionamos por las evidencias empíricas que heredamos de los caldeos.

LOS CALDEOS

En varios textos y testimonios encontramos la misma aseveración: el símbolo del Eneagrama es de origen caldeo. No se suele decir más, muy pocos se preguntan si esto es así, en tal caso qué significa o si hay alguna otra fuente. Un rastreo historiográfico profesional sería conveniente. Por lo pronto, aquí se presentan algunos elementos para avanzar en esa dirección.

Para ubicar a los caldeos es preciso tener presente la región de Mesopotamia, cuya etimología (entre ríos) remite a una zona inequívoca de Asia: la que se encuentra entre el Éufrates y el Tigris. Dos milenios antes de la era común se encontraban asentados ahí dos imperios: el asirio en la parte norte y el babilónico en la parte sur. Este último tuvo dos épocas de florecimiento, la primera aproximadamente entre los años 2100 y 689 antes de la era común y la segunda entre 625 y 538. Este resurgimiento se dio con el impulso de un pueblo semítico, el caldeo, de la familia de los arameos,[21] establecido en el sur del Imperio babilónico, el cual sometió a los acadios. De estos provino la denominación de caldeos (de kaldú). Posteriormente los griegos llamaron Caldea a toda la región mesopotámica, pero con el paso de los siglos, los estudiosos llaman caldeos únicamente a quienes tenían conocimientos profundos sobre los astros y la naturaleza humana. A estos se les llamó *magos*, en el sentido babilónico original y con esta denominación llegó a la lengua persa, aunque después adquirió además un sentido negativo: "Este doble sentido, el que tenía entre los persas y los medos de 'miembro de una noble tribu sacerdotal' y el de 'embaucador' era conocido en Grecia desde el siglo v a.C. […] los autores griegos se esforzaron en subrayar que los magos (i.e. el clero de Persia) no practicaban la magia en sentido peyorativo" (Meier, 1997: 650). Fue el Imperio romano el que se encargó de imprimirle una connotación negativa, "si bien la palabra 'magos', por sus ecos de mística oriental podía ser entendida en sentido positivo o negativo" (Meier, 1997: 649).

A la mitad del siglo IX a.e.c. los caldeos establecen seis principados, "en estas nuevas poblaciones y en particular en Bit-Yakin es donde Babilonia volverá a cobrar vitalidad" (Cassin *et al.*, 1983: 2). De aquí que con frecuencia los términos caldeo y babilónico se utilicen como sinónimos.

Hegel, en su intento de reconstrucción de la historia de las primeras civilizaciones, señala el vínculo de las culturas babilónicas con sus contemporáneas de Asia Menor y norte de África: "El contacto de Babilonia con los judíos y los egipcios empezó en los tiempos que siguieron a la caída de Sardanápalo, cuando los reinos antes subyugados por los asirios se hicieron independientes. Los judíos sucumbieron a las fuerzas superiores y fueron llevados a Babilonia. Gracias a ellos tenemos noticias exactas sobre el estado de este imperio posterior, de la Babilonia caldea. Hallamos, en efecto, entre los babilonios a los caldeos, pueblo de las montañas que se mezcló con ellos, como los magos

---

[21] Información procedente de las investigaciones del equipo encabezado por la historiadora Elena Cassin, especialista en derecho y economía de la Babilonia antigua, publicadas en 1965, en Alemania, por Fischer Bücherei k.g. de Frankfurt y por Siglo XXI de España en 1971. Consultado en la decimosegunda edición de 1983.

entre los medas" (Hegel, 1974: 338). Esta mención hegeliana a los magos es relevante; era un grupo altamente instruido, poseedor de conocimientos que no compartían fácilmente.

La denominación de caldeo, en la edad Media y hasta el siglo XIII, se le daba a los astrólogos y matemáticos, esto como herencia de los romanos. No se designaba así a los habitantes de una zona de Mesopotamia sino a quienes poseían ciertos conocimientos. A principios del siglo XIX Hegel usa el término en el mismo sentido: "Habla de los magos, entre los cuales se distinguen los intérpretes de las escrituras, los adivinos, los astrólogos. Los sabios y los caldeos que explicaban los sueños" (Hegel, 1974: 338).

La reconstrucción del mundo caldeo se ha realizado con evidencia empírica a partir de 1802, cuando se logra descifrar la escritura cuneiforme de los persas. Antes de ello, las fuentes para la historia de Caldea eran únicamente la Biblia, la tradición oral y algunos textos griegos.

A lo largo del siglo XIX se traducen documentos escritos originalmente en persa antiguo, en elamita y en lengua asirio-babilónica. Equipos de arqueólogos e historiadores europeos[22] aplaudieron con entusiasmo la aparición de un cúmulo de registros originales de esas tierras con una antigüedad aproximada de diez siglos antes de la era común. Este es su testimonio: "Gracias a un azar feliz se descubrió en Nínive la biblioteca de Asurbanipal (669-627 a.e.c.[23]), el último rey asirio, quien había coleccionado todas las obras literarias y religiosas

---

[22] Entre ellos, tres nacidos a principios del siglo XX: Jean Vercoutter, miembro del Instituto Francés de Arqueología Oriental del Cairo y miembro honorario del Instituto Alemán de Arqueología de Berlín; Elena Cassin, también historiadora de las religiones especializada en la Babilonia antigua, y Jean Bottéro, profesor de historia del antiguo Oriente en la École de Hautes Études de Francia, quien descifró los archivos reales de Babilonia.

[23] La autora no coloca siglas junto a las fechas. Se añade a.e.c., que significa antes de la era común, como es usado por los científicos sociales que prefieren la exclusión de connotaciones religiones de una sola tradición. La Asociación de Academias de la Lengua Española y la Real Academia Española, en la última edición de *Ortografía de la Lengua Española*, admite los términos a.e.c. y d.e.c. (antes y después de la era común); ver página 695 de la edición presentada en la Ciudad de México el 18 de agosto de 2011, ISBN: 978-84-670-3426-4.

de babilonios y asirios, así como de los antiguos sumerios, disponibles en su época" (Cassin, 1982: 3).

En esta biblioteca que —según Cassin y su equipo de investigadores— contenía más de 100 000 tablillas,[24] hay quienes creen que se incluía en una de ellas el símbolo del Eneagrama. Es probable. No se tiene todavía evidencia original fehaciente de un sello de la época que lo lleve. Lo que es un hecho es que las culturas asentadas entre el Éufrates y el Tigris utilizaban sellos de estampa o sellos cilíndricos, grabados con un fino buril de caña con el cual se hacían impresiones sobre el barro húmedo, los cuales se colocaban después en las tablillas escritas para su identificación. Pudo haber quedado en una de ellas el tan buscado símbolo, pero pudo también ser una elaboración posterior tras la fusión de algunos elementos caldeos con otros sufíes y cristianos, como veremos más adelante. Todo esto es material pendiente para posteriores investigaciones históricas. La sabiduría caldea se amalgamó durante siglos con las culturas que le fueron vecinas y con aquellas con las que hubo intercambios o conflictos bélicos. Los hombres de conocimiento del antiguo Egipto y ciertos filósofos de la Grecia clásica recibieron información de los sabios del Imperio de Akkad, y de sus predecesores. Es muy probable que la sabiduría del Eneagrama, o el antecedente remoto de lo que sale a la luz en el siglo XX, haya sido conocida por los magos caldeos, quienes a su vez intercambiaron conocimientos y experiencias con los sabios de otras regiones y cuyos descendientes emigraron hacia el noroeste de Mesopotamia, como sugiere la cita de Bennett. Son varios los estudiosos que coinciden en afirmar que los magos caldeos constituyen la fuente primigenia del Eneagrama.

Los escritos de Bennett que se adentran en estas épocas mencionan con frecuencia a los caldeos. Según este autor, lo que más le importaba a Gurdjieff era el intento por transformar las energías humanas para los más altos propósitos y afirma que de eso sabían los caldeos: "Creo que esta doctrina fue sostenida por los caldeos en tiempos de la destrucción

---

[24] Los investigadores no coinciden en el número de tablillas halladas. Cassin habla de 100 000, mientras que González Urbaneja menciona que son alrededor de medio millón. La ubicación física de las tablillas es una tarea pendiente para saber si hay alguna con el símbolo del Eneagrama.

de Babilonia…" (Bennett, 1975: 43). Y más adelante agrega: "Mi propia suposición es que esto es algo que Gurdjieff aprendió a través de contactos realizados en aquellas partes de Medio Oriente que por milenios han sido llamadas Irán. De aquí su profundo interés en Babilonia. Nadie puede leer lo que Gurdjieff escribió sobre Babilonia sin ver qué tan profundamente impresionado quedó" (Bennett, 1975: 45).

Son numerosas las referencias a la sabiduría caldea en los escritos antiguos que van de la Grecia clásica al Renacimiento. Pitágoras, quien vivió temporadas en Babilonia, estaba al tanto del legado caldeo, mismo que dio inicio muchos siglos antes de que él naciera. A su vez, enseñó lo aprendido en las múltiples estancias en centros de cultura de varias regiones. Hay quien afirma que Pitágoras fue iniciado por los magos caldeos: "Si él (Gurdjieff)[25] realmente encontró a los Maestros, a los sucesores de los Magos que iniciaron a Pitágoras, esto no solo hace que su trabajo sea mucho más interesante para los propósitos de un estudio objetivo sino que también tiene grandes implicaciones para el resto de nosotros" (Gilbert, 2002: 43).

Durante cuarenta años Pitágoras tuvo alumnos que diseminaron sus conocimientos en distintas latitudes, centuria tras centuria, hasta llegar al siglo XV y deslumbrar a tal grado a Pico della Mirandola que este decidió estudiar la lengua asirio-babilónica para conocer directamente el legado de los magos caldeos tan mencionados por los pitagóricos y por tantos autores posteriores. En su célebre *Discurso sobre la dignidad del hombre*, este renacentista aclara que los magos caldeos nada tienen que ver con los hechiceros, sino con la perfecta y suprema sabiduría: "Porque lo mismo suena, según Porfirio, mago en lengua persa, que entre nosotros intérprete y aficionado a las cosas divinas" (Pico della Mirandola, 1984: 131). En otro pasaje del mismo discurso afirma que los caldeos son padres y fundadores de la sabiduría antigua.

Los magos caldeos, dice Bennett, eran miembros de la casta que existió en Asia Central con anterioridad a Zoroastro; narra también que a dos de ellos se les encomendó la tarea de probar el conocimiento de Zoroastro y encontraron que su iniciación iba más allá de cualquier sabiduría por ellos conocida. Cuando este seguidor de Gurdjieff expone

---

[25] Paréntesis nuestro. En los párrafos anteriores el autor habla sobre la obra de Gurdjieff.

sus ideas acerca de las fuentes en que bebió su maestro, menciona a los magos caldeos como una de las fuentes de donde deriva el conocimiento sobre la construcción del orden natural: "una parte llega a occidente –a través de Pitágoras, como Platón sugiere en el Timeo– y otra parte queda en oriente entre los magos caldeos y se mueve hacia el norte cuando fue disuelto el Imperio aqueménida tras la invasión de Alejandro Magno" (Bennett, 1975: 60).

En su reconstrucción histórica del Imperio persa, Hegel afirma que "la autenticidad de los libros de Zoroastro ha sido atacada con frecuencia. Es admirable, sin duda, que un pueblo tan pequeño haya guardado los libros de un hombre cuya época ni siquiera podemos indicar. Pero su autenticidad está probada por su propio contenido y por todo lo que sabemos sobre los magos" (Hegel, 1974: 327). Los magos caldeos formaron pues, una comunidad de sabios anteriores a Zoroastro, entre sus conocimientos estuvo la astronomía. Sobre esto último tenemos vetas documentales por explorar, como los Manuscritos del Mar Muerto que constituyeron la biblioteca de los esenios[26] un par de siglos a.e.c. En estos hay textos astronómicos que convendría trabajar filológicamente para determinar su probable vínculo con los astrónomos caldeos.[27] Bennett agrega que tras las conquistas de Ciro, los Magos se extendieron por todo el Imperio persa y alcanzaron Siria y Egipto. "La palabra 'maga' significa regalo o gracia de Dios, mediante la cual los hombres tienen el poder de llevar a cabo grandes obras. Este poder sagrado fue el secreto de los Magos" (Bennett, 2007b: 100).

Para Bennett existieron tres castas de Magos. La primera, la exotérica, estaba formada por sacerdotes que llevaban a cabo ceremonias

---

[26] Ver las pormenorizadas observaciones de la bóveda celeste en el capítulo sobre textos astronómicos de la traducción de los Manuscritos del Qumrán realizada por Florentino García Martínez y publicada por Trotta en 1992, con una cuarta edición en 1993.

[27] La mención que se hace en el Nuevo Testamento de los magos que viajaron de Oriente hacia Belén, guiados por una estrella, podría corresponder a una interpretación popular de los sabios caldeos, misma que llega a oídos de Mateo el evangelista. Las versiones de Reina (1569) y Valera (1602) son prácticamente iguales a la edición católica de la Biblia de Jerusalén. Cfr. Mt, 2, 1-12. En ninguna de las dos se identifica la procedencia geográfica de los magos.

religiosas. La segunda tenía por misión preservar la literatura sagrada, de la cual conocían incluso sus secretos.

La tercera era esotérica, poseía capacidades superiores y su centro en Asia Menor continuó trabajando durante más de trescientos años después de la época de Cristo y transmitió sus secretos a la Hermandad Cristiana de Capadocia, a la vez que apoyaron el establecimiento de la Hermandad Esenia en Judea, alrededor de doscientos años antes de la era común (Bennett, 2007b: 101). Como veremos en su oportunidad, Gurdjieff tuvo contacto con la tradición esenia a través de un paisano suyo, el Padre Evlissi, que vivió en un monasterio de esta orden en Palestina. Algunos de los esenios pertenecían a esta tercera casta de magos.

Entre quienes han intentado desentrañar los conocimientos caldeos hay algunos directamente interesados en conocer los orígenes del Eneagrama y otros cuyo objetivo es diferente. En el primer grupo se encuentra el propio J.G. Bennett, cuya versión sobre la etapa que nos ocupa deja abierta como una línea de investigación la cuestión de en qué consistía ese manejo de la autorrenovación que ya existía en Mesopotamia y quiénes fueron esos guardianes de la tradición que emigraron. Este autor, quien albergó un enorme interés en los aspectos matemáticos que encierra el símbolo del Eneagrama, sostuvo largas conversaciones con Gurdjieff sobre ello; después viajó a los lugares donde estuvo Gurdjieff, habló con los mismos informantes y se formó una idea más precisa sobre el origen del conocimiento, la cual incrementó en sus libros e intentó también practicar.

Bokhara fue el centro de la civilización persa del siglo VI a.e.c. y el río Oxus, citado por Bennett, antes llamado río Pamir, nace en la cordillera del mismo nombre en la frontera entre lo que hoy es Afganistán, Tayiskistán, Turkemenistán y Uzbekistán, es decir: algunos de los lugares que visitó Gurdjieff.

La frase clave de la cita de Bennett es aquella en la que menciona "el secreto cósmico de la autorrenovación continua". Únicamente la lectura de la obra completa de Bennett y de su discípulo A.G.E.

Blake,[28] permite comprender por qué se refiere al Eneagrama como "un instrumento que nos capacita para ver el modo y el momento en que se ajustan los acontecimientos a las leyes cósmicas y nos permite reconocer lo que hay de posible y de imposible en las empresas humanas" (Bennett, 2007a: 21).

Blake tiene como referencia la obra de Bennett, pero va más allá que su maestro en el desarrollo de las leyes cósmicas miradas desde la naturaleza humana y sus posibilidades de desarrollo a través de la acción, tanto en el microcosmos como en el macrocosmos formando un todo cuántico (según sus palabras) en el marco del Eneagrama.

La empresa intelectual y práctica llevada a cabo por Bennett, Blake y varios otros autores que han explorado a fondo el significado último del símbolo del Eneagrama, ha consistido en lo mismo que planteaban los Oráculos Caldeos, pero ya no exclusivamente desde un origen divino ni a través de la fe, sino también a la luz de la herencia de los conocimientos sobre la expansión del universo y el comportamiento de las partículas más pequeñas de la materia que se han registrado en el siglo XX.

Sin embargo, como afirma Patricia Fara, física e historiadora de la ciencia contemporánea, la herencia mesopotámica se encuentra presente en nuestros días: "El modo de pensar de los babilonios acerca del universo todavía afecta profundamente a la gente de hoy" (Fara, 2009: 7). Esta misma científica inglesa dice algo que se acerca más al Eneagrama: "Los babilonios usaban sus cálculos no para colocar en un mapa las órbitas de los planetas sino para definir cómo los cielos afectaban a los individuos" (Fara, 2009: 15).

Desde los más altos niveles de la filología contemporánea hay hallazgos que también aportan luz al significado del Eneagrama, aunque sin proponérselo porque el tema no entra en el territorio de su interés. Son numerosos los estudiosos que durante el último siglo se han adentrado en el estudio de los Oráculos Caldeos. Tal es el caso de Ignacio

---

[28] A.G.E. Blake (1939-) es físico por la Universidad de Bristol, U.K. y estudió después historia y filosofía en Cambridge. Estuvo 15 años cerca de Bennett hasta la muerte de este en 1974. Su principal texto sobre el tema es *The Intelligent Enneagram*, Boston: Shambala, publicado en 1996.

Gómez de Liaño, doctor en Filosofía y Letras por la Universidad Complutense de Madrid, quien, buscando diagramas del conocimiento antiguo en varias tradiciones, recaba diversas interpretaciones que se le han dado al término "caldeo" y, basándose en Cumont,[29] afirma que se denominó así primero a los habitantes de la baja Mesopotamia y después el término se restringió a los sacerdotes babilonios. Continúa diciendo que Quinto Curcio[30] relata que en las procesiones oficiales de Babilonia los magos o sacerdotes persas desfilaban primero y después iban los caldeos o sacerdotes locales, y añade que "también se usó el término para designar a los griegos que habían realizado estudios astronómicos en Babilonia" (Gómez de Liaño, 1998: 705).

Contamos también con la tesis doctoral en Filología Griega de Álvaro Fernández Fernández sobre los Oráculos Caldeos, presentada en la Universidad de Granada. Su investigación, titulada "La teúrgia de los oráculos caldeos. Cuestiones de léxico y de contexto histórico" (Fernández, 2011), contiene un exhaustivo y documentado rastreo de cuantas fuentes y ángulos se conocen sobre los Oráculos Caldeos. El autor no tiene duda de que los fragmentos que se conservan se pusieron por escrito a finales del siglo II d.e.c. y no proceden estricta y únicamente de fuentes originales caldeas. Sin embargo, en las 526 páginas de esta tesis doctoral hay elementos que permiten alimentar varias hipótesis sobre la herencia caldea en la cultura helénica, en la cual es posible encontrar rastros que se relacionen con el Eneagrama. Se trata de una investigación pendiente en la que sería conveniente que alguien se adentre.

Aquí se presentan únicamente algunos aspectos que dan pistas sobre el tema que nos ocupa. Sin embargo, es importante señalar que este doctor en Filología comienza el prefacio de su tesis con estas palabras: "El título 'La teúrgia de los Oráculos caldeos' reivindica la existencia de una religión antigua llamada 'teúrgia' que tuvo su origen y fundamento en una colección de revelaciones divinas conocidas como Oráculos caldeos, o simplemente Oráculos, y que se datan comúnmente a finales

---

[29] Franz Cumont (1868-1947), estudioso belga que escribió *Los misterios de Mitra, Astrología y Religión en el Mundo Grecorromano y De Ebla a Damasco. Diez mil años de arqueología siria.*

[30] Historiador romano del siglo I d.e.c. que relató vida y hazañas de Alejandro Magno.

del siglo II d.C." (Fernández, 2011: IX). Tras estudiar los múltiples comentarios que se han hecho sobre los Oráculos, da crédito a algunas versiones sobre el origen no humano de los fragmentos: "Estos se atribuyen en primer lugar a la divinidad, sobre todo a οι θεοι, τις θεων γ δ χρησμωδων θεος, si bien no siempre es nombrada de modo expreso. Es evidente que todo λδγιον, por el hecho de serlo y aun cuando no se atribuya a un agente explícito, por ejemplo κατα το λδγιον, es un texto sagrado con un origen divino" (Fernández 2011: 194).

Más adelante, el mismo estudioso afirma: "No creo que hoy en día nadie vaya a poner en duda que los Oráculos fueron la *sacred literature* en que se sustentó la teúrgia: sin aquellos, esta, aun cuando haya podido sufrir discutibles influencias foráneas, no debería haber existido. Según entiendo, todo conjunto de creencias y de prácticas a ellas vinculadas que se fundamenta en un texto de origen divino, y que cobra consistencia por acumulación de las interpretaciones subsiguientes que de él se van haciendo durante un período ininterrumpido, constituye una manifestación religiosa: es el caso de la teúrgia fundamentada en los Oráculos" (Fernández, 2011: 281).

Entre los elementos útiles que nos ofrecen los Oráculos caldeos para armar hipótesis sobre los elementos que constituyen el Eneagrama, están algunos fragmentos en latín sobre los originales griegos comentados por Wilhelm Kroll, filólogo alemán, quien realizó la primera recopilación moderna.[31] Tanto este autor como el doctor Álvaro Fernández opinan que los fragmentos de los Oráculos llevan el adjetivo de caldeos porque inicialmente fueron divulgados por estos, aunque los escritos no provengan únicamente de ellos: "Pero habría que delimitar qué se entiende por 'contenidos caldeos': si se trata de enseñanzas que eran originales y exclusivas de los Oráculos, creo que debemos concluir que los Oráculos se etiquetaron como 'de los caldeos, caldaicos' en honor a las personas responsables de ese tipo de enseñanzas: los Caldeos; si, por el contrario, con 'contenidos caldeos' nos referimos a

---

[31] Publicada en 1894 por Verlag von Wilhelm Koebner, en Breslau, bajo el título *De Oraculis Chaldaicis*. Consultada en reimpresión del ejemplar de la Biblioteca de la Universidad de Michigan.

doctrinas que proceden de una tradición caldea originada en algún lugar del Próximo Oriente, no parece que haya forma de identificar esta supuesta tradición por la carencia de documentación pertinente en la literatura grecolatina. En los Oráculos, según Hadot,[32] no hay en apariencia un tratamiento de temas propiamente 'caldeos' (por así decir, 'orientales'); también le llama la atención que en ellos solo se mencionan divinidades de la tradición griega" (Fernández, 2011: 106).

Los fragmentos han sido estudiados por numerosos investigadores cuyas tesis han llevado al filólogo granadino a tres hipótesis sobre la autoría de los Oráculos además de la del origen divino que no es rastreable documentalmente: la primera, hubo un autor único que pudo ser Juliano, sin detallar si se trata de El Caldeo o el Teúrgo. La segunda sería la de la doble autoría con varias interpretaciones y la tercera, la del anonimato. Independientemente de cuál de estas versiones resulte mayormente apoyada por evidencias empíricas, lo importante es mencionar cuál es el contenido de los Oráculos Caldeos y por qué fueron retomados con fruición por Pitágoras, por los neoplatónicos y por estudiosos posteriores aún en la actualidad.

Como punto de partida habría que decir que otorgan tanta importancia a la materialidad de la que están hechos los cuerpos de los humanos como a su alma o esencia. No las consideran como dos entidades separadas sino interdependientes y algo que puede tener similitud con los autores que van mucho más allá de las nueve personalidades del Eneagrama, es que los caldeos buscaban la manera de que cada materialidad humana encontrara la vía de retorno a su esencia. Más adelante se exponen las tesis de quienes sostienen que el objetivo del Eneagrama es precisamente trascender la personalidad para regresar al Absoluto.

Parece ser que hay consenso en que si algo les interesó a las diversas culturas que se desarrollaron entre el Tigris y el Éufrates, antes de la era común, fue el trabajo con el cuerpo denso o físico para alcanzar

---

[32] Pierre Hadot (1922-2010), autor de *Bilan et perspectives sur les Oracles Chaldaïques*, Lewy, 1978. Filósofo francés especializado en filosofía antigua. Fue director de estudios de la École des Hautes Études en Sciences Sociales de 1964 a 1986. Profesor del College de France de 1982 a 1991.

un nivel sutil. Sobre este punto, otra tesis doctoral, esta de la Facultad de Filología de la Universidad Complutense de Madrid, presenta esta cita: "…el concepto de ciencia en la antigua Babilonia estaba basado en el desarrollo de las potencialidades normales del hombre; se daba por sentado que una de las obligaciones de la vida era el desarrollo del segundo y tercer centros, o cuerpos… La vida en la antigua Babilonia estaba organizada por esto; y el arte, la literatura y el trabajo estaban subordinados a esto" (Aranda, 2013: 389).

A lo largo de los siglos los Oráculos Caldeos se han analizado una y otra vez. Los fragmentos que se conservan han sido también numerados y comentados en varias ocasiones para su estudio. Para saber a qué fragmento corresponde determinado comentario, es necesario identificar al estudioso y a sus fuentes. Uno de los index más citados es el que elaboró, con 227 fragmentos, un jesuita francés de nombre Edouárd des Places (1900-2000), a quien consulta y de quien difiere una especialista en los Oráculos llamada Ruth Majercik. Ambos son fuente central en la tesis doctoral de Álvaro Fernández.

Son muchos los fragmentos que tienen alguna referencia directa o indirecta al Eneagrama y a su símbolo. Por ejemplo, respecto al triángulo, Des Places numeró como fragmento 26 a trioucov (-ov) o el "que contiene una triada" y el comentario del estudioso es: "en coherencia con la doctrina caldea según la cual en todo mundo resplandece una tríada, a la que gobierna una mónada" (Fernández, 2011: 265). En cuanto al centro de la circunferencia, Majercik retoma el comentario del neoplatónico Proclo para afirmar, en el fragmento 167, que "desde el centro todas las cosas son equidistantes al borde" (Majercik, 1989: 111).

En cuanto a la cuestión central del retorno a la esencia, en el fragmento 155 de los Oráculos Caldeos habla de los obstáculos que impiden al alma ascender: "Busca el conducto anímico desde donde trabajando a jornal para el cuerpo, el alma ha bajado en un cierto orden y cómo la elevarás de nuevo en su orden cuando unas la acción a la palabra sagrada" (Gómez de Liaño, 1998: 480).

En el fragmento 117 se hace mención de la creación de todo el mundo a partir de fuego, aire, agua, tierra y éter omninutriente. Esta referencia a los elementos básicos de lo existente aparece en los autores griegos anteriores a Hipócrates, como es el caso de Alcmeón de Crotona, quien durante décadas formó parte de la escuela de Pitágoras y hasta él llegan los conocimientos caldeos sobre el cuerpo humano, como afirma un historiador de la ciencia: "…además de la pervivencia de antiguos conceptos filosóficos, existió un imponente cuerpo de información anatómica que había sido heredada de la Antigüedad. Alcmeón de Crotona (hacia el año 500 a.C.) y Aristóteles se habían interesado en las partes del cuerpo…" (Debus, 1986: 107). Hipócrates pues, no parte de cero para su estudio de los temperamentos; antes de él la escuela de Pitágoras se había encargado de trazar surcos, e incluso alguien más: "Con los filósofos presocráticos de Grecia, a partir de Empédocles surge la teoría de los cuatro elementos" (García, 2000: 162).

El número nueve (eneas, nueve) que da nombre al Eneagrama ocupa un sitio relevante en la filosofía caldea. En una de las clasificaciones de los Oráculos, con el número 186, se afirma que el número nueve es divino porque recibe su término de tres triadas y logra la cima de la teología, de acuerdo con la filosofía caldea, como lo informa Porfirio.[33] Por su parte, A.G.E. Blake, en referencia específica al Eneagrama y el número nueve, dice: "El quantum entero es el número 9 en el Eneagrama. Este se divide en los complementos de 3 y 6. Los puntos 3 y 6 forman interfaces dividiendo y conectando los tres dominios de acción" (Blake, 1996: xvi).

Estas referencias a la importancia del número nueve entre los caldeos coinciden con lo que afirma un doctor en Filosofía y Letras de la Universidad Complutense de Madrid, quien se dedicó diez años a estudiar diagramas del conocimiento en distintas tradiciones: "Por su estructura diagramática, el sistema de los oráculos caldeos del que acabamos de trazar un esbozo, está próximo a la mnemónica zodiacal de Metrodoro, a los 'métodos caldeos' de Dionisio de Mileto y a los diagramas de los gnósticos, pero mientras que estos últimos apuestan por la péntada-década, los caldeos prefieren la triada-enéada" (Gómez de Liaño, 1998: 483).

---

[33] Porfirio de Tiro (232-304) fue discípulo de Plotino, sintetiza su obra y a él se debe la difusión de las Enéadas.

Si observamos el símbolo del Eneagrama, esta cita nos permite pensar en el triángulo y en los restantes seis puntos que se inscriben en el círculo. Igualmente, las tres triadas, cada una con tres dominios de acción que suman nueve, llevan a la triada-enéada de los caldeos. Los elementos centrales del símbolo están aquí. Todo apunta hacia su matriz caldea; sin embargo, es preciso afirmar que en la historia de la humanidad es difícil hallar tradiciones puras, no al menos entre aquellas que trascienden a los grupos cerrados.

La última cita de Gómez de Liaño arroja otro elemento que conviene destacar: el sistema de los oráculos caldeos está cercano a los diagramas de los gnósticos, aunque los caldeos se centran en la triada-enéada o sea en el triángulo que va dentro del símbolo y en las nueve puntas de la estrella.

En la tradición gnóstica hay vetas a explorar para quienes deseen investigar más a fondo los orígenes del Eneagrama. No sería esta una indagación academicista ni vana. El tema que nos ocupa forma parte de una larga, larguísima experiencia vivida por innumerables seres humanos a lo largo de los tiempos y bien vale la pena rescatar sus orígenes e ingredientes.

Si los conocimientos y las prácticas que dieron origen al Eneagrama tienen antecedentes en fuentes caldeas, es altamente probable que todo ello haya caído en manos de sectas gnósticas o sociedades secretas que, como dice Randall Collins, defendían las muchas versiones del hermetismo primitivo. Este autor afirma que "la estructura de los grupos gnósticos y ocultistas puede inferirse a partir de la proliferación de manuscritos anónimos y pseudónimos que pretendían representar el antiguo saber de Hermes Trimegisto, de Pitágoras, de los caldeos (sacerdotes babilónicos) o de los egipcios. La forma y el contenido de los textos implica la existencia de toda una serie de pequeños grupos secretos basados en la transmisión de un maestro reverenciado a los iniciados" (Collins, 2005: 126).

Estos grupos secretos y por lo general pequeños, aparecen en la historia de la humanidad siempre que algo se institucionaliza, sea una Iglesia, sea un culto o una tradición filosófica. Rastrearlos representa un problema para fines de documentación histórica y no queda más que plantear hipótesis mientras se descubren evidencias tangibles. Una de ellas es que para el siglo I a.e.c. hay grupos gnósticos que recuperan, como dice Reitzenstein,[34] elementos de religiones iranias que influirán en la génesis del cristianismo primitivo.

Los Oráculos Caldeos han sido objeto de estudio siempre y particularmente desde el siglo XV, cuando Pico della Mirandola logró encontrar el documento original caldeo, mismo que quedó en manos de otro célebre renacentista de nombre Marsilio Ficino.[35] En los siglos posteriores estos documentos son analizados por otros muchos autores[36] que verifican el conocimiento que Platón y los neoplatónicos tuvieron de los Oráculos Caldeos.

Esta suma de conocimientos o estos fragmentos de filosofía perenne ciertamente comparten tesis con el Eneagrama.

Si se estudian con cuidado las comparaciones que Hegel establece entre lo que él llama las cuatro regiones de Asia: China, India, el valle del Nilo[37] y la zona que hemos trabajado en este apartado: los valles del Oxo y Yaxartes (llamados en la actualidad Amu Daria y Sir Daria, respectivamente), la meseta de Persia y los valles del Éufrates y el Tigris, resulta notable el lugar que le otorga al vínculo de lo material y lo espiritual en estas culturas.

Lleva a hacer la asociación con la búsqueda del Eneagrama: "La luz de Zoroastro es la primera que pertenece al mundo de la conciencia, el espíritu como referencia a otra cosa. También aquí existe la unidad de lo espiritual y lo natural; el mundo finito está comprendido en lo uno y lo natural en la luz... vemos aquí una pura y sublime unidad

---

[34] Richard August Reitzenstein (1861-1931), filólogo y teólogo protestante alemán que perteneció a la Escuela de la Historia de las Religiones. En 1910 escribió un texto sobre la religión mistérica helenística y un estudio sobre el sincretismo en la antigüedad, publicado en Leipzig y Berlín en 1926.

[35] Ficino fundó la Academia Platónica Florentina en 1495, y tradujo a Platón y a Plotino del griego al latín.

[36] Entre ellos destacan como pioneros los libros de dos ingleses: *The Chaldiaak Philosophy* (1701) de T. Stanley y *The Chaldean Oraclas* (1806) de T. Taylor.

[37] Hegel lo incluye en Asia, Cfr. *Lecciones sobre la Filosofía de la Historia Universal*, p. 217.

considerada como sustancia, que deja libre lo particular, como la luz que solo manifiesta lo que los cuerpos son por sí; vemos una unidad que impera en los individuos para excitarlos a hacerse fuertes por sí mismos, a desenvolver y hacer valer su particularidad" (Hegel, 1974: 324).

CAPÍTULO 2

EL ENEAGRAMA, UNA PIEZA ACTUAL DE LA FILOSOFÍA PERENNE

Antes de continuar con la exploración histórica de los antecedentes que nos ocupan, es pertinente ubicar aquello que varios autores contemporáneos relacionan con el Eneagrama: la sabiduría perenne.

¿Qué es la sabiduría perenne? Uno de los estudiosos del Eneagrama que la mencionan explícitamente es Jerome Wagner,[38] quien afirma que son varias las tradiciones de filosofía perenne de donde proviene. Otros dos autores que identifican las tradiciones, Don Richard Riso y Russ Hudson, dicen: "El Eneagrama moderno de los tipos de personalidad es una síntesis de muchas y diferentes tradiciones espirituales y religiosas. En gran parte es una condensación de la sabiduría universal, la filosofía perenne acumulada durante miles de años por cristianos, budistas, musulmanes (especialmente los sufíes) y judíos (en la cábala)" (Riso y Hudson, 2000: 19).

Si bien esta sabiduría acumulada que aglutina principios y valores comunes procedentes de diversas tradiciones es algo muy antiguo, el término de filosofía perenne se acuñó en el siglo XVI para nombrar así la síntesis del neoplatonismo y las corrientes cristianas heredadas de Marsilio Ficino, el renacentista que acuñó el término de *Prisca Theologia* para bautizar la herencia de los Oráculos Caldeos, del hermetismo y de los helenos que buscaban el retorno a la naturaleza divina, al igual que algunos sectores del cristianismo tanto de las Iglesias de Oriente como de Occidente. En el término queda incluida también la obra

---

[38] Jerome Wagner ya escribía sobre el Eneagrama a principios de los años ochenta del siglo pasado. En 1983 publicó, junto con Ronald Walker, un *paper* que titularon "Reliability and Validity Study of a Sufi Personality Typology: The Enneagram" (*Journal of Clinical Psychology*, volumen 39, número 5). Uno de sus libros más recientes es *Nine Lenses of the World. The Enneagram Perspective*.

de Raimundo Lulio que comienza a difundirse con fuerza creciente durante la segunda mitad del siglo XIV.

Hacia finales del siglo XVII los intentos de Leibniz por darle armonía, continuidad y universalidad a las ideas de diversas sociedades eruditas y científicas, distinguiendo sustancias y relaciones, le valieron el ser considerado como un filósofo perenne, dedicado a la conciliación de ideas encontradas. Él mismo asume el término de *perneáis philosophia* en el que engloba también su propuesta de las mónadas o únicas sustancias verdaderas, *versus* las cosas materiales que solo son fenómenos temporales. Leibniz tiene un lugar preponderante en la historia de las ideas no solo de finales del siglo XVII, cuando escribe, sino que influye en científicos posteriores. Rolando García, un estudioso de la construcción de la ciencia, afirma: "La concomitancia de pensadores occidentales con el organicismo taoísta no es casual. La ciencia que surgió de la revolución científica europea fue exportada a China, pero los jesuitas[39] que llevaron a Galileo y Newton a las tierras de Confucio y del Tao trajeron de regreso sus doctrinas. Tres de ellos, Mateo Ricci, Grimaldi y Bouvert, tuvieron fuerte influencia sobre Leibniz y esta influencia no parece ser ajena al hecho de que Leibniz sea el primer filósofo occidental con una concepción organicista del mundo" (García, 2000: 166). Este dato es interesante porque muestra que quienes son considerados como filósofos perennes no sostuvieron una sola visión del mundo, sino que amalgamaron varias cosmovisiones con una idea fuerza muy precisa, con una firme búsqueda de lo absoluto.

En Ficino encontramos también este interés por darle sentido a la relación entre la naturaleza humana y el cosmos, a la luz de las tradiciones entonces conocidas. Suya es esa frase que dice "no somos esclavos de la naturaleza, la emulamos".[40] La idea del comportamiento de los seres humanos de acuerdo con leyes no explícitas que rigen al universo, no solo es compartida en el siglo XV por estudiosos de dis-

---

[39] El autor generaliza al hacer referencia a los jesuitas. Habría que estudiar a cada uno por separado. Ricci no pudo haber llevado a Newton a China porque muere antes de que Newton naciera. Sobre Grimaldi, sí influyó en Leibniz pero no viajó a China.

[40] Citada por Isaiah Berlin en Vico y Herder (2000), Madrid: *Cátedra Teorema*, p 60.

tintas tradiciones, sino que, como se verá más adelante, llega también a la escuela de Gurdjieff.

Quien en el siglo XVI escribe una obra con el preciso título *De Perenni Philosophia* es Agostino Steuco, un monje conocedor del griego y del hebreo, a quien el Papa Paulo III envía al Concilio de Trento, el cual inicia en 1545 como un intento de conciliar a católicos y reformistas. Su libro contra las tesis de Lutero, escrito cinco años antes de esta misión, hace eco de ese afán renacentista por lograr la unidad doctrinal de todos los seres humanos. Steuco, al escribir, tiene en mente y cita el planteamiento de Marsilio Ficino sobre el vínculo de la Prisca Theología con el cristianismo, pero su esfuerzo se concentra en priorizar los datos que encuentra sobre la tradición bíblica. Según un estudioso español contemporáneo de su obra, Steuco afirma que, pese a las deformaciones que ha sufrido la historia de los personajes bíblicos, "los restos literarios conservados de los pueblos más antiguos –caldeos, egipcios, fenicios– contienen y transmiten de forma más o menos cubierta y oscura las verdades fundamentales de la prístina ciencia adámica, las cuales son así patrimonio sapiencial común de la humanidad: la *perennis philosophia* –nombre con que Steuco designa lo que Ficino denominaba '*priscae theologiae sibi consona secta*' que de esos pueblos antiguos se transmitió a otros más jóvenes" (Granada, 1994: 24). Steuco menciona abiertamente los Oráculos Caldeos, pero siempre da prioridad a lo hebreo sobre lo heredado de otras culturas: "Moisés es el primer escritor y, por tanto, Hermes Trimesgisto y Zoroastro, los primeros teólogos y escritores de Egipto y Caldea son posteriores" (Granada, 1994: 25).

En el siglo XX será Aldous Huxley quien en 1944 comienza a popularizar el concepto de filosofía perenne en su antología comentada, la cual abre con esta afirmación: "La Filosofía Perenne se ocupa principalmente de la Realidad una, divina, inherente al múltiple mundo de las cosas, vidas y mentes" (Huxley, 2010: 10). Para ilustrar su concepto, el escritor inglés elimina a quienes hablan de filosofía perenne de segunda mano y se queda con una selección de hombres y mujeres que según él vivieron directamente experiencias con la Realidad, así con mayúscula. Isaiah Berlin,[41] contemporáneo y conocido suyo, relata que Huxley soportó las acusaciones de traicionar su racionalismo original en favor de un misticismo confuso porque estaba consciente de lo que decía y "persistió no por el reblandecimiento de un intelecto que había sido como una gema, sino porque estaba convencido de que el campo elegido era la región en que la humanidad podría lograr el avance más grande y transformador" (Berlin, 1992: 268).

Huxley no parecía tener una búsqueda prestablecida, se acercaba a cuantas tradiciones o autores podían ofrecerle algo. Leyó a autores muy diferentes entre sí y acudió a conocer a personajes que le llamaban la atención. De ello da cuenta John Bennett, quien registró la presencia de Huxley en unas pláticas que dio un gurú de Indonesia de nombre Pak Subuh y, antes de eso, en los años treinta del siglo pasado "asistió con regularidad a las reuniones de Ouspensky en Colet Gardens" (Bennett, 1974: 342).

La definición de filosofía perenne más adecuada actualmente para dar cuenta del Eneagrama la formula Raimon Panikkar, recientemente fallecido, quien afirma que no se trata de algo que sea propiedad de una Iglesia o de un grupo humano, sino patrimonio de la tradición primordial de la humanidad, cuyo origen se encuentra por encima de ella. Donde este estudioso arroja luz para captar por qué encaja el Eneagrama en la sabiduría perenne es en su afirmación sobre el lado débil de la *Philosophia Perennis*, a la cual define como "un posible inmovilismo y la absolutización de la tradición, que no tiene en cuenta la propia sabiduría de las palabras que usa: *perennis* no indica inmovilidad, sino aparición regular *per annos* y tradición no es tal si no 'transmite' de generación en generación y no está encarnada en el tiempo y en el espacio" (Pannikar, 2006: 41).

---

[41] Isaiah Berlin (1909-1997), historiador de las ideas, gran pensador liberal del siglo XX con una vasta y respetada obra. De él dice Jesús Silva-Herzog Márquez: "…padeció la persecución de dos totalitarismos, el soviético y el nazi… En la obra del formidable ensayista podemos percibir la enorme distancia que existe entre la vivacidad de la erudición y el yeso seco del academicismo… Nadie como él ha trazado tan entrañablemente el perfil de los grandes pensadores políticos y ha desmenuzado los filamentos de su reflexión" (Periódico *Reforma*, p. 22-A, 10 de noviembre de 1997).

El Eneagrama justamente tiene validez hoy porque, si bien recoge sabiduría antigua y diversa, no se estaciona en ella, y en el caso de las nueve personalidades toma en cuenta muy distintas aportaciones, incluidas aquellas que provienen de varias corrientes de la psicología del siglo XX. Esto al tiempo en que replantea elementos como la esencia, abordados por pensadores de épocas muy variadas con representantes conspicuos en nuestros días. Algo tiene la filosofía perenne que permanece viva, en ambientes hostiles, aun después del Siglo de las Luces. Ha sorteado embates de esa mentalidad que se dice poscartesiana pero que no leyó a Descartes[42] e incluso entre los positivistas más rudos suscita respeto. Se trata, pues, de un conocimiento remoto pero moderno y a la vez actual que no es producto de un solo periodo ni de una cultura particular. Es patrimonio de la humanidad, aun de esta que habita la era digital.

También las culturas orientales han hecho aportaciones enormemente valiosas a la filosofía perenne con una ventaja adicional: a través de los siglos han logrado mantener sin modificación algunas prácticas que desembocan en una apertura de la mente. La cultura china es paradigmática en este sentido. Superadas las etapas de rivalidades entre budismo, confucionismo y taoísmo, puede decirse que este, con las tres obras más conocidas en Occidente *(Tao Te Ching, Zhuang Zi y Lie Zi)*, ha sido considerado como una parte relevante de la filosofía perenne. En la presentación de una de las mejores traducciones del *Tao Te Ching*[43] se lee: "El taoísmo –vetusto, fascinante, misterioso y poético– surgido de las espesas tinieblas que envuelven las raíces más antiguas de la civilización, es el testimonio de un modo de vida que se pierde en el profundo océano del tiempo y que ya forma parte del legado cultural de China. Podemos referirnos al taoísmo como una amalgama de folclore, esoterismo, literatura, mitos, leyendas, poesía, arte, filosofía, misticismo, yoga, meditación y como uno de los grandes

---

[42] En obras como *Las pasiones del alma o el Tratado de la Luz*, Descartes (1995), busca afanosamente explicaciones sobre la función de la glándula pineal, "une petite glande dans le cerveau en laquelle l'âme exerce ses fonctions" (Descartes, 1995: 122). *Les passions de l'âme, Texte integral*, Classiques Francais).

[43] Con introducción y traducción del chino al castellano de Iñaki Preciado Idoeta, publicada por Editorial Trotta en su primera edición de 2006.

pilares en los que reposa la Sabiduría Perenne" (Lao Tsé [Preciado], 2012: 11).[44]

Joseph Needham (1900-1995), el bioquímico británico considerado uno de los más profundos estudiosos de la historia china, lanza una hipótesis que nos remite, de nuevo, a Mesopotamia y con ello a caldeos y babilonios como matriz de la filosofía perenne que, según él, incluye también sabiduría del Lejano Oriente: "En vista de las matemáticas y visión del mundo duodecimalmente fundadas de los babilonios, no puede menos de sospecharse la influencia de la antigua Mesopotamia sobre los primeros tiempos de China a este respecto… hasta donde los textos cuneiformes han sacado a la luz, la medicina babilonia resulta en gran medida de carácter mágico-religioso, pero es imposible evitar la impresión de que hubo de haber algunas escuelas de medicina protocientífica en Mesopotamia que legaran sus ideas sobre los alientos sutiles" (Needham, 2004: 122). A esto añade que tuvo que haber alguna civilización más antigua que las de Grecia, la India o China que generó esas concepciones y las envió en todas direcciones, y concluye diciendo: "Mesopotamia tuvo que ser la fuente". Con esto se rompería esa idea que subsiste de una separación tajante entre Oriente y Occidente, al menos en lo que toca a las civilizaciones más antiguas.

Volvamos a la filosofía perenne. Esta sabiduría deriva su nombre del latín *perennis*, derivado de *annus,* que dura todos los años, perpetuo, continuo, que no cesa, ni muere, ni se agota al cabo del tiempo como lo hacen otras cosas de la misma especie, en este caso, como lo hacen otras filosofías. Una de las características para que una filosofía sea perenne es que mantenga su esencia aunque la forma pueda variar. Tal es el caso tanto del Eneagrama como de algunas prácticas orientales que han mantenido su naturaleza inherente pese a los ajustes que se les han hecho a lo largo de la historia.[45]

---

[44] La presentación fue escrita por María Teresa Román, doctora en filosofía y académica de la Universidad Nacional de Educación a Distancia, Madrid.

[45] Tal es el caso, por ejemplo, del *Zhineng Qigong*, una de cuyas raíces es el taoísmo. Procede del *qigong* de hace miles de años pero su forma actual se la dio el doctor Pang He Ming, en la segunda mitad del siglo XX.

Si algo deja en claro esta búsqueda en las raíces del Eneagrama es que quien únicamente lo maneja como un sistema de nueve personalidades deja de lado su sentido original y su propósito más importante: la exploración práctica de la trascendencia humana, la recuperación de potencialidades perdidas.

La clasificación de las personalidades se remonta a cinco siglos antes de la era común y nadie duda de su relevancia, pero centrar la atención en este aspecto del Eneagrama es mirar únicamente un ángulo del mismo, es dejar fuera lo que le da coherencia y razón de ser.

Los libros sobre el Eneagrama que van más allá del juego egoico de los nueve eneatipos plantean necesariamente la dicotomía personalidad/esencia como un problema a resolver. Unos se adentran más que otros en esta cuestión, pero quienes la tocan se ubican ya en ese camino largamente transitado por los buscadores más tenaces de la humanidad. Por ejemplo, Claudio Naranjo, en el panorama teórico que presenta en su introducción, dice que la distinción principal "es entre 'esencia' y 'personalidad', entre el ser real y el ser condicionado con el que normalmente nos identificamos… el mapa de la psique mostrado anteriormente solo será completo si representa también el espacio en el que existen los centros de personalidad y esencia, un espacio que puede tomarse como símbolo apropiado de la conciencia misma" (Naranjo, 2001: 10). Riso y Hudson dedican un capítulo a este problema, en el que afirman: "La personalidad no es más que las partes conocidas y condicionadas de una gama de capacidades mucho más amplia que todos poseemos. Más allá de las limitaciones de nuestra personalidad, cada uno existe como una vasta categoría, en gran parte no reconocida, de Ser o Presencia, lo que se llama nuestra *Esencia*" (Riso y Hudson, 2000: 37). Otros autores no usan los conceptos personalidad y esencia, pero se refieren a lo mismo, cada uno desde su cosmogonía y experiencia.

Quien se adentra con mayor claridad en toda su obra en este aspecto central del Eneagrama es A.H. Almaas. Para este autor de origen kuwaití y de nombre real A. Hameed Ali, no hace falta repetir lo que se ha escrito sobre el tema durante el siglo XX. Reconoce los nueve puntos de fijación del ego planteados por Ichazo, las nueve emociones del ego que estudia Naranjo, las nueve formas de intuición de Helen Palmer, las nueve estructuras psicológicas que encontramos en los libros de Riso y Hudson, pero, más allá de todo esto, Almaas concibe el Eneagrama como un conocimiento objetivo de la realidad toda, no solo de la realidad humana, al tiempo que construye un modelo sobre ella para mostrar que "el Eneagrama constituye una estructura que facilita la revelación de la verdad sobre el Ser y sobre los seres humanos como parte del Ser" (Almaas, 2002: 23). Con este autor entramos completamente al aspecto de la esencia. Su búsqueda está centrada en superar los puntos de vista ilusorios de la experiencia egoica o del ámbito de las fijaciones.

Más adelante volveremos a este autor cuya obra sorprende porque su puerta de entrada fue su interés por desentrañar la naturaleza de lo real desde la Física. Se encontraba elaborando su tesis doctoral en la Universidad de Berkeley cuando se preguntó por la realidad también en la naturaleza humana. Esta ruta lo llevó al Eneagrama. Pero antes de hablar de Almaas es preciso regresar a nuestro recorrido por el pasado lejano.

CAPÍTULO 3

DERIVACIONES DE
NÚCLEOS CIVILIZATORIOS PRIMIGENIOS

De las cuatro civilizaciones antiguas anteriores al esplendor griego y latino, dos de ellas, la india y la china, no aparecen en el panorama de las raíces del Eneagrama, pero la egipcia y especialmente la babilónica, sí. De ambas encontramos contribuciones en la historia que nos ocupa y entre ellas hay intercambios culturales registrados en distintos momentos. De aquí que las matrices hebrea y griega no sean aquí tratadas por separado, sino vinculadas a lo egipcio y lo babilónico.

En esta reconstrucción de las raíces e influencias del Eneagrama es necesario tomar en cuenta que la historia del pueblo hebreo no puede disociarse de lo que ocurrió antes de la era común entre los ríos Tigris y Éufrates y también en Egipto: "Israel surgió en la encrucijada de Asia y de África, separándose de las civilizaciones avanzadas de Caldea y de Egipto... Las fuentes cuneiformes llaman *habiru*, hebreos, a los emigrantes, campesinos, esclavos o mercenarios que aparecen en Babilonia, en Asiria, en Asia menor, en Egipto y en Tierra Santa, los cuales se reclaman descendientes de Abraham" (Chouraqui, 1991: 9). Se afirma que el patriarca del pueblo judío, Abraham, nació en Ur de Caldea y vivió ahí en la época del Imperio sumerio acádico de Ur-Nammu, fundador de la dinastía que gobernó Ur en el periodo comprendido entre el 2070 y 1960 a.e.c. De ahí Abraham se fue a vivir a Harán, antigua ciudad de Mesopotamia, donde permaneció hasta la muerte de su padre. Viajó después a Canaán y a Egipto, para radicar más tarde en el encinar de Mamre ubicado cerca de Hebrón, ciudad en la que moriría.[46] Según la tradición judía, a Abraham le

---

[46] Abraham es el gran pilar de la religión judía y es también referente en el islam y en el cristianismo. Su tumba, en Hebrón, hasta la fecha es objeto de disputa entre palestinos e israelitas. Su féretro y el de su esposa Sara, junto al de su hijo Jacob y su mujer Lea, se encuentran dentro de la sinagoga, mientras que el de su otro hijo Isaac y el de su mujer

fueron revelados los mundos superiores, de lo cual quedó constancia en la Torá. Hacia 1500 a.e.c. Moisés recibe las tablas de la ley judía y también es depositario de una formación en conocimientos del antiguo Egipto por parte de Jethro, padre de Séfora, su esposa; ello lo ayudará a superar las adversidades del éxodo hacia tierras palestinas. La confluencia de conocimientos y creencias entre los distintos pueblos del mundo antiguo es una constante que a veces no permite hacer separaciones tajantes entre las distintas culturas; hay una amalgama de conocimientos, como sucede con el Eneagrama.

En uno de los escritos de Gurdjieff[47] se encuentra una mención directamente vinculada con las primeras épocas del pueblo hebreo que es importante subrayar porque alimenta la hipótesis de que el conocimiento que este hombre encontró está mucho más vinculado al núcleo hebreo-babilónico que a cualquier otra tradición. Dice Gurdjieff: "Lo que más nos interesó fue la palabra Sarmung, palabra que ya habíamos hallado varias veces en el libro *Merkhavat*" (Gurdjieff, 2006: 104). ¿Qué es la Merkavá? Es la visión de un carro como trono de Dios que se encuentra en la mística judía anterior a la Kabahlá. En su segunda conferencia,[48] titulada "El misticismo de la Merkabá y el gnosticismo judío", Gershom Scholem ubica algunos vestigios de producción literaria antes de la era común, menciona –sin desarrollar el sincretismo con lo oriental– que pudieron ser los Oráculos Caldeos y agrega algo que también resulta vinculante con Gurdjieff: "Sea como fuere –y aun suponiendo que fuera posible detectar la influencia de los esenios en algunos de estos escritos– hay un hecho cierto: los principales temas de la última fase del misticismo de la Merkabá ocupan ya un lugar central en la literatura esotérica más antigua, representada por el libro de Enoch" (Scholem, 1996: 46). ¿Por qué decimos que es vinculante con Gurdjieff? Porque al hablar de uno de sus amigos afirma: "…vive todavía, tiene la dicha de ser el asistente del superior

Rebeca están a unos metros de distancia, pero en la mezquita árabe, custodiados por militares armados.

[47] Gurdjieff, George Ivanovitch (2006), Bogotá: Editorial Solar, *Encuentros con Hombres Notables*, p. 104.

[48] Publicada en *Las Grandes Tendencias de la Mística Judía* (1996), México: Fondo de Cultura Económica.

de un monasterio de los Hermanos Esenios, no lejos de las orillas del Mar Muerto" (Gurdjieff, 2006: 74). Así, vemos que los esenios, más conocidos después del descubrimiento de los rollos del Mar Muerto, aparecen también en los testimonios de Gurdjieff y sus discípulos.

Volviendo a la cita sobre la Merkabá, es importante considerar las precisiones y los complementos que el estudioso contemporáneo Peter Schäfer[49] formula sobre la "…mística de la Mekabá. El tipo de literatura donde está presente esta mística es la llamada literatura de las Hekhalot, las 'salas' o 'palacios' del cielo que los místicos reconocen para poder llegar al trono de la gloria… Aquel que comienza la peligrosa ascensión hacia el trono divino será denominado *Yored Merkabá* que literalmente desciende la Merkabá" (Schäfer, 1995: 14). Esta ascensión tenía significado para Gurdjieff porque, como veremos en su momento, las tradiciones en las que se formó tenían este mismo objetivo: el retorno a lo absoluto.

Una de las razones por las que no se ha logrado establecer un hilo conductor permanente a través de la historia del Eneagrama es porque este forma parte de tradiciones que no permiten que ciertos conocimientos sean del dominio de los no iniciados. Este estudioso de la mística judía antigua dice al respecto: "El círculo de los iniciados está intencionalmente restringido. Al conocimiento secreto no puede acceder cualquiera, requiere cualidades éticas especiales, una edad determinada y un número limitado de adeptos, ya la Mishná pone de manifiesto que el contenido de la enseñanza secreta en terminología rabínica *ma asé merkabá* (tratado del trono) y *ma asé bereshit* (tratado de la creación) requieren restricciones especiales…" (Schäfer, 1995: 17).

También hay huellas caldeas en el Talmud, el cual recoge discusiones rabínicas sobre leyes, leyendas y costumbres; hubo una versión hebrea y otra babilónica, ya que en aquellas tierras había academias rabínicas donde se discutía la Mishná o compilación de opiniones y debates. Hacia el año 538 a.e.c. ocurre el exilio babilónico del pueblo judío hacia Jerusalén y un siglo después comienzan a aflorar los grandes kabbalihstas de Judea, aunque la palabra *kabbalah* parece

---

[49] Profesor de Estudios Judíos en la Frei Universität de Berlín e investigador en el Institute for Advanced Study en Princeton.

surgir hasta el siglo XI para denominar la sabiduría secreta hebrea. Este conocimiento, cada día más explorado también por los no-judíos, explica cada estadio de la creación con sus leyes, mismo objetivo de otras tradiciones espirituales. Su práctica intenta penetrar el aspecto divino de los seres humanos para retornar al origen divino (*teshuva*).

Un hombre funge como gozne entre la herencia hebrea y la cultura helenística: Filón de Alejandría. Los estudiosos ubican su nacimiento alrededor del año 30 a.e.c. y afirman que fue un judío practicante, que vivió en "un centro de extraordinaria importancia tanto por su excelente situación cultural y económica… como por la convivencia de gentes de lenguas y culturas muy diversas, entre las que figuraban, en lugar preminente griegos, al menos de lengua, judíos y egipcios helenizados" (López Férez, 2009: 14). Un autor con una obra importante sobre el Eneagrama y discípulo de Ouspensky afirma que Filón de Alejandría logró la unión del platonismo con la Kabbalah judía (Collin, 1989: 405).

Filón conoció, pues, las tesis pitagóricas y platónicas y estudió la obra de Teofrasto quien, al igual que Hipócrates, trabajó con los temperamentos y caracteres. Además, en su obra cita a los esenios, movimiento judío muy anterior al nacimiento de Jesús, que saldrá a la luz en la historia de Gurdjieff, como veremos en su oportunidad. Su obra es vasta y se conservó gran parte de ella.[50] Influyó en numerosas comunidades judías, aunque permeó más bien en grupos no ortodoxos y en emigrantes. El estudioso de la mística judía Gershom Scholem dice sobre Filón: "Aunque no encontramos muchas ideas suyas en la literatura talmúdica ni en la primitiva literatura rabínica, no cabe duda, después de las investigaciones de Poznanski,[51] de que las ideas del teósofo de Alejandría llegaron de algún modo hasta los disidentes judíos de Persia y de Babilonia, quienes todavía en el siglo X citaban algunas de sus obras" (Scholem, 1996: 102). Este dato es importante;

---

[50] En español la editorial Trotta publicó sus obras completas en una edición de José Pablo Martín que consta de ocho volúmenes, el primero de los cuales se publicó en Madrid, en 2009.

[51] Scholem se refiere a Samuel A. Poznanski (1864-1921), académico y rabino polaco cuya obra en alemán abarca tanto escritos históricos como religiosos.

si a este investigador no le cabe duda de que las ideas de Filón llegaron a Persia, es probable que hayan formado parte de los conocimientos que siglo tras siglo fueron conservados y tal vez transmitidos a las hermandades sufíes con las que tuvo contacto Raymundo Lulio en el siglo XIII y posteriormente a quienes vivieron en las comunidades espirituales de aquella zona visitadas por Gurdjieff e Ichazo. Subrayamos el hipotético "tal vez" porque habría que verificarlo con documentos que lo avalen. Lo que sí es un hecho es que la Kabbalah judía llegó con fuerza a la Europa medieval y actualmente hay quienes encuentran concordancia entre sus elementos y los del Enegrama. Tal es el caso del rabino Addison, quien afirma que "al igual que el Árbol de la Vida, el Eneagrama no solo simboliza la estructura de la realidad última, sino también los aspectos centrales de la personalidad" (Addison, 2005: 18). El Árbol de la Vida o Etz Jayim es un modelo compuesto por diez esferas que en conjunto llevan el nombre de *sefirot*; sobre estas y su símil con el Eneagrama, el rabino continúa: "En la esfera de la personalidad, tanto el Eneagrama como la Kabbalah declaran que, aunque cada *psiquis* encarna potencialmente todas las posibilidades, manifiesta un perfil predominante o se deriva de una *sefirah* concreta (Addison, 2005: 49).

Un jesuita alemán del siglo XVII, a quien mencionaremos más adelante, escribe un libro titulado *Arithmologia*, en cuyo frontispicio aparecen los elementos del símbolo del Eneagrama. Gómez de Liaño, autor que escribió un pormenorizado estudio sobre Kircher y su obra, afirma que la Kabbalah fue un elemento clave en los escritos de este escritor. Al describir la imagen de este frontispicio nos dice: "En el plácido paisaje están sentados un sabio hebreo cuyo libro muestra las estrellas de Salomón y David, y Pitágoras con su teorema. Kircher respetaba la Cábala hebrea y el pitagorismo en cuanto claves para las propiedades místicas del número, pero rechazaba sus aplicaciones mágicas" (Gómez de Liaño, 2001: 19).

Uno de los discípulos de Gurdjieff que mayores esfuerzos hizo por dejar escritas las enseñanzas de este fue Ouspensky y en uno de sus libros incluye la siguiente nota sobre el número nueve en la tradición judía: "En el libro *Étude sur les origines et la Nature du Zohar*, por S. Karppe, París, 1901, página 201, hay un dibujo de un círculo dividido en nueve partes con la siguiente descripción (aparece una circunferencia dividida en nueve partes iguales numeradas). Si se multiplica 9 x 9, el resultado está dado debajo por el 8 de la columna de la izquierda y el 1 de la columna de la derecha; asimismo 9 x 8, el producto está indicado por el 7 de la izquierda y el 2 de la derecha; asimismo 9 x 7. A partir de 9 x 5 el orden se invierte, es decir el número que representa las unidades pasa a la izquierda y el de las decenas a la derecha" (Ouspensky, 1977: 375). Este autor, del que hablaremos en su momento, señala que la tradición hebraica utiliza el método simbólico para la transmisión del conocimiento, aunque solo se conozcan fragmentos de su teoría.

Como mencionamos en la introducción, las similitudes entre el Árbol de la Vida kabbahlístico y el Eneagrama se mencionan en la definición que de este nos hace A.G.E. Blake. Ciertamente se trata de caminos semejantes que tal vez se toquen en sus raíces más antiguas. De la misma manera, hay conocimientos popularmente conocidos como procedentes de Grecia que tienen origen babilónico. Tal es el caso del Teorema de Pitágoras, que también se conoció en el Egipto antiguo.

El ya mencionado investigador de la historia de las matemáticas, González Urbaneja, en un excelente trabajo titulado "El teorema llamado de Pitágoras. Una historia geométrica de 4 000 años",[52] afirma que mil años antes que Pitágoras los antiguos babilonios conocían aspectos del Teorema.

Cuando en ambientes no especializados se pronuncia el nombre de Pitágoras brota la asociación con su teorema o con algunos de sus conocimientos matemáticos y es siempre un antecedente histórico al hablar de números. Si uno se adentra un poco en la filosofía de los pitagóricos, verá que hay números aritméticos, otros geométricos y los que interesan aquí, que son los números que se encuentran en la esencia de los fenómenos para simbolizarlos.

Los estudiosos suelen comenzar sus tratados sobre Pitágoras advirtiendo que este nada dejó por escrito y, en realidad, todo lo que le se le atribuye pertenece a muchos más, comenzando por los egipcios

---

[52] Publicado en *Sigma* número 32, noviembre 2008, pp. 103-130. Revista de Matemáticas auspiciada por el Departamento de Educación del Gobierno Vasco.

y los caldeos, seguidos de discípulos directos del famoso griego de la isla de Samos, entre ellos Filolao.

Para todos ellos las matemáticas no eran un inteligente juego abstracto, sino la puerta de entrada para explicarse el universo y la realidad circundante, incluido el ser humano. No había actividad terrenal, divina o cósmica que les fuera indiferente, buscaban el hilo conductor y la razón de ser de todo lo existente. Alfonso Reyes, el gran helenista mexicano y amante de la Grecia clásica, retrata así al filósofo matemático: "Pitágoras siente que el mundo ha nacido de la música y la lira le parece una imitación mortal del sistema planetario. La estructura entre los contrarios fue su armonía, y las esferas celestes le pareció que cantaban" (Reyes, 1983: 477). Obviamente, Reyes no es el único que vincula a Pitágoras con la música, también lo hacen sus biógrafos y cuantos establecen la relación de la escala musical con las matemáticas.

En el siglo XXI llama la atención que una profesional formada en el territorio de la física contemporánea, con un doctorado en historia de la ciencia, también se detenga a mencionar que Pitágoras quedó seducido por los siete intervalos de la escala musical. Mencionamos lo que dice Patricia Fara[53] porque nos conduce a establecer una conexión implícita con el Eneagrama. La afirmación que interesa es la siguiente: "Pitágoras impuso patrones séptuples regulares en el universo, afirmando que las órbitas de los planetas están gobernadas por las mismas reglas aritméticas que los instrumentos musicales" (Fara, 2009: 5). J. G. Bennett sí establece el vínculo explícito de la escala musical con el Eneagrama: "Hemos de recordar, en este punto, que Gurdjieff utilizó la escala musical de siete notas como símbolo del proceso de transformación… Pitágoras y otros estudiosos establecieron lo que ahora denominamos escala de siete notas, notas a las que dio nombre Guido D'Arezzo en el siglo XV" (Bennett, 2007a: 18).

---

[53] Patricia Fara estudió Física en Oxford e hizo su doctorado en Historia de la Ciencia en London University. Actualmente es investigadora en el Departamento de Historia y Filosofía de la Ciencia en Cambridge, donde es tutora *senior* del Clare College. Su principal área de investigación es la ciencia en el siglo XVIII inglés, pero tiene varios libros publicados sobre diversos temas de ciencia.

Dos elementos son fundamentales para comprender la trascendencia de la escuela pitagórica: primero, el acopio de su conocimiento se llevó a cabo en los principales centros de cultura del siglo VI a.e.c. y, segundo, la síntesis que se realizó fue, a la vez, teórica y práctica y se difundió a numerosos alumnos en la escuela de Crotona, en lo que fue parte de la Magna Grecia y hoy es la rivera del Golfo de Taranto en Italia.

Pitágoras conoció las enseñanzas de los magos caldeos, sí, pero también aprendió geometría y rituales en Egipto, y se acercó a numerosos maestros y seres de conocimiento en Palestina, el Indostán y Creta.[54] Lo que Pitágoras enseñó fue toda una cosmogonía, en la cual las matemáticas jugaban un papel central para mostrar, entre otras muchas cosas, que la constitución y las acciones de las personas se regían por leyes similares a las del universo. Los *matematikoi* o alumnos avanzados, que vivían en comunidad, recibían mayor información según su asimilación y práctica, buscaban la purificación del cuerpo para la inmortalidad del alma. Si uno se adentra en los métodos de trabajo de las escuelas donde se aprendía y se aplicaba el Eneagrama, es posible encontrar un paralelismo con la academia pitagórica, pese a la brutal diferencia de épocas. La Ley de Siete y la Ley de Tres que enseñaba Gurdjieff ciertamente heredaron mucho de la enseñanza de los pitagóricos. Rastrear este legado a lo largo de veinticinco siglos es una tarea pendiente para la historiografía contemporánea.

Por lo pronto, al leer a los discípulos de Gurdjieff resulta evidente que estos trabajaron con representaciones numéricas antiguas. En las diversas ocasiones en que Ouspensky desarrolló algún aspecto de la ley de siete es evidente, no solo el manejo de números, sino la mención explícita a su procedencia milenaria. Por ejemplo, cuando reflexiona sobre la escala musical, habla de la frecuencia vibratoria y de sus periodos de retardación, menciona la idea de la octava y afirma que la escala de siete tonos es una fórmula de ley cósmica que fue elaborada por antiguas escuelas y aplicada a la música: "Las leyes que determinan la

---

[54] Es hasta el siglo III d.e.c. cuando Diógenes Laercio, Porfirio de Tiro y Jámblico comienzan a escribir sobre Pitágoras; siglos después, al verificar la influencia en Platón, Plotino y los neoplatónicos surgen numerosos estudios que dan cuenta de su vida y de sus conocimientos.

retardación de vibraciones o su desviación de la primera dirección eran bien conocidas por la ciencia antigua. Estas leyes estaban debidamente incorporadas en una fórmula o un diagrama que se ha conservado hasta nuestros días" (Ouspensky, 1977: 173).

Lo que es indudable es la influencia de Pitágoras en las escuelas griegas posteriores. Sobre esto, Alfonso Reyes dice: "A Platón llega la doctrina de la transmigración de las almas, a la que impropiamente se aplica el término posterior e inadecuado de metempsicosis. Pero no está demostrado que la recibe de la India, ni siquiera a través de Egipto, sino más bien de Pitágoras, quien a su vez pudo heredarla de aquellos misterios septentrionales, fuente común de griegos o indos, anterior a la dispersión aria" (Reyes, 1983: 31).

CAPÍTULO 4

PADRES DEL DESIERTO E IGLESIAS CRISTIANAS DE ORIENTE

Dos hechos directamente relacionados con el Eneagrama requieren una breve retrospectiva de lo ocurrido en los primeros siglos del cristianismo. Uno es el entorno cultural y religioso de Gurdjieff y el otro es la trayectoria que siguen los preceptos de la Iglesia vividos en el siglo IV por Evagrio Póntico y en el XIII por Raimundo Lulio, quien, como veremos en su momento, diseña varios protoeneagramas.

Comencemos por el recorrido de las enseñanzas de Jesús a partir del año 70, cuando el Imperio romano destruye el templo de Jerusalén. Ya habían sido ejecutados Pedro en el año 62 y Pablo, el apóstol de los gentiles, en el año 64. Caído el templo, la diáspora es inminente. Judíos y cristianos son perseguidos por igual. Se efectúa la huida hacia Antioquía y las comunidades de Anatolia, a las que habían llegado los predicadores. Poco a poco se gesta una institucionalización incipiente. A principios del siglo II, los romanos sometieron a las comunidades judías y el griego vulgar sustituyó al arameo. Las comunidades cristianas nombraron a sus obispos. A mediados del siglo III, Orígenes sistematizó la teología de la época con gran éxito y difusión. Este alejandrino fue seguido por Evagrio, quien puede considerarse como parte de la historia del Eneagrama, no solo por haber trabajado con los vicios y las virtudes de los eneatipos, sino por ser considerado cabeza del hesicasmo o práctica ascética en la que Gurdjieff, según uno de sus biógrafos, se interesó.[55]

Para entonces las persecuciones eran intermitentes y locales. Entre el siglo I y el año 313, en que el emperador Constantino promulga el edicto de Milán que otorga libertad de cultos, se habían creado numerosas comunidades en los desiertos de Palestina, Siria,

---

[55] Ver Moore (1993), *Gurdjieff, a biography*, p. 76.

Anatolia y Egipto. Esto generó un tipo de vida monacal que prefiere lugares apartados para hacer vida de estudio y de contemplación. Hasta ahí llegan los conocimientos de los magos caldeos, los de los pitagóricos, de Hipócrates, de Platón, de Galeno e incluso del antiguo Egipto. El analfabetismo se fue abatiendo lentamente entre los miembros de algunas comunidades emigrantes. También se gestan ahí nuevos escritos, apotegmas y reglas de convivencia.

Es en el siglo IV cuando surgen los llamados Padres del Desierto, nombre que reciben quienes tras la paz de Constantino abandonan las ciudades para hacer vida contemplativa. El movimiento se expande hacia Egipto y Asia Menor. Desarrollan la teología cristiana de los primeros tiempos. Entre ellos se encuentran los llamados Padres o Filósofos Capadocios. Uno de ellos es Basilio de Cesárea o el Grande, quien elige como lector a un joven monje y asceta, Evagrio Póntico, llamado así por ser oriundo de la entonces provincia romana del Ponto, hoy norte de Turquía, al sur del Mar Negro.

Evagrio, monje cristiano que nace hacia el año 345 en Ibora,[56] un poblado de la actual Turquía que hoy lleva el nombre de Iverönü, es un personaje que cobró relieve y trascendencia a lo largo del siglo XX con el descubrimiento de sus textos originales traducidos del armenio, siriaco, griego y latín.[57] El introductor de su obra afirma: "Quizás el más importante problema a resolver en el presente es la naturaleza de la relación entre el aspecto helenístico de su pensamiento, por un lado, y, por otro, el aspecto práctico que deriva de su propia experiencia y de haber entrado tan profundamente en la tradición cóptica del desierto" (Evagrio Póntico, 1972: xxxiv). Efectivamente, Evagrio se sumerge en la tradición de los egipcios coptos del siglo I, y también en el legado pitagórico y en el llamado platonismo cristiano, elaborando su propia síntesis, denominada Hesicasmo o Hesiquiasmo, que consistía en una amalgama de doctrina y práctica ascética que tuvo gran difusión entre los monjes de las Iglesias ortodoxas cristianas. Evagrio se dedicó

---

[56] Algunos historiadores sostienen que nació en Iveria, pequeña población de Georgia, al este del Mar Negro.

[57] La génesis del descubrimiento y la traducción de su obra puede leerse en la introducción de John Eucles Bamberger a dos de sus obras: *Praktikos y Capítulos sobre Oración*, Cistercian Publications, Kentucky, 1972.

a tomar elementos de diversas fuentes para aplicarlos en el control de sus propias pasiones. Esto último, el control de los propios vicios y el fortalecimiento de las virtudes personales, es lo que le da consistencia y respaldo experimental a su escrito sobre los ocho tipos de pensamiento pecaminoso y especialmente a la búsqueda del antídoto o remedio.

Evagrio había sido ordenado diácono por Gregorio Nacianceno, en el año 379. Poco después se enamora de la esposa de un miembro prominente de la sociedad de Constantinopla, pero decide ponerle un drástico freno a esta conflictiva situación. Se va a Jerusalén, estudia a Orígenes y partirá después, en 383, a la egipcia región de Nitria, donde se dedicará en soledad al análisis de las pasiones que lo dominan y a su combate. De aquí brotará con fuerza, y con conocimiento de causa, su convicción de practicar y reflexionar por escrito sobre lo que sabía acerca de vicios y virtudes humanas. No sabemos si en algún momento conoció las tesis de Cipriano, quien fuera obispo de Cartago del año 249 al 258, sobre los ocho pecados capitales, pero en cualquier caso su exposición sobre los ocho tipos de pensamientos pecaminosos es elocuente, vívida y omnicomprensiva. Al comenzar a desarrollarlos dice el propio Evagrio: "Hay ocho categorías generales y básicas de pensamientos en los cuales están incluidos todos los pensamientos" (Evagrio Póntico, 1972: 16) y tras esta afirmación comienza a describirlos: gula, avaricia, lujuria, vanagloria, ira, tristeza, pereza y orgullo. Al terminar el análisis de cada uno, en ese mismo escrito desarrolla en detalle cómo combatirlos.[58]

Varios estudiosos y practicantes del Eneagrama han dejado testimonio del vínculo que encuentran entre los documentos de Evagrio y el instrumento actual. Andreas Ebert, ministro luterano que ha traducido al alemán los libros de Richard Rohr, da cuenta de una experiencia vivida en 1995: "tropecé con un texto del antiguo padre cristiano del desierto Evagrio Pontico que me dejó perplejo. A pesar de que no lo comprendí todo, inmediatamente tuve la sensación de que este texto tenía algo que ver con el Eneagrama" (Rohr y Ebert,

---

[58] Ver inciso "Against the eight passionate thoughts", pp. 20 a 42 de *Evagrius Ponticos, The Prakticos*, Cistercian Publications, Kentucky, 1972.

2009: 8). Ebert narra que publicó su descubrimiento[59] y que en mayo de ese mismo año de 1996, Lynn Quirolo encontró lo mismo por su cuenta.[60] Quince años después Helen Palmer y Ginny Wiltse afirman que hay un paralelo con los nueve tipos del Eneagrama: "En su tratado *Sobre los vicios opuestos a las virtudes*, Evagrio enlista nueve pares: gula y abstinencia (tipo siete), fornicación y castidad (tipo ocho), avaricia y libertad de las posesiones (tipo cinco), tristeza y alegría (tipo cuatro), ira y paciencia (tipo uno), acedia y perseverancia (tipo nueve), vanagloria y libertad de vanagloria (tipo tres), celos y libertad de los celos (tipo seis), orgullo y humildad (tipo dos)… A pesar de la falta de una presentación consistente de los nueve vicios, el paralelo entre los ocho *logismoi* de Evagrio y las pasiones de ocho de los nueve tipos del Eneagrama es inequívoco" (Witse y Palmer, 2011: 7). Ebert menciona a dos personas más que tempranamente asociaron a Evagrio con el Eneagrama: el benedictino alemán Anselm Grün y el jesuita norteamericano Robert Ochs. Como puede apreciarse, la investigación sobre las fuentes del Eneagrama continúa hasta nuestros días y esperamos que prospere para eliminar los vacíos y las interrogantes que subsisten.

Por su parte, Richard Rohr y Andreas Ebert afirman que "el trabajo de Evagrio coincide cercanamente con el Eneagrama en dos puntos: en su Enseñanzas sobre las Pasiones y en la descripción de una figura basada en una consideración de la numerología pitagórica la cual muestra las principales características del símbolo del Eneagrama" (Rohr y Ebert, 2009: 10).

Evagrio señala también que cada uno de los vicios y las virtudes corresponde a un tipo de cuerpo según haya sido la caída por la desatención a Dios. Cada cuerpo, dependiendo de su vicio, requiere diferente tipo de contemplación para alcanzar de nuevo el conocimiento esencial.[61] Este movimiento hacia la perfección humana es un antece-

---

[59] En el número 11 de *Enneagram Monthly*, enero de 1996: "Are the Origins of the Enneagram Christian after all?".

[60] Publicado bajo el título "Pythagoras, Gurdjieff and the Enneagram" en los números de abril y mayo de 1996 de *Enneagram Monthly*.

[61] Todo ello se encuentra en la serie de sentencias numeradas del 1 al 100, reunidas bajo el nombre de Praktikos. Estos escritos pasaron a formar parte de la Filokalia o antología de escrituras cristianas orientales realizada por el monje Nicodemus el Hagiorita (1749-

dente relevante que permite comprender el entusiasmo de numerosos autores y grupos, a través de los siglos, por los métodos para el conocimiento y la evolución de cada tipo de personalidad. Evagrio Póntico es uno de los referentes más remotos en cuanto a este movimiento ascendente de cada tipo de ser humano hacia su perfección.

Los escritos de Evagrio se preservan desde el siglo IV e.c. hasta nuestros días gracias a varias circunstancias. La primera, la atribución de su obra a otros autores que no despertaban polémica, como fue el caso de un funcionario de la corte de Constantinopla, Nilo, a quien por siglos se atribuyeron los Capítulos sobre Oración. La segunda circunstancia ocurrió porque la obra fue adoptada como herencia propia por varias Iglesias cristianas, en distintos lugares de Asia y Europa con diferentes cabezas eclesiásticas. La tercera, que conduce a la conservación de los documentos, se encuentra en el hecho de que en momentos de persecuciones o conflictos los manuscritos fueron escondidos en monasterios o cuevas. Capadocia era un lugar propicio para la preservación de estos escritos, lugar a donde llegó Gurdjieff en el siglo XX buscando los orígenes de la liturgia cristiana, según afirma su biógrafo inglés.[62] La antigua Anatolia, hoy Turquía, fue receptáculo de la emigración palestina tras la muerte de Jesús. Estudios afirman que María, su madre, salió de Jerusalén para vivir en una colina de lo que hoy es Éfeso.[63] Numerosos cristianos de los siglos I y II también se establecen en la actual Turquía. La región de Capadocia, recorrida en los viajes de Pablo de Tarso, fue un lugar *ad hoc* para el establecimiento de los emigrantes, dada su configuración geográfica. Millones de años atrás, los volcanes Erciyes y Hasan produjeron, al término de su erupción, una piedra caliza con propiedades idóneas para construir viviendas excavadas en las formaciones naturales sin

---

1809) y por el obispo Macario de Corinto (1731-1805), que comprenden textos que van desde los Padres del Desierto y la patrística del siglo IV hasta autores bizantinos del siglo XIV.

[62] Ver Moore (1993), *Gurdjieff, a Biography*, página 76.

[63] Referencia sobre la investigación con carbono 14 y otros métodos para certificar el hecho en la casa en cuestión se encuentran en: *Eteria*, Modena, Italia, año XI, núm. 41, enero-marzo 2007.

alterar la corografía[64] del lugar. A la distancia era imposible detectar vida humana en estos sitios. Algunas habitaciones tenían ocho niveles bajo tierra.[65] Actualmente, en el valle de Goreme es posible entrar a muchas de ellas en las que, gracias a la ausencia de luz, se preservaron frescos de los siglos II al XII, la mayoría con escenas de aquella historia entonces reciente, registrada en el Nuevo Testamento, otras con pasajes del Pentateuco. Como hipótesis podría plantearse que algunos esenios se habrían retirado a las cuevas de Capadocia, como lo hicieron otros de ellos en las cercanías del Mar Muerto. Los esenios llamarán fuertemente la atención de Gurdjieff.

¿Por qué se mencionan aquí estas características geográficas de la actual Turquía? Porque solo en un sitio así pudieron conservarse las iglesias ocultas del cristianismo primitivo y en estas, los documentos antiguos. En ellas se reunieron varias comunidades presididas por los llamados "Padres Capadocios": Basilio el Grande (330-379), Gregorio de Nisa (335-394) y Gregorio Nacianceno (329-389). Los tres fueron contemporáneos de Evagrio (345-399) e impulsaron el Concilio de Constantinopla celebrado en el año 381. Las comunidades por ellos organizadas en la región de Capadocia perpetuaron el cristianismo primitivo "transmitiendo, con fe, de generación a generación, las maneras, usos y costumbres del culto y las ceremonias".[66] Entre los conocimientos que mantienen vigentes se encuentran los de Clemente de Alejandría, quien vivió entre el siglo II y el III, así como los de su discípulo Orígenes, erudito y exégeta, quien predicó en la segunda mitad del siglo III y a quien Evagrio siguió fielmente.

Capadocia es, además, un ejemplo de las zonas que, como Alejandría, metrópoli de la cultura griega, vivieron un cruce de civilizaciones en su territorio y representaron un lugar adecuado para la preservación

---

[64] Corografía, de *chóros*, terreno. Término acuñado por la geografía física.

[65] Se tienen localizadas 36 ciudades subterráneas en Capadocia, Derinkuyu, Kaymakh, Özkonak, Mucur, Örentepe, Gümüskent, Gelveri, Tatlarin y Acigöl. Ver detalles en: Tuna, Turgay y Demirdurak, Bülent (2010), *Capadocia*, Estambul, Turquía: BKG Publicaciones.

[66] Cumont, Franz (1903, 1956), *The mysteries of Mithra*, Nueva York: Dover, citado por Wiltse y Palmer: "Hidden in Plain Sight: Observations on the Origins of Enneagram", en: *The Enneagram Journal*, Vol. IV, Issue 1, July 2011, nota 14, p. 28.

de conocimientos ancestrales. Hay una referencia a Capadocia en uno de los libros de John B. Bennett, discípulo y amigo de Gurdjieff, que confirma esta afirmación. Nos dice que, antes de la aparición del cristianismo, este lugar fue un centro de culto de una deidad persa de nombre Anahita, con la cual llegó un gran cuerpo de conocimiento que influyó en la construcción de la liturgia cristiana. Esta y sus cuestiones ocultas, según refiere Bennett, llamaron la atención de Gurdjieff, quien realizó viajes a la región, interesado en comprender qué es lo que fue preservado para la humanidad más allá de los rituales de la Iglesia. "Durante dieciséis siglos hubo una tradición monástica en Capadocia" (Bennett, 1975: 21), señala este autor estudioso del Eneagrama, quien agrega que a partir del siglo III se mantienen los centros religiosos en esta zona, atravesando la Edad Media, época en que se da una oposición entre el cristianismo romano-latino y lo que desde la cúpula católica se considera la herejía representada no solo por los musulmanes paganos, sino también por la cristiandad griega oriental. La historia de las llamadas Iglesias cristianas de Oriente es fundamental para comprender el sedimento de lo que dejaron las enseñanzas de la madre armenia de Gurdjieff, así como de las Iglesias nestoriana y armenia. Su formación de base fue cristiana, pero no católica, ni romana.

Si uno se adentra en las viviendas subterráneas de Capadocia o en las cuevas sede de comunidades pequeñas, uno imagina que la vida en común tuvo que tener necesariamente reglas inusuales para la convivencia armónica; de otro modo, la estrechez de los espacios no hubiera permitido la prolongación de la vida social durante varios siglos. También, a manera de hipótesis, es posible afirmar que los postulados de Evagrio para la superación de los ocho *logismoi o spiritibus malitiae,* traducido como hábitos de la mente, pudieron ser aplicados en la convivencia dentro de estos lugares y también en Nitria y Kellia,[67] las comunidades del desierto egipcio, cercanas a Alejandría, donde vivió. Esto pudo ser la base o uno de los embriones de lo que

---

[67] En Kellia hay restos de un monasterio cristiano, excavado en tierra caliza semejante a la de las iglesias primitivas de Capadocia. Ver texto y fotografías en: Dunn, Jimmy y Christian Nitria, *Kellia and the life of their ancient monks*, en: www.touregipt.net/featurestories/Kellia.htm (consultado el 14 de octubre de 2011).

siglos después, y con el uso del símbolo que conocemos y de otros semejantes,[68] se conoce como Eneagrama. Este método fue integrado por Evagrio con la herencia pitagórica, neoplatónica, judía y copta que recibió o llegó a él ya conformado para ser enriquecido y practicado.

Casi dos siglos después de Evagrio, en el siglo VI, Gregorio Magno, habiendo consolidado a la Iglesia europea (no así a la de Oriente), define que los pecados capitales son siete. Elimina la vanidad de la lista anterior y opone a cada pecado una virtud, para quedar como se conocen en la actualidad: contra soberbia: humildad; contra avaricia: generosidad; contra lujuria: castidad; contra ira: paciencia; contra gula: templanza; contra envidia: caridad, y contra pereza: diligencia. Sin embargo, no siempre fue así. Cabe señalar, adelantándonos un poco, que en el siglo XIII, Raimundo Lulio menciona nueve virtudes y vicios y los coloca en una circunferencia con una estrella, en un proto-eneagrama que conocerá en su momento Óscar Ichazo; pero esa es historia contemporánea. Hace falta, antes de ello, decir unas cuantas palabras sobre las divisiones en el cristianismo para poder plantear hipótesis sobre cómo fue que el conocimiento de los magos caldeos llegó a las regiones en que se movió el Gurdjieff joven. Además, reiterar que estos trazos requieren una futura investigación que nos diga qué tanto el conocimiento de los magos caldeos fue preservado por las Iglesias ortodoxas griega, armenia, georgiana o nestoriana.

La herencia cultural del siglo IV va más allá del estudio de temperamentos y caracteres, busca el retorno a lo absoluto mediante el rencuentro con la propia esencia.[69] El siglo V es importante para la historia del Eneagrama porque en esa época se da una gran ruptura entre los cristianos. El Concilio de Calcedonia en el año 451 dejó claro cuáles fueron las Iglesias que no asistieron: "…ese retraso de dos años en reconocer al concilio no hizo más que obrar a favor de

---

[68] En el libro de Athanasius Kircher, *Arithmologia, sive de Abditis numerorum mysteris* (Roma, 1665), aparece el círculo pero separado del triángulo y de la hexada.

[69] Este interés renace en la modernidad cuando en algunos círculos intelectuales europeos se vuelve la mirada hacia lo que el racionalismo dejó fuera. Son varios los estudiosos y practicantes contemporáneos que siguen esta línea de trabajo. Además de Richard Rohr, Don Riso y Russ Hudson, están A.G.E. Blake, *The Intelligent Enneagram*, y A.H. Almaas con su *Facetas de la unidad. El Eneagrama de las ideas santas*.

sus oponentes en Palestina y Egipto, de entre los cuales emergían las Iglesias no calcedónicas: la Iglesia copta monofisita de Egipto, la Iglesia nestoriana de Siria y las Iglesias armenia y georgiana. Estas todavía existen hoy en día" (Küng, 2014: 70). Esta Iglesia armenia fundada en el año 326, junto con la Iglesia apostólica asiria, a la que se le llama también nestoriana y varias más, forman parte de las Iglesias autodenominadas ortodoxas porque se consideran fieles al cristianismo primitivo. El cisma definitivo se da en 1054 con la mutua excomunión entre el patriarca de Constantinopla Miguel Cerulario y el Papa León IX, misma que se levanta hasta que Pablo VI abraza al patriarca Atenágoras en 1965. Sin embargo, a los cristianos de Oriente se les continúa denominando ortodoxos y a los de Occidente, católicos. La familia materna de Gurdjieff tuvo una formación cristiana ortodoxa, como ya veremos.

El otro gran cisma de los cristianos es el de la Reforma, en el siglo XVI. Se menciona aquí, en unas cuantas líneas, únicamente para subrayar la exigencia de Lutero de volver a la primacía de las escrituras y a la comunicación con Dios sin mediadores oficiales, así como otras cuestiones en las que consideraba que la Iglesia católica había errado. La inquietud que está detrás de esta mención es que este cisma, aunado al de las Iglesias ortodoxas, parece mostrar lo que se perdió en el correr de los siglos. Da la impresión de que la Iglesia católica dejó de lado enseñanzas del cristianismo original y se quedó, como diría Hans Küng, con los auténticos cimientos de la legislación de la Iglesia del Imperio romano.

CAPÍTULO 5

LAS TESIS SUFÍES

Ubicar los ingredientes sufíes del Eneagrama es una tarea que exige una investigación filológica seria que comience por desentrañar la posible herencia caldea del movimiento Malamatí en los inicios del sufismo.

Para hacer un trabajo coherente de rescate histórico, habría que rehuir dos paradigmas básicos: el de los orientalistas occidentales que miran al islam y a los sufíes como "los otros" y el de los fundamentalistas islámicos. Habría que buscar a los historiadores alejados de posturas ideológicas o de doctrinas religiosas.

Una de las tesis más difundidas en Occidente dice que el islamismo y el sufismo han coexistido, siendo este, en algunos casos, anterior. Eso afirma Idries Shah,[70] quien dice que "los eslabones de transmisión de las escuelas sufíes pueden hacerse remontar hasta el Profeta (Mahoma) por una parte y hasta Elías por otra" (Shah, 2006: 68); agrega que el vocablo "sufí" era ya conocido antes de Mahoma y que hay evidencias del uso preislámico de las tesis sufíes. Según el mismo autor, la palabra *sufí* proviene del sobrenombre de Jabir Ibn el-Hayyan, *Jabir era el-Sufi* (721-815), conocido en Occidente como Geber. También Shah advierte que en la Edad Media la alquimia era llamada "arte sófico". Sin embargo, en los últimos años, han surgido tesis más complejas y con mayor raigambre historiográfico.[71] La investigadora Sara Sviri, del Departamento de Lengua y Literatura Árabe de la Universidad Hebrea de Jerusalén, afirma que la historia de los primeros años del sufismo aún está por ser escrita, dado que a partir del siglo X los

---

[70] Shah es considerado por numerosos académicos estudiosos del fenómeno sufí como un autor de divulgación. Más adelante convendría confrontar sus tesis con estudios más especializados y con mayor grado de actualidad en el tema.

[71] Dos estudios sugeridos por Alejandro Volpi son: 1) de Martin Nguyen, *Sufi Master and Qur'an Scholar: Ab ul-Qasim al-Qushayr i and the Lata'if al-Ish ar at*, y 2) de Yannis Toussulis, *Sufism anr the Way of Blame: Hidden Sources of a Sacred Psychology* (2010), Wheaton, IL: Theosophical Publishing House.

compiladores de fuentes primarias han querido presentar la imagen de una tradición espiritual uniforme. Para ello suprimieron deliberadamente el dinámico diálogo multifacético que había tenido lugar entre los numerosos centros y maestros de las primeras generaciones. Como hipótesis habría que poner sobre la mesa la posibilidad de que antes del siglo VII en este diálogo hayan estado presentes algunos movimientos basados en la sabiduría caldea.

Las investigaciones de Sviri permiten adelantar similitudes interesantes entre el Eneagrama contemporáneo y los antecedentes del sufismo: "Uno de los más fascinantes e iluminadores capítulos en la historia de estos primeros años es aquella del 'Sendero del Reproche' de la *Malamatiyya* en Nishapur. En cualquier intento de esbozar los primeros tiempos del misticismo islámico, es indispensable comenzar con el movimiento *Malamatiyya*. Y también a un mismo tiempo, es un fenómeno inestimable en la historia de la religión en general, especialmente por la atención, profundidad y formulaciones de los *Malamatí* con respecto a los obstáculos psicológicos que confronta todo sincero buscador en el sendero espiritual" (Sviri, 2010: 1). La estudiosa se refiere a la dialéctica entre los *nafs* (el yo inferior y centro de la conciencia egoica y la naturaleza inferior) y el *sirr* (el más profundo centro del ser de uno). Cuestión esta que se presenta también en el Eneagrama que trasciende el juego de las nueve personalidades y que con otros términos parece estar en los Oráculos Caldeos. Sviri añade que pareciera que los maestros *Malamatí* habrían propuesto un sistema en el cual la autoobservación y la autocrítica estaban entretejidas dentro de un código social aclamado basado en el altruismo y la superación espiritual. Profundizar en estas investigaciones es un deber de quien quiera desentrañar estos aspectos de la historia del Eneagrama.

Por otro lado, es necesario tener presente que la original alquimia de la Edad Media era la búsqueda de la regeneración de los seres humanos para alcanzar la más alta espiritualidad y ese fue el propósito de algunas hermandades sufíes. La alquimia, dice Shah, es la terminología adoptada por los sufíes para la proyección de un mensaje alegórico totalmente fuera del contexto de los metales y él mismo dice: "La regeneración de una parte esencial de la humanidad es, según los sufíes, el objetivo de los hombres. La separación del hombre de su esencia es la causa de su falta de armonía y su imperfección" (Shah, 2006: 255). Esto mismo busca el Eneagrama original o sea el Eneagrama que sabe que las nueves personalidades constituyen un paso más para el desvanecimiento del ego.

Lo que Laleh Bakhtiar llama "Eneagrama sufí" es una manifestación simbólica de filosofía práctica cuya aplicación referida a los seres humanos tiene como hilo conductor las batallas que libran entre las pasiones y las facultades noéticas[72] para restaurar su identidad transpersonal, lo cual tiene gran semejanza con el Eneagrama de Gurdjieff.

Un académico de la Universidad de Maryland[73] hace otra aportación sobre la genealogía sufí, al afirmar que los inicios son bastante oscuros para los investigadores debido a la escasa documentación. Él ubica con evidencia a los sufíes de Bagdad entre los siglos VIII al X y hace una advertencia que resulta relevante para el tema que nos ocupa: "En el mismo periodo, otros movimientos místicos toman forma en otros sitios, de manera notable en el sur de Iraq, en el noreste de Irán y en Asia Central. Los místicos que pertenecen a estos antiguos movimientos inicialmente no fueron conocidos como sufíes, en su pensamiento y en su práctica difieren de los sufíes de Bagdad y de algunos otros en muchas maneras, pero gradualmente se fueron mezclando con los místicos de Bagdad y con el tiempo, como estos, ellos también vinieron a ser identificados como sufíes" (Karamustafa, 2007: 1). Este autor admite la existencia de otros grupos presumiblemente de herencia caldea que comparten cosmogonías.

La península arábiga era, casi toda, un desierto con beduinos cuando las principales culturas del mundo antiguo se habían consolidado. Es en el siglo VII cuando un pueblo se organiza bajo una religión que comenzó a predicar Mahoma. Comienza por tomar prestados algunos personajes y aspectos de las doctrinas del cristianismo y del judaísmo, lo cual lleva a cabo en La Meca, su lugar de nacimiento; de ahí partirá en el año 622 a la ciudad de Medina, emigración que se conoce como

---

[72] Del griego *noetikós*, relativo a la facultad de intelección. De *noésis*, acto de percibir intelectualmente.

[73] Ahmet T. Karamustafa, profesor de la Escuela de Lenguas, Literaturas y Culturas.

la *Hégira*. Al aglutinar a un pueblo bajo su mando, aquello se convirtió en un Estado o califato, el cual con el tiempo emprendió una "guerra santa" o *jihad* para combatir a los no creyentes. Al morir el profeta se suscita una división por el liderazgo del califato que perdura hasta nuestros días. Le dejo la palabra a un estudioso contemporáneo sobre lo que ocurre después: "Se trazó una línea divisoria entre los que apoyaban a los vencedores y a los vencidos en las guerras civiles de sucesión: a grandes trazos entre la postura que llegó a conocerse como los sunnitas, que aceptaban la situación política y la estirpe victoriosa, y los chiitas, intransigentes que mantenían su lealtad a la estirpe familiar de la facción perdedora. En cada uno de los bandos se produjeron ulteriores fraccionamientos. La mayoría victoriosa dio origen a un grupo pragmático que ofreció un pacto con los perdedores y manifestó, de hecho, su disposición a no volver a tratar la vieja cuestión de la legitimidad o la ilegitimidad de los diversos aspirantes. En el otro bando, los rebeldes más vehementes acabaron siendo desplazados por una facción que mantenía que el Imán, el verdadero sucesor del Profeta, permanecía escondido" (Collins, 2005: 396). Este es el marco político que cobija a gran parte de los linajes sufíes.

Quienes han estudiado sus raíces afirman que, en el sufismo, "más que en cualquier otro campo, el sustrato helenístico, cristiano, judío y maniqueo emerge en una mística cuya génesis, en el aspecto geográfico, histórico y social, que se sitúa fuera de la cuna del Islam" (Puech, 1982: 100). Sin embargo, su desarrollo se ha llevado a cabo a la sombra del islamismo. Sobre su identidad Idries Shah afirma: "Y si llaman al islam 'caparazón' del sufismo es porque consideran al sufismo como la enseñanza secreta contenida en todas las religiones" (Shah, 2006: 9). Este mismo autor señala que los sufíes respetan los ritos de cualquier credo, siempre que contribuyan a favorecer la armonía social, pero también amplían las bases doctrinales de toda religión siempre que sea posible definiendo sus mitos desde un enfoque superior. De aquí que en épocas recientes haya habido sufíes que se montan sobre las situaciones sociales que los circundan para emitir mensajes y prácticas acordes con lo que el momento requiere. Tal es el caso de un sufí persa, de nombre Mirza Hussein 'Alí Nuri (1817-1892), quien en la segunda mitad del siglo XIX toma el nombre de Baha' u' llah[74] y escribe varios textos que compila bajo el título de *Los Siete Valles*, en los que habla de cómo alcanzar la experiencia de lo divino a través del tránsito por circunstancias de la vida diaria. El símbolo de la fe Baha'i es una estrella de nueve puntas y deriva de la palabra árabe Bahá (esplendor), que está identificada con el valor numérico nueve. Habría que investigar si esta inclusión del nueve comparte origen con el símbolo del Eneagrama. Esta misma búsqueda de lo trascendente en la vida cotidiana anima a numerosas comunidades sufíes a través de los siglos.

El sufismo tuvo una primera fase de ascetismo individual o anacoretismo que termina cuando Mahoma se pronuncia contra los implantes de la vida ascética en el islam, cuestión que queda plasmada en algunos versículos del Corán y cuya interpretación dará origen a la animadversión contra los sufíes principalmente por parte de los sunnitas. En el año 622, cuando el profeta sale de La Meca, se inicia la *Hégira* o migración que marca el inicio del calendario musulmán, época en que ya se hallan en conflicto el islam tradicional y el sufismo. Esto no impide que proliferen ciertos tratados entre ambos.

En el siglo IX, al sistematizarse la filosofía del islam, se dan fuertes debates simultáneamente a la época de la crucifixión de Hussein Ibn Mansur el-Hallaj, representante conspicuo de la doctrina de la unión mística o de la unicidad del ser y mártir de los sufíes. Con este hecho el sufismo florece a lo largo del siglo X, con los escritos y las enseñanzas de numerosos místicos que debaten con el Corán en la mano y ofrecen interpretaciones que mueven a la reflexión y también al endurecimiento de las creencias. Las distintas posturas dan lugar a grupos claramente identificables. Son numerosos los místicos que dan origen a sus propias órdenes, cofradías, escuelas o hermandades sufíes.

El califato abasida o abasí consolidó su poder desde Bagdad entre los años 750 y 830, cuando pierde poder debido a la fuerza que cobran

---

[74] Nace en Teherán de una familia rica, de linaje imperial, con educación refinada. Se dedica a señalar públicamente las formas de instaurar un orden social más justo y consciente de las catástrofes que se avecinan. Se vincula con gobernantes de varias naciones, es encarcelado en lo que entonces era tierra palestina y hoy sus restos se encuentran en Akko, ciudad del norte de Israel.

los administradores regionales. "Entre 950 y 1200 un conjunto de estados integrales independientes se dividían la región", afirma Collins. Después vinieron oleadas de conquistas por parte de los turcos selyúcidas, de los mogoles y de los otomanos, quienes, desde el siglo XIV hasta principios del XX, controlan la península de Anatolia, hoy Turquía. La consecuencia de todo esto es que la religión islámica no pudo tener una organización eclesiástica centralizada y algunas órdenes sufíes lograron conservar y acrecentar, en secreto, sus herencias caldeas, helenísticas y neoplatónicas.

Los filósofos no religiosos y los no ortodoxos se vieron protegidos durante siglos por los califatos de Bagdad y, a partir de 950, cuando pierden esa protección, surge un factor de sobrevivencia: las sociedades secretas. Collins ilustra el entorno en que estas se dan: "Aunque sus preocupaciones eran sobre todo políticas y religiosas, las sociedades secretas siempre se oponían a una parte al menos del statu quo del mundo islámico, y a veces buscaban aliados entre las facciones no ortodoxas del frente intelectual. Así pues, no es difícil encontrar alianzas poco sacras entre los fatimíes o los conspiradores imanistas y los apremiados teólogos y filósofos racionalistas" (Collins, 2005: 399). Algunas hermandades sufíes tuvieron que mantener en secreto sus conocimientos ante el acecho de sunitas y chiitas ortodoxos.

Diferenciar a los químicos de los espirituales es "una de las claves que abren la historia de la alquimia medieval" (Shah, 2006: 254), la cual comienza en el siglo VIII con Jabir ibn el-Hayyan, llamado "El Místico" o Jabir era el-Sufi o Geber en la Europa medieval, que pertenece a una secta mística que se daba a sí misma el nombre de "los Hermanos de la Pureza". Las conexiones entre la mística y la alquimia se presentaron con más frecuencia en el islam que en otras culturas. Las obras sobre estos temas fueron declaradas heréticas por los sunitas ortodoxos y en el siglo XI hubo persecuciones contra los sufíes, tras las cuales estos mantienen en silencio conocimientos que no conoce el resto del islam.

Los Hermanos de la Pureza "fueron los primeros que elaboraron con detalle las consecuencias de la idea de que el hombre es un microcosmos epítome de todo el universo, hallando analogías entre todos los aspectos de la anatomía y fisiología del hombre y la estructura y funcionamiento entonces conocidos del mundo. En el terreno concreto de la química, dividían las sustancias naturales en dos clases principales, cuerpos y espíritus, en analogía con la idea según la cual el hombre había sido hecho de cuerpo y espíritu" (Mason, 1988: 124). El Eneagrama sufí, como veremos más adelante en los estudios de Laleh Bakhtiar, encuentra sus raíces en las *Epístolas de los Hermanos de la Pureza* (Rasa'il ijwan al-safá), obra que difundió las ideas neoplatónicas y que se compiló en el siglo X. Estos escritos, junto con otros del sufí Avicena (Ibn Siná) fueron quemados en 1150 por órdenes del califa al-Mustanyid.

La historia de los sufíes del siglo XIII es pertinente para el Eneagrama porque en él se han ubicado personajes que pudieron tener relación directa con el símbolo y el conocimiento que encierra. Dos cofradías rivales cruzan este siglo y el siguiente: la Bektasiyya, con elementos suníes y cristianos, y la Mawlawiyya, a la que pertenecen los descendientes y seguidores de Yalal al-Din al_Rumi, nacido en Balj en 1207 (hoy Afganistán) y fallecido en el año 1273 en Konya (hoy Turquía). Conocido como Rumi, recibió enseñanza de su padre y de poetas y practicantes sufíes, y se dice que le fue entregado el Asrar Nameh o libro de los secretos del sufismo de manos de Farid al-Din Attar. Con él comienza la orden de los derviches danzantes o giróvagos que llevan a cabo meditación en movimiento. Rumi escribió dos obras poéticas: el *Masnaví* y el *Diván-i Shams-i Tabrizi*.[75] El primero contiene historias de moral y mística y en él se encuentra, según la investigación de Laleh Bakhtiar, el relato en verso que alberga al Enegrama Sufí. El segundo se compone de seis libros, el último de ellos inconcluso, que trata de la espiritualización del sufismo.

---

[75] Datos tomados de "Rumi: monarca del amor divino", folleto redactado por Sheija Amina Teslima al-Yerráhi y publicado por la Orden Sufi Nur Ashki Yerráhi de México, con sede en la calle de Sinaloa 213 en la Ciudad de México.

Rumi y un posible Eneagrama que subyace en sus versos del siglo XIII

En una mujer americana-iraní se conjugaron varios factores que arrojan luz sobre el Eneagrama Sufí. Ella nació en 1938 de madre americana (Helen Jeffreys) y de padre iraní (Abol Ghassem Bakhtiar), en la ciudad de Nueva York. Estudió Historia y se casó con un arquitecto iraní, con quien tuvo tres hijos. Vivió durante veinte años en Irán. Publicó libros sobre sufismo y regresó a Estados Unidos para estudiar Filosofía con especialidad en Estudios Religiosos. Para tener ingresos estudió además Psicología. Un día, al final de una clase de esta materia, mientras caminaba hacia la puerta de salida el profesor añadió: "Ah, hay también otro método más para *counseling* grupal, tal vez les interese, se llama Eneagrama y tiene orígenes sufíes".[76] En ese momento ella se detuvo sorprendida, registró muy bien lo escuchado y, sintiendo que había un lugar donde podía combinar su origen iraní con sus conocimientos, comenzó a investigar sobre el Eneagrama. Su nombre: Laleh Bakhtiar.

Al dominar la lengua árabe, la persa y la inglesa, Bakhtiar pudo adentrarse en un territorio que conocía, la tradición sufí, para poder aportar su explicación en Occidente sobre la ubicación de lo que ella denomina el Eneagrama Sufí. Comienza por definirlo como una "manifestación simbólica de filosofía práctica" (Bakhtiar, 2013a: 41), que requiere de la hermenéutica espiritual para ser comprendida y aplicada. El marco epistemológico lo dan las dimensiones mística y moral del islam, esta última entendida como una batalla y una guerra espiritual (Jihad al-akbar) que se libra entre la razón o la capacidad noética y las pasiones.

La lucha o la contienda a la que están sometidos los seres humanos para lograr equilibrar la razón y las pasiones es el telón de fondo del Eneagrama Sufí. La razón y la cognición, dice Laleh Bakhtiar, guían al corazón espiritual hacia la conciencia, mientras que las pasiones

---

[76] Entrevista de Jim Gomez a Laleh Bakhtiar, publicada inicialmente en *Stopinder* en abril de 2003 e incluida en el libro *Rumi's Original Sufi Enneagram*, de L. Bakhtiar (2013), Chicago: Institute of Traditional Psychology.

lo alejan de ella y sirven al ego. Ira y deseo son dos características del alma animal que compartimos los humanos, pero no necesariamente tienen un carácter negativo ya que son los que preservan la especie. La división entre evitar la armonía (ira) y buscar el placer (deseo) es artificial, pero sirve para observar el estado natural de los seres humanos. Disciplinar las pasiones y alimentar nuestras habilidades de raciocinio nos conduce al equilibrio necesario de acuerdo con el Eneagrama Sufí, afirma Bakhtiar. Cuando hemos tenido éxito en lo anterior todo indica que hemos alcanzado las virtudes cardinales de sabiduría, templanza y valor, mismas que si se encuentran balanceadas, estarán centradas en la justicia. El balance moral y ético es la meta del compromiso del cambio interior con el Eneagrama Sufí.

En el prefacio a su libro sobre el Eneagrama sufí de Rumi, después de mencionar el contenido de los capítulos, la autora comienza por afirmar que los eneagramas conocidos difieren del original sufí de Rumi y como ejemplo menciona dos casos: sobre Gurdjieff dice que tal vez no le dieron una explicación clara o la explicación se la dieron en una lengua en la que él no estaba muy versado, porque resulta que le hace al Eneagrama el primer cambio mayor respecto del original al colocar el segmento principal a la izquierda en vez de colocarlo arriba. De Ichazo dice que formula su eneagón de la personalidad aún más lejos del original y que conoció los siete pecados mortales, pero debido al hecho de que hay nueve números él arbitrariamente colocó el deseo como número 8 y la ira como número 1. Bakhtiar desconoce los escritos de Raimundo Lulio en los que inequívocamente aparecen nueve vicios y nueve virtudes, cuestión esta que Ichazo sí conoció.

La autora continúa con la afirmación de que esta fue una decisión catastrófica hecha sin referencia a los trabajos de los académicos sobre los primeros judíos y cristianos y de los teólogos sobre ética como Tomás de Aquino y Moisés Maimónides, los cuales hablan de la división del alma en tres dobleces: deseo, ira y razón (Bakhtiar, 2013a: 6-7).

A continuación, Bakhtiar afirma que las versiones del Eneagrama de Gurdjieff e Ichazo carecen de los elementos esenciales del Eneagrama Sufí, que son los siguientes:

1. El punto central en la circunferencia del símbolo, que simboliza justicia.

2. No hay mención de las cuatro virtudes cardinales: sabiduría, templanza, valor y justicia.

3. En el Eneagrama de Ichazo, la ira y el deseo se colocan en la circunferencia como uno de los nueve puntos, mientras que en todos los escritos tradicionales está claro que fuimos creados con las pasiones o el alma animal que consisten en ira y deseo; por tanto, las pasiones no son específicas de un individuo sino de todos y son el enemigo a vencer en la guerra espiritual.

4. En el Eneagrama de la personalidad se pone menos énfasis en la Línea del Espíritu como un movimiento continuo a través del círculo, mientras que en el Eneagrama Sufí, esto es la llave para la sanación.

5. Una persona está fijada o tipificada en un número, mientras que en el Eneagrama Sufí todos mostramos muchas más posibilidades, muy pocas en términos de cantidad respecto a una virtud cardinal o ninguna en términos de cualidad, esto en cualquiera y en todos los momentos. Los números de la circunferencia son importantes para indicar la Línea del Espíritu, no para ser un número en especial.

6. El Eneagrama Sufí tiene el nombre de Wajhullah o la Presencia de Dios. Esto significa que uno se cura en la presencia de Dios y la meta es llegar a ser una persona bella y justa. Esta meta no se encuentra destacada en el Eneagrama de las personalidades y esto no es posible cuando uno es tipificado, porque un tipo tiene rasgos positivos y negativos que la persona trata de mantener. En el Eneagrama Sufí uno se compromete en la guerra espiritual para librar al propio *self* (cuerpo, alma y espíritu) de los rasgos o vicios negativos y remplazarlos por los rasgos positivos o virtudes (Bakhtiar, 2013a: 7-9).

Para comprender mejor estas carencias que señala Bakhtiar es necesario adentrarnos en la explicación que ofrece del Eneagrama Sufí. Intentamos hacerlo, no sin antes advertir que resulta indispensable estudiar a fondo sus libros para ubicar las aportaciones de esta tradición. Este es un pendiente más en la investigación que debe hacerse sobre el Eneagrama.

Al final de su prefacio a *Rumi's Original Sufi Enneagram*, la autora narra el momento en que al leer el Masnaví, en el libro I: 2253 encontró lo que ella denomina la confirmación del Eneagrama Sufí original en una historia titulada: "El argumento entre un esposo y su esposa". Según se afirma en la introducción, lo que hace Rumi con esta historia es usar lenguaje de la vida cotidiana para articular la naturaleza dinámica del símbolo del Eneagrama con diversas facetas que se presentan en las relaciones humanas, esto a través de la dialéctica entre el intelecto y el ego.

Para que el lector occidental capte los elementos implícitos en el argumento entre los esposos, Bakhtiar presenta, en el primer capítulo, un símbolo del Eneagrama conocido[77] en el que coloca elementos del Corán. La circunferencia está dividida en tres partes iguales.

El primer tercio (abajo a la izquierda) tiene las siguientes características:

- Fisiológica: Hígado
- Psicológica 1: Afecto (A)
- Psicológica 2: Atracción por el placer
- Espiritual biológica: Preservación de las especies
- Cognitiva: Inconsciente
- Coránica 1: Mitad del alma animal *(nafs ammarah)*
- Coránica 2: Guía hacia lo positivo *(amr bil maruf)*

---

[77] Dado que la autora no explicita si encontró alguna evidencia de la existencia del símbolo en los escritos de Rumi, suponemos que se trata del símbolo que dio a conocer Gurdjieff. Habría que confirmarlo en una investigación posterior e igualmente habría que estudiar la inclusión de las interpretaciones del Corán que hace Bakhtiar.

El segundo tercio (abajo a la derecha) tiene estas características:

- Fisiológica: Corazón
- Psicológica 1: Conducta (B)
- Psicológica 2: El evitar la armonía/dolor
- Espiritual biológica: Preservación de la individualidad
- Cognitiva: Pre-consciente
- Coránica 1: Mitad del alma animal *(nafs ammarah)*
- Coránica 2: Prevención de lo negativo

El tercer tercio (arriba) tiene las siguientes características:

- Fisiológica: Cerebro
- Psicológica 1: Cognición (C)
- Psicológica 2: Intelecto
- Espiritual biológica: Preservación de la posibilidad eterna del *self*
- Cognitiva: Capacidad de conciencia
- Coránica 1: Alma racional
- Coránica 2: Razón *(aql)*

Aquí se encuentran los tres dobleces del *self*:[78] los segmentos de abajo (A) y (B) simbolizan el alma animal y se refieren a las pasiones. El segmento superior corresponde a la razón o a la cognición (C). En la

---

[78] A lo largo de la obra se advierte el uso de términos distintos para los mismos elementos. En la página 41 la autora usa *"the three-fold divisions of the self"*, mientras que antes en la página 7 había dicho: *"the three-fold divisions of the soul"*. La explicación de este uso indiferenciado es que los sufíes tienen cuatro términos para referirse a las dimensiones no físicas del ser humano: *rub, nafs, qalb y aql* (Almaas 2204: 517). La terminología

tendencia a satisfacer el deseo hay inconsciencia y a la vez preservación de la especie. En el evitar la armonía hay preconsciencia y esto ayuda a nuestra preservación como individuos. La conciencia acompaña al intelecto y a la cognición, a la vez que posibilita la preservación eterna del *self*.

La autora ofrece un ejemplo cotidiano: cuando el hambre ha sido satisfecha y sobreviene el deseo de comer más, hay que alejarse de la mesa para mantener armonía. Este es, afirma Bakhtiar, el criterio básico usado aquí para comprender la posición de aquellos que están comprometidos con su cambio interior (Bakhtiar, 2013a: 42). Cuando tenemos éxito en esta tarea, añade, significa que tuvimos presentes las virtudes cardinales de sabiduría, templanza y valor centradas en la justicia, pero solo si otro confirma que se ha beneficiado de nuestra virtud de justicia. Por consiguiente, se requiere alcanzar un equilibrio entre nuestras energías de ira y deseo con nuestro razonar.

Si la función de preservación de la especie está en equilibrio, esto da como resultado la templanza; si hay balance en la preservación del individuo, surge el valor, y si la función de preservación de la posibilidad eterna del *self* se encuentra en armonía, habrá entonces sabiduría. Para ello la autora presenta otro símbolo del Eneagrama en cuyo centro coloca la justicia, en el tercio inferior izquierdo la templanza, en el derecho el valor y en el superior, la sabiduría.

Llegar al centro de este Eneagrama sería regresar, volver a estar dentro de la naturaleza originada por Dios (*fitrat Allah*) (Bakhtiar, 2013a: 43). Al nacer esta naturaleza es como un espejo del espíritu divino que está dentro de nosotros, pero el ambiente en que crecemos, las personas con las cuales nos relacionamos y el conocimiento que experimentamos van colocando polvo y óxido en el espejo y poco tiempo después dejamos de reflejar nuestra original naturaleza interna dada por Dios.

A continuación Bakhtiar dedica varios incisos[79] a explicar los desequilibrios temporales de los elementos físicos constitutivos de

para lo intangible requiere explicitación de la cosmología que lo sustenta, como se hace en alemán para los conceptos *"geist"* (espíritu) y *"seele"* (alma).

[79] Páginas 43 a 49 de *Rumi's Original Sufi Enneagram*.

una persona. Con base en los tres tercios en que divide el Eneagrama de las virtudes cardinales (templanza, valor y sabiduría, con la justicia en el centro), numera los nueve puntos para agruparlos en tres: preservación de la especie, del individuo y del *self*.[80] Dentro de cada uno de estos tres grupos hay tres números, uno de los cuales corresponde a un desbalance cualitativo (estados negativos depravados: 3, 6 y 9) y los otros dos son desbalances cuantitativos (1, 2, 4, 5, 7, 8). Cada número tiene características definidas dependiendo de si el temperamento es seco o húmedo; calientes son todos los desbalances cuantitativos, en tanto que los cualitativos se califican como fríos y secos.

Si los elementos físicos del cuerpo están equilibrados y armónicamente integrados, la persona manifiesta "la energía de las virtudes" (Bakhtiar, 2013a: 45). Como hay cientos de ellas, explica la autora, el Eneagrama sufí las organiza en cuatro grupos encabezados por las virtudes clásicas:[81] templanza, valor, sabiduría y justicia. Para explicar la interacción entre estas, Bakhtiar recurre a un académico y teólogo del siglo XVIII,[82] lo cual desconcierta porque lo que se supone que está explicando es el Eneagrama de Rumi del siglo XIII.

Para pasar del deseo en sus tres formas (A: 5-, 6°, 7+)[83] a la templanza, es necesario atravesar siete etapas. Una de ellas es la tranquilidad, misma que requiere un acrecentamiento del poder espiritual para lo cual hay que promover el corazón espiritual y aplazar los deseos de placer. ¿Cómo? La autora no lo dice, ni en este ejemplo ni en ninguno de los demás. Para pasar de la ira al valor señala otras tres etapas, igual que en el tránsito de la razón a la sabiduría.

---

[80] Es probable que esta categorización corresponda, con variaciones, a lo que varios autores del Eneagrama actual llaman subtipos, centros, triadas o instintos.

[81] La autora no explicita a qué se refiere con el término "clásico" y con ello genera confusión, dado que en la página 7 del mismo texto hace referencia también a autores cristianos, como Tomás de Aquino.

[82] De nombre Shah Waliullah, quien escribió *Altaf al-quds,* que significa Conocimiento Sagrado. Ver página 46.

[83] Los tres signos de depravación de los desbalances temporales cualitativos están marcados con el símbolo de grados (°), mientras que los números 3, 6 y 9 cuando se alcanzó la virtud respectiva llevan como símbolo un asterisco (*).

Una vez que la persona dejó atrás los desequilibrios provocados por los distintos tipos de negatividad se encuentra moralmente sanada y lista para el mundo de la intuición, al que se llega a través del cero o punto central del Eneagrama. La autora le atribuye lo anterior a Rumi, pero no ofrece la referencia de dónde proviene. Concluye este razonamiento diciendo que la razón sirvió para estar atentos al objetivo de la centralidad, pero hay que dejarla de lado para dar lugar a la intuición.

Este capítulo inicial cierra con un par de párrafos que requerirían mayor explicación. El primero se refiere a que la línea que se mueve a través del símbolo es llamada "Línea del Espíritu" y está basada en una sucesión decimal. La autora intenta ahondar en esta afirmación, pero no lo logra. Probablemente lo que quiso exponer sea lo que John G. Bennett afirma al respecto:[84] "…al dividir la unidad entre tres o entre siete, aparecía un nuevo tipo de número, que ahora llamamos decimal periódico. Cuando se divide la unidad entre tres, se obtiene una sucesión infinita de tres: $1/3=.33333…$ representado $.3$. La adición de otro tercio da lugar a infinitos seises: $1/3+1/3=.66666…$ o $.6$. Añadir un último tercio resulta una sucesión infinita de nueves: $1/3+1/3+1/3=3/3=.99999…$ o $.9$. De ahí arranca el simbolismo que representa a la unidad como repetición infinita del número nueve. Sin embargo, cuando se divide la unidad entre siete, aparece un nuevo periodo de números más complejo, que no contiene ningún tres, seis o nueve. $1/7= .142857142857…$ o $.142857$. Y sucesivas sumas de séptimas reproducen ese patrón, si bien comienzan por distintos números:

$2/7= .285714$

$3/7= .428571$

$4/7= .571428$

$5/7= .714285$

$6/7= .857142$

---

[84] Es importante recordar que este autor inglés hizo una investigación exhaustiva sobre las fuentes de Gurdjieff e inclusive se entrevistó con el mismo Shaykh Abd Allah al-Faiz Daghstani, de quien Gurdjieff recibió enseñanza.

Al añadir el número séptimo, desaparece esta secuencia y de nuevo se ve reemplazada por nueves periódicos: 7/7= .9

La combinación de estas características[85] dio lugar a un símbolo que resultó tener una importancia sorprendente, ya que podía representar cualquier proceso que se renueve por sí mismo, incluyendo, claro está, la vida humana. Este símbolo está formado por nueve líneas y por ello recibe el nombre de Eneagrama" (Bennett, 2007a: 16).

El segundo párrafo de Bakhtiar que requeriría precisión sobre su origen contiene una referencia que hace sobre Al-Ghazzali (1058-1111) en su libro *La alquimia de la felicidad* (*Kimiya-yi sa'adat*). Si bien la cita guarda estrecha relación con sugerencias para sanar al *self*, el problema radica en que los lectores quedan sin saber si eso que escribió Al-Ghazzali fue retomado un siglo después por Rumi o es una cita que la autora incluye por su cuenta.

Tal vez para un lector que conozca la obra completa de Laleh Bakhtiar, la cual por cierto es muy vasta,[86] sea fácil transitar mediante lo que ella da por sabido, pero para quienes entran por primera vez a sus recientes escritos sobre el Eneagrama hacen falta explicitaciones que den marco a sus afirmaciones.

Su hallazgo del Eneagrama en el Masnaví de Rumi fue, como ella misma relata, una iluminación interior que la llevó a confirmar que el Eneagrama Sufí se encontraba en un pasaje en el que una pareja se acusa mutuamente de trato negativo moviéndose entre el miedo, la ira, el placer y la razón, para llegar a una autorrestricción que les permite finalmente un equilibrio que los acerca a la justicia. Es probable que situaciones semejantes se encuentren en algunos escritos más de este u otros autores que también aplicaran la moral práctica sufí, pero este episodio a Bakhtiar le pareció paradigmático. En todo caso, la prudencia obliga a tomar en cuenta lo que ella misma afirma acerca

---

[85] Aquí entra la misma definición de Eneagrama de Bennett ya expuesta en la introducción de este libro, pero ahora con un contexto que permite comprenderla mejor.

[86] Es una mujer que en 2015 cumplió 77 años y que comenzó a publicar en los años setenta del siglo pasado sobre temas relacionados entre sí. La obra abarca textos sobre sufismo, autores árabes clásicos como Avicena y Al-Ghazzali, sanación por medio de los nombres de Dios y misticismo.

de quién lleva a cabo el análisis: no hay un solo modo de interpretar y comprender el Eneagrama Sufí, mucho depende de la intuición que tenga el analista y de su comprensión de los puntos principales a través del camino hacia la sanación moral (Bakhtiar, 2013a: 5-6).

Las intervenciones de Rumi entre los párrafos en que toma la palabra cada uno de los esposos aclaran la naturaleza de lo que está ocurriendo. Las acusaciones entre la pareja suceden, dice él, en el mundo exterior, pero en el *self* [87] de cada uno ocurre un proceso que no conocemos y que se refiere a la naturaleza temporal de los desequilibrios o desbalances internos.

La interpretación de lo que sucede en la pareja aparece con versos del Corán intercalados y los desbalances se clasifican según el principio masculino de la razón y el principio femenino de las pasiones. No se explicitan estos principios.

Para comprender cómo funciona este Eneagrama en el argumento de Rumi sobre la pareja, es necesario tener presente que se parte de la idea de que la unidad es el nueve. Si esta unidad se divide en siete (cuatro virtudes cardinales y tres centros), nos da como resultado una serie de números que excluyen al 3, al 6 y al 9. Estos tres números forman el triángulo del Eneagrama, pero en este caso es un triángulo más pequeño. 3, 6 y 9 son puntos de balance dentro de la línea de cambio del Espíritu y corresponden a los rasgos positivos de la sabiduría (9), del valor (3) y de la templanza (6). Cuando llevan este símbolo (°) significa que hay ausencia de la cualidad del segmento de que se trate y hay un desbalance que denota subdesarrollo (Bakhtiar, 2013b: 56).

Cada pasaje de la historia va adquiriendo números del trazo negativo o de la virtud de que se trate de acuerdo con su colocación en el círculo. Una vez que se tiene esto, se aplican cuatro niveles de tratamiento y se elige según la profundidad del rasgo negativo: dieta, medicación, alopatía (o veneno) y cirugía (Bakhtiar, 2013a: 88). Los cuatro niveles se aplican a los rasgos negativos con la finalidad de disminuirlos y, al disminuir el ego, dar lugar a la belleza y a la justicia.

---

[87] Habría que ver qué término aparece en el verso persa y que fue traducido por Bakhtiar como *self*, palabra que pertenece a la psicología occidental que ella también estudió.

Todo lo anterior, que en el libro *Rumi's Original Sufi Enneagram* puede quedar un tanto oscuro, cobra algo más de claridad en *The Sufi Enneagram. The Secrets of the Symbol Unveiled,* escrito por Bakhtiar en el mismo año de 2013. En este ella desarrolla los conceptos sufíes que se requieren para comprender no únicamente lo que Rumi planteó sino también las bases de la filosofía islámica, con especial atención en las tesis sufíes. Explica la relación del microcosmos con el macrocosmos para poder comprender la relación y la correspondencia entre los elementos de la naturaleza y del ser humano. Explica primero que para llegar a entender cómo opera el Enneagrama se requiere de la hermenéutica espiritual, que es el puente sobre el cual uno intuitivamente pasa entre lo cuantitativo y lo cualitativo y entre forma y significado (Bakhtiar, 2013b: 9). De ahí sigue con el concepto de espacio, de ritmo, de forma, con la relación entre matemáticas y naturaleza, para pasar después a planetas, constelaciones, hasta llegar al capítulo 5 dedicado a la materia en el que, tras una exposición sobre humores y temperamentos, aparece el vínculo con el Eneagrama Sufí.

Llegados a este punto es importante recordar que la alquimia árabe tenía como objetivo el dominio de la materia corpórea para penetrar la esencia intangible de los seres humanos o su aspecto divino. A partir de las sustancias terrenas se busca la transformación de los siete metales del cuerpo a los que es necesario encontrarles su combinación perfecta para llegar a la alquimia espiritual. La transformación viene al develar la Luz de la naturaleza originada por Dios. Este proceso requiere la dirección de un maestro externo o interno que viene a ser el equivalente a la "piedra filosofal", dice la autora (Bakhtiar 2013b: 93), pero nada de esto puede lograrse sin la presencia de Dios simbolizada en el Eneagrama Sufí.

El método de la alquimia espiritual está basado en la cosmología más que en la metafísica o la teología. El cambio tiene lugar por medio del correspondiente cuerpo externo con estados psicológicos internos. Este camino de conocimiento no puede transitarse sin un lenguaje de símbolos, en el que los principales signos utilizados son las ocultas ciencias de los números, la geometría y las letras. Al principio del camino la conciencia está confundida y desorganizada, pero a través de prácticas espirituales como invocación, meditación y autoexamen, surge la concentración. Con base en estas prácticas el buscador se aleja del mundo exterior para entrar al mundo interior.

En las explicaciones que ofrece Laleh Bakhtiar para comprender la complejidad del Eneagrama sufí es notable su intento por otorgarle a este una prioridad sobre cualquier otra versión histórica que se refiera a los orígenes del Eneagrama que conocemos en la segunda década del siglo XXI. La descalificación superficial que hace de Gurdjieff e Ichazo desemboca obligadamente en la percepción de encontrarnos frente a una mirada apologética que no busca inclusión ni complementariedad.

Quien sí se esfuerza, a través de su vida, por encontrar similitudes y diferencias entre la visión sufí y la cristiana es un estudioso descomunal del siglo XIII, Raimundo Lulio, quien trazó varios símbolos que, sin lugar a dudas, pueden ser considerados como protoeneagramas, mismos que pudo haber enriquecido con las comunidades sufíes de los alrededores de Armenia.

CAPÍTULO 6

RAIMUNDO LULIO: ORIGEN DE LAS VIRTUDES Y LOS VICIOS EN EL ENEAGRAMA

Sin Raimundo Lulio no se entiende el Eneagrama contemporáneo de las nueve personalidades. Gurdjieff no trabajó con las nueve virtudes y las nueve pasiones que ahora vemos en tantos libros sobre el tema. Estas provienen del cristianismo occidental y quien las colocó en un círculo con una estrella de nueve picos fue Lulio.

Esto sucedió en el siglo XIII, años de gran relevancia tanto por lo que ocurre en el mundo musulmán como en la Europa cristiana medieval. En esa centuria, pese a las animadversiones públicas con los entonces llamados sarracenos, entre la población ilustrada se da un variado cruce de conocimientos que van de lo militar a lo místico. Es la época en que ocurre la mayoría de las cruzadas. Algunos, entre ellos Lulio, estaban convencidos de que para frenar a los árabes había que conocerlos. Estos, en otro terreno, ya habían traducido a Aristóteles y entre sus intelectuales había herederos de las civilizaciones caldea y persa. La Escolástica estaba en un momento cumbre, en su llamado Siglo de Oro, y era este el pensamiento teológico-filosófico dominante que los estudiosos del islam intentaban comparar con el Corán. En sentido inverso, esto mismo hizo durante gran parte de su vida un estudioso occidental que se dedicó a comparar el cristianismo con el islam tras haber aprendido la lengua árabe. Su nombre: Raimundo Lulio (en versión castellanizada), Ramón Llull como se le conoce en Cataluña o Raimundus Lullus, según el nombre con que firmó sus escritos en latín. Quizás haya sido el autor medieval más prolífico: escribió alrededor de trescientas obras.

Raimundo Lulio, nacido en 1232, en Palma de Mallorca, es un personaje central en la historia del Eneagrama. Su obsesión por comprender, explicar y memorizar los orígenes y la composición del universo con los seres humanos incluidos, aunada a su misión de convertir árabes al cristianismo, lo llevaron a adentrarse, cara a cara, en la filosofía de algunas hermandades sufíes y de los científicos árabes hasta encontrar zonas comunes entre ambos sistemas filosóficos. De esta convergencia pudieron haber brotado algunos de los tantos diagramas que solía hacer Lulio, y este sincretismo tal vez dio por resultado sus protoeneagramas.

La decidida e independiente personalidad de Lulio lo lleva a dejar de lado algo que es típico de su tiempo: una antítesis entre el cristianismo y lo que se considera paganismo. Por un lado, combate abiertamente a los sarracenos con las armas de la razón, a través de sus discursos supuestamente redentores y, por otro, muestra gran curiosidad por su filosofía.

Estamos ante un puente árabe-sufí-cristiano que al recoger lo más trascendente de diversas tradiciones puede ser considerado dentro del legado de la filosofía perenne. Incluso, si desprendiéramos de su obra la influencia árabe y nos quedáramos con lo que él llamó su "arte" o el ordenamiento de todo el conocimiento, aun así podría decirse que lo que escribió permanece vigente. Lulio se propuso, en palabras de Cornelio Agripa, la tarea de ordenar todos los saberes en función de la verdad.

Dos estudiosos de la obra luliana son insustituibles para dar cuenta de ante quién nos encontramos: la historiadora inglesa Frances A. Yates (1899-1981) y el filósofo italiano Paolo Rossi (1923-2012). Sobre el conjunto de la obra de Raimundo Lulio le dejo la palabra a la historiadora: "El lulismo no es ningún asunto lateral y sin importancia en la civilización occidental. Su influencia a lo largo de cinco siglos fue incalculablemente grande. Lulio estuvo mucho en Italia, los manuscritos de su obra se divulgaron muy pronto ahí y Dante pudo haberlos conocido… El Renacimiento se apoderó del lulismo con gran entusiasmo; de hecho, tal vez no es exagerado decir que el lulismo es una de las fuerzas principales en el Renacimiento… Las teorías médicas lulianas fueron conocidas por Paracelso… el sistema fue con seguridad conocido por Descartes, que reconoció que estaba presente en su espíritu cuando concibió su nuevo método para construir una ciencia universal. Hubo una reviviscencia en gran escala del lulismo en la Alemania del siglo XVIII, cuyo producto final fue el sistema de Leibniz" (Yates, 1990: 123-124).

Por su parte, Paolo Rossi, al igual que Yates, además de estudiar pormenorizadamente partes de la obra de Lulio, hace comentarios generales: "El arte luliano se presenta entonces sólidamente relacionado con el conocimiento de los objetos que constituyen el mundo. A diferencia de la llamada lógica formal, este arte tiene que ver con las cosas y no solo con las palabras; se interesa por la estructura del mundo y no solo por la estructura de los discursos. Una metafísica ejemplarista o un simbolismo universal se encuentra en el fondo de una técnica que presume de poder hablar, junto y contemporáneamente, de lógica y de metafísica, de enunciar las reglas que están en la base de los discursos y las reglas de acuerdo con las que se estructura la realidad... Para Lulio, Dios y las dignidades divinas son arquetipos de la realidad y todo el universo se configura como un gigantesco conjunto de símbolos que remiten, más allá de las apariencias a la estructura del ser divino: *las semejanzas de la naturaleza divina están impresas en cada creatura de acuerdo con las posibilidades receptivas de esta última, y esto de acuerdo con el mayor o menor grado de su acercamiento al lugar ocupado por el hombre, de suerte que cada creatura, de acuerdo con este grado, lleva en sí misma el signo de su Artífice"*[88] (Rossi, 1989: 56-57). A buen conocedor del objetivo del Eneagrama, pocas palabras. Lulio se refiere a lo que en el Eneagrama jesuita se denomina esencia.

No es posible saber qué parte de la obra de Lulio conoció Óscar Ichazo para armar sus eneagones de las pasiones y las virtudes, mismos que posteriormente transmitió al grupo de los 57 asistentes al retiro de Arica, pero una vez que declaró haber conocido la obra de Lulio, como veremos más adelante, no hay duda de que bebió en una fuente inagotable.

Si alguno de los protoeneagramas del siglo XIII fue realizado conjuntamente por Lulio y algún estudioso sufí, este hecho debe estar ya consignado en las investigaciones de tantos estudiosos de la

---

[88] Se colocaron cursivas en este párrafo porque son palabras textuales que Rossi tomó del *Compendium artis demostrativae* de Lulio, en R. Lulio, *Opera*, Maguncia 1721-1724, vol. III, p. 74.

obra luliana. Desde 1957 opera el Raimundus Lullus Institut de la Universidad de Friburgo en Alemania y el Archivium Lullianum de la Universidad Autónoma de Barcelona, donde probablemente haya alguien interesado en despejar las incógnitas que aquí se plantean. Sería muy positivo que las uniera a esta tarea de encontrar las respuestas que hacen falta acerca de los orígenes del Eneagrama.

Esto no significa que en el siglo xiii comience la historia del Eneagrama. Como ya dijimos, las antiguas culturas asentadas entre el Tigris y el Éufrates, así como otras de los alrededores, aportaron esa extraordinaria mezcla caldea, helenística, egipcia, persa y hebrea que vinculó lo matemático, lo corporal y lo intangible, y que se expandió geográficamente hasta alcanzar las comunidades científico-espirituales de Europa y también de Asia central, donde también llegó Raimundo Lulio, en 1301.

Antes de ese momento histórico es necesario resumir algunos rasgos biográficos de Lulio.[89] Su padre fue un catalán, nacido en Barcelona, que pelea en la causa del rey de Aragón, Jaime I, contra los árabes instalados en Mallorca. Por sus servicios en esta guerra de la reconquista que termina en 1229, recibe terrenos en esa isla, donde nace Lulio en el seno de una familia con recursos económicos y culturales. Se casó muy joven, salió de la isla para ir a servir en la corte de Jaime II, donde se encargó de las fiestas y se aficionó por ello al vino, a las mujeres y al canto. Sobre esta época escribirá más tarde en su obra *Liber Contemplationis in Deo*: "…por treinta años no he producido fruto en este mundo, estorbaba la tierra y aun era nocivo y pernicioso a mis amigos y mis vecinos. Por tanto, ya que un mero árbol, que ni tiene juicio ni entendimiento, es más fructífero que yo he sido, me avergüenzo en extremo y me tengo por digno de gran reproche"

---

[89] Se han escrito numerosas biografías de Raimundo Lulio desde el siglo xvii: la de Seguí, publicada en 1606; la de Colleter, en 1646; la de Hauteville, en 1666; la de Parroquet, en 1667; la de Anon, en 1700, y la de Delécluze en 1840, por citar las primeras. Los datos aquí presentados provienen de un texto de 1902 publicado por Samuel M. Zwemer en la editorial Funk & Wagnalls de Nueva York, traducido al español por Alejandro Brachmann y editado por la Sociedad de Publicaciones Religiosas de Madrid. La más reciente es: *Raimundus Lullus. An Introduction to his Life, Works and Thought* (2008), de Alexander Fidora y Josep Rubio, Turhout: Brepols Publications.

(Zwemer, 1902: 21). Lulio tenía enormes dotes como poeta, escritor, navegante, observador, filósofo, jinete, místico, matemático y estudioso de los cielos. Cada uno de sus biógrafos pone el acento en algunas de sus facetas. En la escritura, el alemán Adolph Helfferich lo coloca en el origen de la literatura catalana.[90]

Para 1257, Lulio es senescal en la corte del infante Jaime, quien posteriormente será Jaime II de Mallorca. En ese año está casado con Blanca Picany y tiene dos hijos con ella. Tras su larga estancia en la corte de Aragón, a los 32 años vuelve a Palma de Mallorca y, según afirman los estudiosos,[91] al encontrarse escribiendo un poema para una mujer amada tiene una visión de Jesucristo, lo cual ocurre varias veces a partir de 1263. Por ello decide renunciar a todo para dedicarse a convertir a los infieles, a documentar los errores de los árabes y a fundar monasterios. Lo de convertir musulmanes al cristianismo tiene una razón sociopolítica: la reconquista de Mallorca implicó una acción militar severa que impedía la integración étnica de los musulmanes, mismos que constituían la tercera parte de la población de la isla.

En 1266 el beato[92] se va a una cueva en el Monte Randa, ubicado a 20 kilómetros al este de Palma de Mallorca, donde permaneció nueve años, durante los cuales armó la estructura de su prolífica y diversa obra. ¿Cómo en una cueva?, se preguntan los lectores. Lo mismo se planteó la ya mencionada historiadora inglesa Frances Amelia Yates, profesora del Instituto Warburg de la Universidad de Londres, quien solía fincar sus investigaciones únicamente en fuentes primarias y para tal efecto consultó escritos originales de Lulio en diversos países. Su conclusión fue que en esa cueva el mallorquí recibió información

---

[90] Helfferich, Adolph (1858), *Raymund Lull und die Anfänge der Catalonischen Literatur*, Berlin: Verlag Von Julius Springer.

[91] Dato tomado del texto de Elena Ausejo titulado "La cuestión de la obra científico-matemática de Ramón Llull", publicado en Historia de las Ciencias y de las Técnicas, *Revista de la Sociedad Española de Historia de las Ciencias y de la Técnicas*, Volumen 1, 2004, p. 21.

[92] Fue declarado beato por culto inmemorial, pero sin seguir los trámites oficiales del Vaticano. En varias ocasiones los obispos de Mallorca han intentado postular la causa de su santificación. En febrero de 2015 una delegación mallorquina estuvo en el Vaticano para lo mismo, con motivo de los 700 años de la muerte de Lulio. Primero se tendría que ratificar la supuesta beatitud.

que luego sistematizó para escribir buena parte de su obra. Dice la historiadora: "Fue en el año 1274 cuando Lulio tuvo la visión en el Monte Randa en la que le fueron divinamente reveladas las dos figuras primarias del Arte, la figura A y la figura T" (Yates, 1990: 206). Lo importante en este pasaje es el medio a través del cual la historiadora afirma que Lulio recibe la información: por revelación divina. El registro histórico indica que ahí, en esa cueva de ese monte de la isla de Mallorca, Lulio visualizó, entre otras cosas, diagramas que se asemejan al actual símbolo del Eneagrama.

Terminado este retiro voluntario en Mallorca, se dedica a escribir y a llevar el mensaje cristiano a los sarracenos, nombre con el cual la cristiandad medieval llamaba a los árabes o a los musulmanes. Para ello necesitaba estudiar tanto el cristianismo como la doctrina de Mahoma y las tesis de los filósofos árabes, a las que se aproxima precisamente en lengua árabe, la cual aprendió durante nueve años con un esclavo que compró en 1265. Mientras estudiaba, escribió textos que le permitieran demostrar la verdad del cristianismo, pero a la vez comenzó a conocer a los filósofos musulmanes más conspicuos para tener argumentos con los cuales refutarlos. De esta época son sus escritos que refutan a Averroes: *Liber de reprobatione errorum Averrois, Liber de existentia et agentia Dei contra Averroem, Ars Theologi et philosophiae contra Averroem.*

Cuanto más estudiaba el Corán, más se percataba de que Mahoma había tomado elementos del judaísmo y del cristianismo, pero según él, sin rescatar los aspectos del amor. Cuanto más estudiaba a Averroes, más deseos cobraba de discutir con los árabes que conocían su obra y más se convencía de que es posible usar la vía de la razón y no la de las armas para aceptar las coincidencias, para convertirlos al cristianismo o para mantener una convivencia pacífica. Cuanto más estudiaba el Canon de la Medicina de Avicena, más le interesaba saber cómo se llega al perfecto equilibrio de los humores y elementos de la naturaleza que rigen el temperamento.

Lulio desconfiaba de las cruzadas para recuperar los lugares sagrados del cristianismo y lo demostraba con estas palabras: "Veo muchos caballeros marchar a Tierra Santa, más allá de los mares, y con el pensamiento de que la puedan adquirir por la fuerza de las armas; pero al cabo todos ellos perecen antes de alcanzar lo que piensan poseer. Por tanto me parece que no se había de procurar la conquista de la Tierra Santa, excepto a la manera por la cual Tú y tus apóstoles la adquirieron, es decir, por el amor y las oraciones y el derramamiento de lágrimas y de sangre" (Zwemer, 1902: 39). Mientras escribía estas reflexiones se empeñó en perfeccionar el idioma árabe y en construir el andamiaje de una obra que demostrara de manera estricta y formal las doctrinas cristianas y su cosmogonía afín, buscando siempre una fuerza probatoria indiscutible. Avanzaba dando a leer sus textos a los clérigos y a los intelectuales de su época exigiéndoles que le señalaran sus argumentos débiles. Esto lo menciona en la introducción a su *Necessaria Demonstratio Articulorum Fidei.* Con el tiempo tuvo redactado un sistema de lógica y filosofía al que llamó *Ars Major Sive Generalis* y que pudo completar en el año 1275. Había comenzado a remplazar los métodos escolásticos conocidos por un nuevo arte de adquisición, demostración y confrontación que cubriera todo el campo de los conocimientos posibles. Para ello trazó una gran cantidad de círculos y elaboró numerosas tablas con el fin de encontrar las diferentes maneras en que las categorías se aplican a las cosas o, para decirlo en términos del Eneagrama de las personalidades, buscaba correlaciones entre los seres humanos y sus virtudes y vicios, así como la manera de retornar a lo absoluto. Los diagramas eran una herramienta mnemotécnica que nunca abandonó; en sus libros se encuentran varias circunferencias cruzadas en su interior por líneas que van desde y hacia nueve puntos señalando atributos humanos y divinos. Esto lo explica Paolo Rossi: "A cada uno de los nueve segmentos en los que se divide el círculo del universo corresponde una de las nueve letras del alfabeto luliano (BC-DEFGHIK) en su doble significado de predicado absoluto y relativo, mientras que de acuerdo con Lulio, algunos de los significados de las letras cambian de acuerdo con las diferentes esferas" (Rossi, 1989: 58).

Lulio fue un maestro del arte combinatorio, lo cual, según afirma una investigadora de la Universidad de Zaragoza,[93] "le pondría en relación

---

[93] Elena Ausejo cita para esta afirmación a Ahmed Djebbar (1987), "L'analyse combinatoire au Maghreb entre le XIIe et le XIVe siécle", publicado en *Cahiers d'Histoire et Philosophie des Sciences*, 20, 232-239.

directa con las fuentes árabes de la combinatoria" (Ausejo, 2004: 26). Ella misma dice que "Lull propone un sistema de combinaciones de dignidades y atributos que, tomados de dos en dos ó de tres en tres pueden representarse triangularmente o circularmente, lo que facilita el cálculo de las combinaciones de 9 elementos…" (Ausejo, 2004: 26).

Lulio estaba decidido a convencer a los sarracenos de que el cristianismo racional tenía mejores argumentos, pero sabía que las tesis de Avicena, Algazel (o Al-Ghazali) y Averroes estaban en ese momento en el centro de la cultura musulmana y eran muy consistentes.

Para estudiar a estos filósofos árabes y a los del islam iraní, así como para profundizar en la cosmogonía que había integrado, Lulio emprende varios viajes. Estuvo en Montpellier, ciudad del sur de Francia que en el siglo XIII fue un centro cultural relevante, en la que se celebraron varios concilios y donde en 1292 el Papa Nicolás IV fundó una universidad. Permaneció varios años en lo que hoy es Francia, escribiendo, estudiando y enseñando. En 1286 viaja a Roma, donde convence al Papa Honorio IV de fundar una escuela de lenguas orientales en París. Lulio no cesa de proclamar la necesidad de que Europa conozca bien la lengua árabe. Es la época en que difunde su *Ars Generalis*, donde afirma que "ejercitándose por un mes en el arte, se podrán no solo reencontrar los principios comunes a todas las ciencias sino también llegar a resultados mayores que a los que se podría llegar si se dedicara por un año entero al estudio de la lógica" (Rossi, 1989: 56).

A los 56 años Lulio va por primera vez a Túnez, centro occidental del mundo musulmán del siglo XIII, donde invita a los ulemas y literatos árabes a exponer pruebas a favor tanto del cristianismo como del islam en una comparación abierta y razonable. Incluso prometió que si lo convencían, abrazaría el islamismo como su religión. En lugares públicos expone su tesis de la falta de amor en el ser de Allah y la ausencia de armonía en los atributos que el Corán le otorga. Este reconoce dos principios activos en la divinidad: la voluntad y la sabiduría, pero deja fuera la bondad y la grandeza. El cristianismo, en cambio –les dice Lulio a los musulmanes–, reconoce en Dios los más altos atributos. El sultán fue avisado de los discursos de Lulio y sugirió que evitara la exposición de los supuestos errores del islam bajo amenaza de encarcelamiento al predicador. Así sucedió, pero por poco tiempo, ya que un contrincante que reconocía las capacidades intelectuales del prisionero le indicó al sultán que lo más conveniente era formar musulmanes con argumentos sólidos. Lulio fue desterrado de Túnez. De ahí fue a Nápoles, Roma y Génova para dedicarse, entre otras cosas, a enseñar y a estudiar a Averroes, sobre quien siempre habló con respeto. Dedicó mucho tiempo a pensar y a escribir sobre las tesis de este filósofo en cuanto a la oposición irreconciliable entre fe y conocimiento.

Quiso conocer también los escritos de otro grande de la cultura musulmana: Al-Ghazali o Algazel, quien había enseñado en la escuela Nezamiyeh, ubicada en la localidad de Nishapur en el noreste de lo que hoy es Irán, lugar donde enseñaron celebridades como el astrónomo y matemático Nasir al-Din al-Tusi. Para entonces, Lulio había entrado en contacto con estudiosos árabes que accedían de muy buena manera a conversar largamente con él y a intercambiar conocimientos sobre medicina, astronomía, matemáticas, jurisprudencia. Lulio elaboraba diagramas con base en varias de estas cuestiones. Le interesó de manera especial el punto de vista que acerca de lo divino tenían algunos sarracenos a los que llamaban sufíes. Sobre esto último es pertinente mostrar una cita elocuente,[94] de procedencia académica: "Estoy en deuda con mister Robert Pring-Mill,[95] de Oxford, por una cita textual de *Blanquerna*[96] del Lulll, donde declara que ha adoptado la metodología devocional de los sufíes que él llama hombres religiosos entre los sarracenos" (Shah, 2006: 476).

Lulio llegó a conocer la filosofía sufí, de eso no hay duda. Sobre *Blanquerna*, la obra de Raimundo Lulio, la investigadora británica Yates afirma: "En sus novelas de *Félix* y *Blanquerna* nos topamos con juglares y caballeros, pero también con esa atractiva figura, el eremita

---

[94] Comunicación fechada el 26 de junio de 1962, citando la edición "Els Nostres Classics" del *Llivre de Evast e Blanquerna*, vol. 3, p. 10 ss. Cita de Idries Shah en la página 476 de *Los Sufíes*.

[95] Académico inglés, estudioso de la obra de Lulio.

[96] *Blanquerna* es una novela religiosa que consta de cuatro libros. Lleva el nombre del protagonista que desea hacerse fraile, pero se enamora; pese a ello, ambos deciden permanecer ascetas y sus búsquedas constituyen la trama.

Iuliano, un solitario que vive en los bosques y al que encontramos bajo un árbol, contemplando la *Bonitas et alia* en la naturaleza y borrando los vicios con las virtudes" (Yates, 1990: 214). Esta acción, la de borrar los vicios con las virtudes aparece explícitamente en el Eneagrama que Laleh Bakhtiar atribuye a los sufíes y es también uno de los objetivos del Eneagrama actual.

Tanto llega a interesarse Lulio por la filosofía sufí, que en el año de 1301 decide viajar a la zona donde sabe que han tenido mayor seguimiento las enseñanzas de Al-Ghazali y de Nasir al-Din al Tusi, célebre matemático, teólogo y médico fallecido 25 años atrás. Le interesa de manera especial establecer contacto con los discípulos de este último porque en las visiones que tuvo en el Monte Randa aparecieron cuestiones relacionadas con la geometría, la aritmética, la música y la astronomía. Tusi, que había sido el matemático y astrónomo más importante del siglo XIII, conoció la obra de Euclides, elaboró tablas originales sobre los movimientos de los planetas y escribió una obra sobre los atributos de Dios: *Awsaf al Ashraf.* Sobre este personaje Laleh Bakhtiar afirma lo siguiente: "No está claro quién formuló primero los nueve puntos en la circunferencia del círculo del Eneagrama. Pudo ser Nasir al Din Tusi (1201-1274), un contemporáneo de Rumi, o pudo ser el mismo Rumi, todavía este aspecto instrumental de los enigmáticos orígenes del Eneagrama no ha sido develado" (Bakhtiar, 2013a: 30). En cualquier caso, este es un aspecto sumamente relevante para futuros investigadores sobre la historia del Eneagrama.

Lulio se embarca, pues, hacia Chipre y desde Siria se encamina rumbo a Armenia,[97] donde permanece más de un año. Este fue un año de estudio y de conversaciones con todos aquellos que pudieran complementar sus conocimientos. "Fue en Armenia donde escribió su libro titulado *Las cosas que el hombre debe creer concerniente a Dios.* Escrito en latín se tradujo después al catalán…" (Helfferich, 1858: 86). Se sabe que en su viaje a Cilicia (como se le llamaba en el siglo XIII a la costa meridional de la península de Anatolia, hoy Turquía)

---

[97] Los datos de los viajes de Lulio están tomados del texto escrito en Bahrein, por Samuel M. Zwemer, quien en la página 132 de su libro menciona los ocho libros que consultó y cita, entre ellos, el de Helfferich.

iba con un acompañante; saber de quién se trata y si este dejó algo escrito es un pendiente para los estudiosos.

Armenia era un principado donde una mayoría cristiana se resistía contra el islam y donde circulaba la herencia de antiguos científicos persas. Entre aquellos no cristianos que se percataron del amplio conocimiento de Lulio sobre los filósofos árabes estuvieron algunos sufíes conocedores de la obra y la vida de Al-Ghazali; es probable que también haya tenido contacto con seguidores de Yalal al-Din Muhammad Rumi o con el propio Rumi, dado que durante 38 años fueron contemporáneos, pero este dato exige una investigación más profunda en fuentes originales. No se ha encontrado evidencia empírica de un encuentro personal con el matemático al-Tusi o sus alumnos, pero algunos historiadores creen que aún es posible hallar el dato en manuscritos: "Lulio fue uno de los autores más prolíficos que hayan vivido jamás. Solo se conoce generalmente una pequeña porción de su obra y gran parte de ella está todavía inédita"[98] (Yates, 1990: 58). Su viaje a Armenia y alrededores tuvo un propósito de búsqueda e intercambio de información muy preciso. Yates está convencida de las fuentes árabes de Lulio y de la identificación de algunos de ellos como interlocutores válidos. Señala que algunos son filósofos naturales y afirma: "Esto parece sugerir que Lulio sabía de una secta sarracena versada *in logica et in naturalibus*, cuyos miembros eran también teólogos místicos avezados en sacar analogías morales y espirituales de las cosas materiales" (Yates, 1990: 113).

Es importante tener en mente que en la región que rodea a Armenia se encuentran los lugares en donde Gurdjieff nacería, viviría y viajaría siete siglos después y en donde se encontraría con el símbolo del Eneagrama. Se trata de un área en la que sus habitantes reciben influencias de varias tradiciones y etnias. Es importante investigar en qué lugares de Armenia vivió durante ese año y con qué personas interactuó. Lo que sí está consignado es su vivo interés por Al-Ghazali, quien al final de su vida enseñó en la escuela Nezamiyeh, ubicada en Nishapur al norte de lo que hoy es Irán. En esa localidad estuvo

---

[98] Yates elabora su investigación en la segunda mitad de los años setenta del siglo pasado; en la actualidad ya se conoce la obra completa.

también Rumi durante una temporada y ahí fue donde Nasir al-Din al-Tusi estudió Filosofía, Medicina y Matemáticas, adquiriendo un gran prestigio.

La búsqueda de discípulos y conocedores de Al-Ghazali o Algazel se debió a que fue un sunita erudito que enseñaba en la madraza de Bagdad y discutía con los sabios árabes de finales del siglo XII. Escribió numerosas obras, entre ellas algunas en las que refuta a Avicena. A los 37 años de edad deja su posición privilegiada de intelectual reconocido para incorporarse a los círculos sufíes, se convierte en derviche[99] e inicia un viaje espiritual de diez años. Lulio había estudiado su vida y obra, y tal vez quiso conocer a gente perteneciente a la escuela de Al-Ghazali. Siendo su afán la comprensión de la filosofía sufí por medio del intercambio directo con los conocedores, resulta factible que durante ese año en Armenia haya encontrado interlocutores con los cuales aprendió las 99 cualidades divinas[100] y las confrontó con los atributos de Dios en el cristianismo. Su método de aprendizaje y de enseñanza debe haber estado presente: los cuadros con los diferentes puntos de vista desde los cuales se pueden formar proposiciones sobre un asunto y los diagramas. Una de las obras de Lulio lleva por título *Sobre la Cuadratura y la Triangulación del Círculo*. Su *Ars Major* "es una mnemónica o mejor dicho, un plan mecánico para descubrir todas las categorías posibles que se aplican a cualquier proposición posible. Así como sabiendo las terminaciones o conjugaciones típicas de la gramática árabe, por ejemplo, podemos declinar o conjugar cualquier palabra; así Lulio razona: conociendo los diferentes tipos de existencia y sus relaciones y combinaciones posibles, poseeríamos el conocimiento de la naturaleza y de toda la verdad como un todo sistemático" (Zwemer, 1902: 93).

¿Por qué no pensar que entre Lulio y algunos estudiosos sufíes o matemáticos árabes de esa región diseñaron los protoeneagramas que conocemos? ¿Por qué no buscar registro histórico fehaciente de un encuentro entre Lulio, Rumi y al-Tusi, lo cual es posible desde una

---

[99] Sufíes entre cuyas prácticas espirituales están los movimientos giróvagos.

[100] Número que proviene de apuntes personales del curso sobre la tradición sufí con el doctor Carlos de León, registrados el 19 de septiembre de 2007.

perspectiva cronológica y geográfica? ¿Por qué no plantearnos que en el contenido del símbolo hay una herencia cristiana y también sufí? ¿Por qué cada parte interesada en la historia del Eneagrama se empeña en atribuirse el origen, cuando pudo ser obra colectiva como lo es la sabiduría perenne?

¿Podría ser que el diagrama con pasiones y virtudes humanas, además de los movimientos de cuerpos celestes e interacción entre esos y otros elementos metafísicos, haya resultado tan convincente que fue conservado y distribuido entre algunos otros estudiosos sufíes o científicos árabes, quienes lo integraron a los diagramas por ellos trazados o heredados y así fue pasando de generación en generación hasta llegar a manos de Gurdjieff? Esta es una hipótesis alternativa a la del sello caldeo perdido en el Turkestán oriental o a la del símbolo de nueve puntos trazado con rubíes en el mármol blanco del monasterio afgano, cuestión que relataremos en su momento.

Para nosotros, encontrar el origen preciso con fecha y participantes exactos es un dato muy significativo por la importancia que ha alcanzado el Eneagrama en nuestros días; pero para ellos, para Lulio o para Rumi o para el matemático y astrónomo al-Tusi, el diseño del símbolo pudo ser una actividad más en sus agitados días. Rumi estaba ocupado en su poesía y en sus estados de éxtasis, mientras Lulio estudiaba, escribía, hacía diagramas y viajaba para convertir musulmanes al cristianismo y al-Tusi estaba embebido en el observatorio de Maragheh. Ninguno pudo darle la importancia histórica que hoy tiene, para ellos tal vez fue un dibujo explicativo en el que coincidieron. Haya sido Rumi, al-Tusi o algún otro maestro sufí o del islam iraní quien captó las inquietudes de Lulio, lo que nos importa es que en el contenido del Eneagrama hay sincronías indiscutibles en la búsqueda de la más alta perfección que pueden alcanzar los seres humanos mientras habitan su cuerpo.

Rumi buscaba atravesar los 70 mil velos de oscuridad y los 70 mil velos de luz que hay entre el alma humana y Dios, proceso al que desde otra cosmogonía tiende también el Eneagrama. Una orden sufí establecida en México, la Nur Ashki Yerráhi, al hablar del final de la vida de Rumi, se refiere precisamente al rompimiento de todas las fronteras "incluso las de su propia tradición religiosa o cultural. Todas las identidades falsas de su naturaleza limitada".[101] Justo eso, las identidades falsas de los eneatipos es lo que el Eneagrama busca trascender.

Del vínculo de Lulio con los sufíes dio testimonio el teólogo medieval de influencia neoplatónica, dominico y místico alemán Erkhart. Sobre este hecho afirma Guraieb: "(Lulio era) viajero intrépido y no menos infatigable escritor, buen conocedor de los filósofos árabes, cuya lengua conocía muy bien; que husmeaba por doquier el Averroísmo para 'combatirlo'; era tercero franciscano, inflamado de amor: el mallorquino Raimundo Lulio, teólogo, apóstol, misionero y místico… el maestro Eckhart se encontraba con él y de su boca le oía hablar de los Sufíes Árabes y de sus filósofos" (Guraieb, 1976: 143).

Restan muchos ángulos de este vínculo sufí-cristiano por investigar. Durante sus primeras discusiones con los musulmanes, Lulio solía esgrimir como argumento la descripción de las siete virtudes cardinales y los siete pecados capitales en relación con el comportamiento de los sarracenos. Las siete virtudes y los pecados aparecen desde el siglo VI en *Moralia*, la obra de Gregorio Magno, sexagésimo pontífice máximo de la Iglesia católica, pero antes recordemos que en el siglo IV Evagrio menciona ocho *logismoi*, como también lo hace otro meditador del desierto y después Padre de la Iglesia, Juan Casiano, en el mismo siglo.

Cuando Lulio comienza sus predicaciones menciona siete pecados y virtudes; podemos decir que es hijo de la Escolástica de su tiempo, aunque en ocasiones se declare adversario de ella, pero en algunos de sus libros ya no habla de siete sino de nueve, como aparecen en varios diagramas. Habría que averiguar si en su intercambio con los sufíes decidió incrementar las virtudes y los vicios a nueve, número que, como vemos en la descripción, ya había utilizado: "La gran arte, por tanto, empieza estableciendo un alfabeto según el cual las nueve letras desde la B a la K representan las diferentes clases de sustancias y atributos. De este modo en la serie de sustancias B representa a Dios, C a ángel, D al cielo, E al hombre, etc.; en la serie de atributos

---

[101] Folleto "Rumi: monarca del amor divino", escrito por Sheija Amina Teslima al-Yerráhi, de la Orden Sufí Nur Ashki Yerráhi de México, Sinaloa 213, colonia Roma, Ciudad de México, sin fecha.

absolutos B representa bondad, D duración, C grandeza; o también en las nueve preguntas de la filosofía escolástica B representa *utrum,* C *quid,* D *de quo,* etc. Manipulando estas letras de tal modo que muestren las relaciones de objetos y predicados diferentes, se practica el arte nuevo" (Zwemer, 1902: 93).

En su obra *El árbol de la ciencia,* iniciado en Roma en 1295 y terminado un año después, Lulio afirma que los principios del Arte General que forman parte de la concepción moral del hombre son nueve, así como también las reglas son nueve y lo ilustra con una tabla que contiene las claves para las nueve letras que están colocadas en varias de sus circunferencias. En la página 86 de la versión en línea[102] de esta obra, digitalizada por la Biblioteca Virtual del Patrimonio Bibliográfico de España, aparecen tres tablas. En la primera están los nueve principios trascendentes que comienzan con la B que se refiere a *Bonitas.* "Esta trascendentalidad de bien se funda en el Bien trascendente en Dios que es la Bonitas y el Amor mismos".[103] Lo que hace Lulio con estos atributos divinos es mostrar hacia dónde es preciso encaminarse, vía las virtudes, para llegar a Dios. Lo interesante del cuadro, para efectos de mostrar su vínculo con el Eneagrama, es que muestra los siguientes nueve vicios o privaciones del bien:

B. Avaricia

C. Gula

D. Lujuria

E. Soberbia

F. Pereza

G. Embidia (*sic*)

H. Ira

---

[102] http://www.bvpb.mcu.es/Lulio Raymundo/arboldelaciencia, consultado el 7 de julio de 2015.

[103] Tomado de: Briancesco, Eduardo (1986), "La exploración del mal moral en el último Tomás de Aquino", en *Teología,* revista de la Facultad de Teología de la Pontificia Universidad Católica Argentina, núm. 47, p. 20.

I. Mentira

K. Inconstancia

Estos nueve vicios incluidos por Lulio corresponden a las nueve pasiones del actual Eneagrama de las personalidades. Si se revisan los diagramas que presenta Óscar Ichazo,[104] se verá que menciona: ira, soberbia, falsedad, envidia, avaricia, miedo, gula, lujuria y pereza. Y en el Eneagrama de las pasiones que ofrece Claudio Naranjo[105] encontramos: ira, orgullo, vanidad, envidia, avaricia, miedo, gula, lujuria e indolencia. La diferencia notable entre lo que se maneja en la actualidad y la propuesta del siglo XIII se encuentra en el miedo, al cual Lulio le llama inconstancia. Esta es una diferencia de fondo en la que convendría reflexionar y buscar el dato preciso. ¿Fue Ichazo el que sustituyó la inconstancia y colocó el miedo en el número seis del Eneagrama? Él declaró haber conocido los diagramas de Lulio y después del retiro de Arica aparece el miedo como uno de los vicios. A continuación sus palabras: "En 1943 heredé de mi tío Julio la biblioteca de mi abuelo, quien era abogado y filósofo. En un texto antiguo sobre el sello caldeo (Eneagrama), entré por primera vez en contacto con este diagrama que para los caldeos era un símbolo mágico. También encontré el sello caldeo en los libros de Raimundo Lulio, quien fue directamente influenciado por teólogos sufíes".[106]

De lo que no parece haber duda es del hecho de que por vía de la Escolástica, Lulio recibió conceptos de la Iglesia católica y, aunque haya entreverado aspectos musulmanes, los heredó a la tradición cristiana medieval y renacentista (aunque esto último no haya tenido una línea directa, explícita y aprobada por las autoridades eclesiásticas).

---

[104] *Interviews with Oscar Ichazo* (1982), Nueva York: Arica Institute Press, p. 18.

[105] Naranjo, Claudio (2001), *Carácter y Neurosis*, Vitoria-Gasteiz: Editorial La Llave, p. 25.

[106] *Enneagram Monthly*, "An interview with Oscar Ichazo by Andrea Isaacs and Jack Labanauskas. Part I: November 1996. Part II: December 1996 and Part III: January 1997", Portola Valley, CA: Business WordPress Themes.

Al final de sus días Raimundo Lulio hizo esta síntesis de lo que consideró más relevante en su vida: "Tenía mujer e hijos, disponía de riquezas moderadas; llevaba una vida mundana. Todas esas cosas renuncié gozosamente con el fin de promover el bien común y extender la santa fe. Aprendí el árabe. Varias veces he viajado al extranjero para predicar el Evangelio a los sarracenos. Por amor de la fe fui encarcelado y azotado. He trabajado cuarenta y cinco años para ganar a los pastores de la Iglesia y a los príncipes de Europa para el bien común de la Cristiandad. Ahora soy viejo y pobre; sin embargo, todavía permanezco en el mismo propósito. Perseveraré en él hasta la muerte, si el Señor lo permite" (Zwemer, 1902: 48). Murió el 30 de junio de 1315, parece ser –según reza la leyenda– que apedreado en el mercado público del puerto de Bejäia o Bujía, en lo que hoy es Argelia, tras insistirle a los musulmanes que abrazaran el cristianismo.

Este enciclopedista temprano, como se le conoce a Lulio, dejó una obra vastísima en catalán, árabe y latín. Sus manuscritos originales fueron consultados en Roma, Milán, París, Munich, en la Abadía de Innichen y en Venecia por la historiadora inglesa ya citada, especialista en la época, quien afirma: "Lulio era un tremendo constructor de sistemas. Construyó sus sistemas, según él creía, sobre los esquemas elementales de la naturaleza, combinados con los esquemas divinos formados por las Dignidades, o atributos divinos, tal como giraban en las ruedas combinatorias" (Yates, 1990: 15). En el *Tractatus novus de astronomía*, esta historiadora encuentra la correspondencia entre los cuatro elementos, los planetas y las cualidades de los temperamentos combinados con diferentes términos respecto a los conocidos. Al elemento aire le corresponde lo húmedo y lo cálido; al fuego, lo cálido y lo seco; a la tierra, lo seco y lo frío, y al agua, lo frío y lo húmedo. Tal y como los sufíes clasifican a los elementos que constituyen el cuerpo humano (Bakhtiar, 2013b: 83). Yates, al estudiar a Lulio, añade: "La teoría astrológica implica, por supuesto, que no solo la complexión del hombre (colérica, sanguínea, melancólica o flemática) depende de las influencias estelares, sino que todas las cosas de la naturaleza –piedras, metales, plantas y animales– deben agruparse según estas influencias" (Yates, 1990: 35). En esto mismo coinciden los estudiosos de los sufíes, como Almaas, quien, hablando de Rumi, dice que este creyó que el alma existe también en los niveles mineral, vegetal, animal, humano y angélico, y tiene diversos atributos según las dimensiones de la realidad (Almaas, 2004: 520). Los manuscritos de Lulio están ilustrados con diagramas, sellos y figuras que integran y contrastan entre sí a los elementos en ellos incluidos.[107]

Frances Yates, esta acuciosa historiadora, da cuenta también de otra influencia de Lulio que está presente en el Eneagrama: la *Kabbalah* judía: "Pico della Mirandola conocía el arte de Lulio, que asociaba con la Cábala, y el sincretismo y universalismo lulianos habrían de mostrarse afines a muchos pensadores y magos del Renacimiento" (Yates, 1991: 154).

En los manuscritos originales de Lulio estudiados por Frances A. Yates y en las decenas de libros que se han escrito sobre dicho autor aparecen varios símbolos que son un antecedente del Eneagrama actual. Ella los reproduce en *Lull y Bruno: Collected Essays Volume I*, publicado en 1982 en Londres.[108] Enmarcadas en una gran circunferencia aparecen estrellas de nueve picos, una de ellas con leyendas en latín que dan cuenta de nueve virtudes y otra de distintas fases de un proceso de alquimia espiritual.[109] La autora habla de otra circunferencia elaborada por Lulio y tomada de *Electorium Remundi* de Thomas le Myésier,[110] misma que describe así: "Este círculo del universo está dividido en nueve segmentos y en los segmentos van escritos los dos significados que tienen BCDEFGHIK" (Yates, 1990: 139). Estas mismas letras aparecen alrededor de las estrellas de nueve picos en otras circunferencias de Lulio y significan nueve atributos de Dios (Bonitas,

---

[107] Por ejemplo, en la página 90 de los *Ensayos Reunidos*, la historiadora reproduce un diagrama de Lulio elaborado dentro de un círculo en el que aparecen mencionados los doce signos, los siete planetas, los cuatro elementos y los temperamentos mostrando contrastes y concordancias.

[108] En la versión en español también se reproducen, el título del libro es *Ensayos Reunidos I, Lulio y Bruno*, publicado en México en 1990 por el Fondo de Cultura Económica.

[109] La historiadora las titula Figuras para las *Ars Brevis* de Ramón Lull provenientes de sus *Opera*, Estrasburgo, 1617.

[110] Quien en 1311 fue discípulo de Lulio en París y escribió, bajo dictado de este, *Vita Beati Raymundi Lulli*, considerada casi como una autobiografía, según nota de Elena Ausejo en la página 21 de las Actas del Octavo Congreso de la Sociedad Española de las Ciencias y de las Técnicas, 2004.

Magnitudo, Eternitas, Potestas, Sapientia, Voluntas, Virtus, Veritas, Gloria) y cobran significado si se toma en cuenta que en su diálogo con los sarracenos[111] Lulio buscaba mostrarles que el Dios cristiano tenía gran atractivo como para acercarse a él. Al respecto Yates dice: "Y en cada libro la teoría elemental conduce inmediatamente a analogías teológicas, acompañadas a menudo de lamentaciones de que estas cosas no sean demostradas más claramente a los sarracenos, de tal modo que queden convertidos con ello a la fe católica" (Yates, 1990: 67). Hipotéticamente reiteramos que en este logro de acercamiento a la cosmogonía islámica, en el momento de ilustrar sus tesis Lulio se ajustó al Eneagrama sufí de la estrella de nueve picos: "En las formas del arte posteriores al *Ars Demonstrativa*, Lulio cambió el número de Dignitates sobre el que se basaba el Arte de dieciséis a nueve" (Yates, 1990: 182).

Lulio tuvo en sus manos un símbolo con algunos elementos del Eneagrama. ¿Qué tanto hubo de sufí y qué tanto de escolástica cristiana en el diseño del símbolo? Atendiendo lo que dice la historiadora inglesa, ¿él mismo diseñó el símbolo? Rohr y Ebert[112] así lo creen. Ambos afirman que Lulio buscaba afanosamente puntos de unión entre las religiones y el conocimiento de vicios y virtudes humanas lo consideraba como de propiedad común. El punto de partida que ambos estudiosos del Eneagrama encuentran en los escritos de Raimundo Lulio[113] para la cuestión común de la verdad en las principales religiones son los nueve nombres de las cualidades de Dios que él distribuye dentro de una circunferencia en el sentido de las manecillas del reloj, unidas entre ellas mediante líneas que cruzan el círculo y pasan por el centro que es el inefable misterio de Dios. Lulio elabora una segunda figura, un círculo con tres triángulos dentro, que representa los principios relativos que caracterizan la cercanía y la diferencia entre Dios y sus creaturas. Sobre estos círculos Rohr y Ebert dicen: "La cercanía

---

[111] Antes del siglo XVII las palabras islam o musulmán no estaban traducidas al latín, ni al catalán, por lo que el cristianismo medieval utilizaba el término sarracenos.

[112] Richard Rohr y Andreas Ebert son autores de *El Eneagrama. Los nueve rostros del alma*, publicado en 1995 por Comercial Editora de Publicaciones, C.B., de Valencia, España.

[113] La obra que Rohr y Ebert citan de Raimundo Lulio es: *Vom Freund und dem Geliebten: Die Kunst der Kontemplation* (1998), Zurich y Dusseldorf.

de estas dos figuras con el Eneagrama es inequívoca. Como las figuras de Evagrio, los esquemas de Lulio pueden ser también llamados *proto-Eneagramas*" (Rohr y Ebert, 2009: 16).

Queda, sin embargo, un aspecto por resolver: los símbolos de Lulio están formados por la circunferencia y dentro de ella encontramos tres triángulos cerrados, es decir, no contienen la hexada, hexagrama o figura de seis líneas (las que unen a los números 1, 4, 2, 8, 5, 7) con la exacta inclinación de las líneas que se encuentra en el Eneagrama actual, mientras que el símbolo sufí que muestra en sus libros Laleh Bakhtiar sí lo contiene, aunque el triángulo es más pequeño que en la figura contemporánea. ¿Cómo llega a Gurdjieff el símbolo tal y como se conoce hoy en día? Es esta una enésima pregunta a responder.

Es el interés en la evolución del ser humano lo que resulta relevante en el Eneagrama; lo otro, la procedencia original del sello, de la estrella de nueve puntas no es lo fundamental, aunque la búsqueda de los orígenes y la trayectoria de ese símbolo con el que se representa el Eneagrama es importante no solo porque aún no está fehacientemente documentada su génesis, sino, y sobre todo, porque la ausencia de evidencia empírica contundente se ha traducido en un forcejeo entre las escuelas y corrientes interesadas en el Eneagrama.[114] Además –lo que es peor–, ha incrementado la resistencia, por parte de algunos académicos, a incluirlo en los estudios universitarios sobre caracterología,[115] que es una de las puertas para entrar a conocer una serie de procesos de mucho mayor envergadura. Incluso si solamente se permanece en el juego de las nueve personalidades el instrumento resulta útil porque el equilibrio entre vicios y virtudes arroja, desde el principio, elementos que dan luz sobre la acción y la comunicación pertinentes

---

[114] El forcejeo sobre la paternidad del conocimiento ha sido incluso de tipo jurídico. En 1992 llegó a la Corte de Apelación en Estados Unidos una demanda de Arica Institute Inc. contra H. Palmer y Harper & Row Publishers con el núm. 77191-785.

[115] Paulatinamente aumenta el número de psicólogos clínicos egresados de universidades que comienzan a incluir el Eneagrama entre las técnicas que arrojan mejores resultados con los pacientes. El testimonio y la obra de Jerome Wagner Ph.D. de la Loyola University de Chicago es interesante. Después de estudiar las tipologías de personalidad existentes afirma: "A typography I've found specially useful is the Enneagram", en 2010 publicó *Nine lenses on the world. The enneagram perspective*.

para una mejor comprensión de los mensajes que recibimos de los otros y una mayor conciencia de los que cada uno de nosotros emite.

A la muerte de Raimundo Lulio sus obras comenzaron a despertar inquietud y entusiasmo en España, llegando a oídos del Tribunal del Santo Oficio de la Inquisición. El inquisidor general de la Corona de Aragón, Nicolau Eimeric (1316-1399) puso todo su empeño en tratar de demostrar que Lulio era un hereje. Este hecho dejó huella y en el siglo XV la obra circulaba principalmente en conventos, monasterios y algunas universidades. En la centuria siguiente el rey Felipe II leyó algunos textos de Lulio y se convirtió en protector de la obra mientras que la orden de los dominicos señalaba las herejías del inquisidor del siglo XIV. Los escritos generaron gran controversia y ello sirvió para su expansión, al tiempo en que numerosos estudiosos del legado luliano sufrieron procesos por parte de la Inquisición. Tal fue el caso de un catedrático de Teología Luliana en el Estudio General de Mallorca, de nombre Sebastián Riera (1661-1668).[116] Si bien los tribunales eclesiásticos amedrentaron a quienes se interesaban por obras como la de Lulio, tres siglos después, en el seno del cristianismo europeo, vuelve a aparecer el símbolo ya con la inclinación de las líneas que actualmente tiene. Esto ocurre en la obra de un jesuita de nombre Athanasius Kircher, tres siglos antes de Gurdjieff. Para llegar a él, es necesario ubicarnos en el origen de la Compañía de Jesús a la que este científico orientalista perteneció.

---

[116] El proceso está relatado en *Revista de la Inquisición (Intolerancia y derechos humanos)*, año 2013, vol. 17, pp. 107-139, ISSN 1131-5571, bajo el título "El proceso inquisitorial al catedrático lulista Sebastian Riera", escrito por Rafael Ramis Barceló de la Universidad de las Islas Baleares.

CAPÍTULO 7
LA APORTACIÓN INTERMITENTE DE LA ESPIRITUALIDAD IGNACIANA

Abrir un espacio para mirar, *grosso modo*, algunos pasajes de la trayectoria visible de la Compañía de Jesús, desde sus inicios hasta nuestros días, tiene un objetivo específico: averiguar dónde coincide la búsqueda espiritual de los jesuitas con el contenido y la práctica del Eneagrama. Las preguntas que dan origen a esta inquietud son: ¿cómo fue que en los años setenta del siglo XX tantos jesuitas se entusiasman con el Eneagrama? ¿Por qué el Papa Francisco se toma la molestia de mencionar al Eneagrama en un discurso dirigido a los obispos latinoamericanos? ¿Será porque muchos de los jesuitas que lo enseñan han captado que el autoconocimiento es un paso indispensable en cualquier labor altruista? ¿Hay una zona de convergencia entre el Eneagrama y la espiritualidad ignaciana?

Intentar dar alguna respuesta a estas y otras interrogantes exige un rastreo histórico para hallar elementos eneagrámicos en el pensamiento jesuita. En el siglo XVII Athanasius Kircher S.J. deja evidencia documental en los protoeneagramas que realiza, pero antes hay escritos filosóficos que arrojan luz al respecto.

Remontémonos a Ignacio de Loyola, fundador de la orden, solo como punto de partida. La Compañía de Jesús inicia en 1540 y paulatinamente se expande por numerosos países. Uno de los documentos centrales, escrito por el mismo Loyola[117] y que se mantiene vigente desde el siglo XVI, es el relativo a los ejercicios espirituales. Como veremos en su momento, es muy probable que la primera semana de estos ejercicios sea lo que el Papa Francisco tenía en mente cuando mencionó el Eneagrama.

---

[117] La obra de Ignacio de Loyola está integrada, además de los Ejercicios Espirituales, por una Autobiografía, las Constituciones, el Diario Espiritual y numerosas cartas editadas en diversos tomos.

Los jesuitas son conocidos por su interés en el estudio del mundo que los rodea, por su intelecto pulido, por su involucramiento en el acontecer social. Por la huella que han dejado algunos miembros de la orden parece que esta línea continuó a través de los siglos. Cuando aún no muere Ignacio de Loyola, nacen en España dos jesuitas que contribuyen, con su formación y escritos, a dar fuerza y visibilidad a la obra de Ignacio de Loyola en los siglos XVI y principios del XVII. Uno es Luis de Molina (1535-1600) y el otro es Francisco Suárez (1548-1617). Ambos forman parte de la escolástica jesuita que incluye ya visos de modernidad, dado que sus obras se vinculan a las discusiones científicas de la época.

Luis de Molina introdujo la noción de "ciencia media" para colocarse entre el intelecto y la gracia divina, apartándose de las tesis tomistas que prevalecían en su entorno. Escribió contra el determinismo y a favor del libre albedrío. En su obra encontramos un hecho precedente que puede explicar la proclividad de algunos jesuitas hacia el Eneagrama. La filosofía jesuita de esa época hacía hincapié en la libertad humana al lado de la acción de la gracia divina, es decir, subrayaba el esfuerzo que debían hacer los seres humanos para erradicar sus vicios y alcanzar la virtud, mientras que los dominicos tenían una posición más determinista. Esto dio lugar a una controversia denominada *De auxiliis* que se extendió de 1582 a 1607 y "se desarrolló entre teólogos españoles, jesuitas y dominicos, que debatieron de manera apasionada en torno al tema de la libertad humana frente a los designios de un Dios omnisciente y omnipresente" (Zermeño, 2003: 61). Hasta la fecha, un grupo numeroso de jesuitas que han encontrado en el Eneagrama un instrumento adecuado para el conocimiento de las propias debilidades y su superación, saben que el ser humano debe hacer esfuerzos que lo lleven a una evolución personal y que para ello es necesario ejercer el libre albedrío.

El historiador Guillermo Zermeño afirma que la filosofía jesuita fue mirada con sospecha por la Inquisición española, pero en Portugal encontró buena acogida, por eso fue en Lisboa donde se publicó, en 1588, la obra de Luis de Molina titulada *Concordia liberi arbitrii cum gratia donis,* en la que se sistematizaron contribuciones de otros jesuitas que ponían de relieve la función del libre albedrío.

Francisco Suárez, por su parte, escribe una obra sobre el principio de individuación que será citada después por Descartes, Spinoza, Vico y Hume, entre otros. Genera gran polémica en los medios eclesiásticos e intelectuales, por lo que siente necesidad de explicarle al General de la Compañía de Jesús los fundamentos de sus tesis. Para ello le escribe una carta en la que le dice: "Hay costumbre de leer por cartapacios, leyendo las cosas más por tradición de unos a otros que por mirallas hondamente y sacallas de sus fuentes que son la autoridad sacra y humana y la razón, cada cosa en su grado. Yo he procurado salir de este camino y mirar las cosas más de raíz, de lo cual nace que ordinariamente parecen llevar mis cosas algo de novedad" (Bergadá, 1950: 1923). Suárez fue llamado doctor eximio por el sumo Pontífice.[118]

La influencia de Molina y Suárez en los pensadores del siglo XVII fue enorme. Un ejemplo es su aporte a la obra de Leibniz: "Los inicios de su formación en Leipzig fueron escolásticos y sus reflexiones sobre Molina y Suárez se convertirán en su munición intelectual distintiva" (Collins, 2005: 594). Se mencionan estos dos casos porque dan cuenta de una línea de continuidad que no se pierde entre los jesuitas a través de los siglos. Es una orden religiosa que piensa, cuestiona, decide y actúa desde el libre albedrío sin dejar de apelar a la gracia divina.

Otro jesuita que tiene una obra digna de mayor investigación es Matteo Ricci, nacido en Macerata en 1552 y alumno de otro jesuita, Cristóbal Clavio, quien le enseñó matemáticas y astronomía. Vivió 28 años en China. Mientras aprendía el idioma elaboró un mapamundi bajo el concepto de la cartografía europea, hecho que causó sorpresa y reconocimiento entre la comunidad científica. Pronto se percató de que para dar a conocer el cristianismo debía captar cuál era la cosmogonía religiosa de los chinos y ello lo llevó a conocer el taoísmo y el confucionismo. Comprendió que sus interlocutores miraban el mundo como una totalidad organizada que surge de la naturaleza misma del universo, en la cual cada parte actúa en función de sus relaciones con las demás. Al verificar la capacidad intrínseca y no causal del juego de

---

[118] Varias de las obras de Francisco Suárez editadas a principios del siglo XVII en Alemania se encuentran actualmente en la Biblioteca Palafoxiana de la Ciudad de Puebla, México. Fue "el autor que seguramente más frecuentaron los estudiantes de filosofía de los colegios jesuitas", afirma Zermeño. Esto antes de la expulsión de la orden en 1767.

entrelazamientos y contraposiciones de todos los elementos existentes, adopta, en forma paulatina, una visión taoísta de la vida que queda como telón de fondo en sus escritos. Esto influirá, un siglo más tarde, en Leibniz y a través de este quedará en Occidente una impronta organicista en la cual se mueve el Eneagrama.

Matteo Ricci es admirado y seguido en sus escritos por otro jesuita notable que atraviesa casi todo el siglo XVII: Athanasius Kircher, quien nació en Hessel, Alemania,[119] cerca de la abadía de Fulda, donde había un colegio de la Compañía de Jesús al que asistió. Se ordena como sacerdote en Paderborn, donde aprende griego y hebreo; posteriormente estudia Filosofía en Colonia. En 1630 "pidió al prepósito general de la Orden que le enviasen de misionero a China, pero su solicitud fue desestimada y hubo de conformarse con coleccionar los materiales que remitían de Europa otros misioneros" (Gómez de Liaño, 2001: 36). Entre estos, los de Matteo Ricci, a quien Kircher rinde homenaje en su iconografía.[120] En 1635 Kircher parte a Roma, donde permanece el resto de su vida, estudiando una enorme variedad de temas y fenómenos que van desde los fósiles antediluvianos y las erupciones volcánicas hasta cuestiones de alta teología.[121] Entre sus textos dos resultan pertinentes para la historia del Eneagrama. El primero, fechado en 1652, lleva por título OEdipus AEgypticus[122] y contiene un dibujo del Árbol de la Vida de la *Kabbalah* judía con la descripción de las *sefirot* en hebreo. En su estudio acerca de las imágenes de Kircher, Gómez de Liaño dice lo siguiente sobre este di-

[119] Datos tomados del capítulo "Vida de Kircher" en: Gómez de Liaño, Ignacio (2001), *Athanasius Kircher. Itinerario del Éxtasis o Las Imágenes de un Saber Universal*, Madrid: Siruela.

[120] Entre las 520 ilustraciones que contiene la selección de Gómez de Liaño hay dos dedicadas a Ricci. Ver páginas 160 y 173, en ambas se exalta su conocimiento sobre filosofías chinas.

[121] Una muestra ilustrada de los variados ámbitos de sus conocimientos se encuentra en el rescate que hace Ignacio Gómez de Liaño en el libro *Athanasius Kircher. Itinerario del Éxtasis o Las Imágenes de un Saber Universal, op. cit.*

[122] Este texto se Kircher se encuentra en la Biblioteca Palafoxina de la Ciudad de Puebla, México. Su título completo es *Oedipus aegyptiacus, hoc, est, Universalis hieroglyphicae veterum doctrinae temporum iniuria abolitae instauratio opus ex omni orientalium doctrina & sapientia conditium, nec non viginti diversarum linguarum authoritate stabilitum.*

bujo: "Dado que el Árbol es un diagrama de máxima universalidad, sirve como llave que abre las potencialidades de todos los niveles del Universo" (Gómez de Liaño, 2001: 236). Cuestión, esta última, que será objetivo de Gurdjieff tres siglos después.

Un cabalista contemporáneo describe así al Árbol de la vida: "Expresa la conexión del hombre con la Luz Infinita, que es el plano de la esencia, frente a la multiplicidad de sus manifestaciones... Mediante el simbolismo del Árbol, la Cabalá postula que todo el gigantesco entramado de la Manifestación[123] está estructurado como un conjunto orgánico que participa de una vida única" (Madirolas, 2005: 21). Se trata de un mapa de la conciencia, dice el mismo autor, quien agrega que no solo es una efusión creativa sino un camino de retorno. Como el de los oráculos caldeos o como el del Eneagrama, agregaríamos nosotros, por lo cual valdría la pena investigar lo que Kircher afirma en cuanto a que "toda la antigua sabiduría de los judíos la recibieron de Egipto, a través de Moisés" (Gómez de Liaño, 2001: 236).

En la explicación que Gómez de Liaño hace de este Árbol de la Vida, hay otro elemento que resulta importante y que requiere profundización por parte de investigadores del Eneagrama adentrados en la *Kabbalah* judía: "Desde un punto de vista cosmológico las siete sefirotas inferiores son los siete planetas de los caldeos, en tanto que la triada superior significa, según Kircher, la esfera de las estrellas fijas, el *primum mobile* y el empírico. Se corresponden también con los diez nombres de Dios, los diez arcángeles, los nueve órdenes angélicos más las almas de los hombres y la constitución humana" (Gómez de Liaño, 2001: 236). Habría que averiguar si las siete sefirotas mencionadas por Kircher tienen correspondencia con lo que Gurdjieff y sus discípulos directos llaman la Ley de Siete, con la que explican la evolución del universo y de los seres humanos, de la misma manera que las tres sefirotas superiores podrían tener relación con la Ley de Tres, que habla de las tres fuerzas involucradas en todo acto de creación.

---

[123] La manifestación, dice Madirolas en un pie de página, es la totalidad de la existencia, es un término más amplio que el de creación, a la cual incluye, y tiene un componente de "toma de conciencia".

El segundo libro de Kircher que resulta importante es el dado a conocer en 1665 bajo el nombre de *Arithmologia sive de abditis Numerorum Mysteriis*, el cual al inicio muestra, en una misma imagen, los elementos centrales del actual símbolo del Eneagrama, es decir la esfera, el triángulo, la hexada y líneas entre los nueve picos de la estrella. Llama la atención que las líneas de la hexada aparecen con la misma inclinación que en el símbolo actual del Eneagrama, cosa que no sucede en los protoeneagramas de Lulio. La pregunta que surge ante esto podría ser fuente de otra hipótesis: ¿Encontró Kircher en alguno de los papiros egipcios que estudió alguna estrella de nueve picos semejante a la que dibujó en su *Arithmología*? ¿Modificó alguno de los diagramas de Lulio? Espero que haya quien en el futuro imediato muestre evidencias empíricas en algún sentido.

Kircher realiza investigaciones en ámbitos tan disímbolos del conocimiento humano como son la acústica, el magnetismo, la vulcanología, la óptica, la egiptología, la sinología, la arqueología bíblica, la aritmología y la musicología. "Empeñado en la búsqueda de una ciencia y una escritura universales –proyecto que entusiasmaría al joven Leibniz–, Kircher puso como cimiento de tan singular edificio si es que no como la cúpula que habría de coronarlo, la metafísica platónico-pitagórica, la lógica combinatoria de Raimundo Lulio y la gnosis de los hermetistas" (Gómez de Liaño, 2001: 9). Lulio parece ser una influencia definitiva en él, lo mismo que Nicolás de Cusa, uno de los primeros filósofos en quienes se advierte la transición del pensamiento medieval al renacentista.

Es importante poner énfasis en lo ya dicho: Kircher conoció la obra de Lulio. De hecho, casi cuatro siglos después elabora también un Árbol de la Ciencia parecido al luliano, pero consignando las ramas de la ciencia ya no del medievo sino del siglo XVII. En sus escritos son evidentes los elementos del Eneagrama: "Para el platónico –escribe Kircher– la triada es la idea ejemplar del mundo triple, ella es la verdadera balanza de la justicia pitagórica, colocada en medio de los vicios: el principio de todos los números, el triángulo de la divina naturaleza, complemento de toda imperfección y de la naturaleza manca, único centro de la pasión impulsora de las formas de Proteo, fundamento de la pirámide mística, fuente y origen de los cuerpos, y nada más fecundo que ella para las significaciones místicas y las explicaciones recónditas de las cosas" (Gómez de Liaño, 2001: 20).

Kircher incursionó en cuanta tradición pudo en búsqueda del retorno humano al Absoluto, al cual identificaba con Dios. El mismo estudioso de su obra, al intentar hacer una síntesis dice: "He aquí el sistema de pensamiento, la filosofía kircheriana: en bien proporcionada fusión, se nos presentan la teoría platónica de las ideas arquetípicas, la Unidad y la procesión de los seres a partir de la Unidad de Plotino, la mística de los números del pitagorismo y la Cábala, el sincretismo de los textos herméticos, la escala luliana del ser y la teología del pseudo Dionisio Aeropagita. Es, sin duda, la última gran llamarada de la filosofía sincrética del Renacimiento, cuya exaltación de la Mente y del Mundo propició las investigaciones mundanas, el desarrollo de los estudios matemáticos y físicos, al tiempo que supo exaltar los valores de la imaginación y de la unión mística con la divinidad a través del amor. Esta filosofía veía en el universo el jeroglífico, el talismán de la divinidad, una realidad mágica que une lo superior y lo inferior, de la misma manera que la magia es el arte de crear vínculos entre los diferentes planos de la realidad" (Gómez de Liaño, 2001: 23). Esta unión de lo superior y lo inferior es un elemento de continuidad que no se pierde de los caldeos a nuestros días.

A los jesuitas del siglo XVII y en especial a los superiores de la Compañía de Jesús, asegura el autor de la cita anterior, les halagaba que un distinguido miembro de la Orden, identificado con los usos y fines de la misma, fuera una cabeza visible en el estudio del hermetismo renacentista y en el conocimiento de las ciencias, saberes y ocupaciones humanas.

Los trabajos de Kircher fueron conocidos por sacerdotes jesuitas de distintas provincias también en América. Se ejemplifica con el caso de México por contar con evidencias documentales. Carlos de Sigüenza y Góngora, quien se ordenó como jesuita, en 1662, en el convento de Tepotzotlán, fue uno de los grandes intelectuales del Virreinato de la Nueva España. Su obra abarcó muy diversos temas y en ella sobresale su *Libra Astronomica y Philosophica*, en la que refuta las tesis que sobre cometas y temas afines sostenía otro jesuita: Eusebio Francisco Kino.

Hay evidencia de que el jesuita Sigüenza trabajó los escritos de Kircher. En su "Manifiesto contra los cometas despojados del imperio que tenían sobre los tímidos" menciona dos de sus obras: *Mundo Subterráneo* e *Itinerario Extático*.[124] Los escritos y libros de Sigüenza, así como unos huesos de mamut que apreciaba, fueron legados en su testamento al Colegio Máximo de San Pedro y San Pablo.[125] En ese paquete estaban los ejemplares que Sigüenza había estudiado de la obra de Athanasius Kircher. Ahí quedó el frontispicio de la *Arithmología* que contenía un antecedente del símbolo del Eneagrama. Con la orden de Carlos III de España los jesuitas comienzan a salir de México y una parte de las bibliotecas de sus colegios y conventos pasaron a lo que hoy es la Biblioteca Palafoxiana, en el centro histórico de la ciudad de Puebla, la cual es hoy la depositaria de 14 textos en latín de Kircher, material de estudio para investigadores que quieran hallar detalles sobre ese protoeneagrama del siglo XVII y prueba, además, del interés jesuita en la obra kircheriana.

La Compañía de Jesús se expandió notablemente más allá de Europa y en algunos países llega a tener una fuerza considerable no solo en su labor cotidiana con la gente, sino en asuntos de corte administrativo y político. Es el caso de México, país al que los jesuitas llegaron en 1572 y donde poco tiempo después fundaron colegios y se expandieron. Para el siglo XVII había evidencias de que un grupo de sacerdotes se dedicaba a la defensa humanista de los indígenas; algunos de ellos, como Francisco Javier Clavijero, conocían la lengua náhuatl, interpretaban códices mexicas y se adentraron en la situación de la Corona española.

Algunos autores consideran a estos jesuitas como precursores de la independencia de México. Este episodio no es menor pues forma

---

[124] Véase el texto completo en: Trabulse Elías (1992), *Historia de la Ciencia en México*, México: Fondo de Cultura Económica, pp. 146-152. *Mundus Subterraneus* se encuentra en la Biblioteca Palafoxiana, de la Ciudad de Puebla, en México, clasificado así: Kircher, Atanasio, *Mundus Subterraneus, in XII libros, Amstelodami, apud Joannen Janssonium á Waesberge & filos, 1678.*

[125] Dato tomado de Guillermo Tovar y de Teresa (1991), *La Ciudad de los Palacios: Crónica de un patrimonio perdido*, tomo II, México: Editorial Vuelta, p. 183.

parte de lo que algunos consideran "la restauración de 1814" o la segunda etapa de la historia de la Compañía. Se le llama "restauración" porque obedece a la cancelación del Decreto de Supresión de la orden de los jesuitas, expedido en 1773 en Roma, seis años después de la expulsión que Carlos III hiciera de la Compañía de Jesús, con especial dedicatoria para los jesuitas de las colonias de España en América. Al respecto dice un historiador: "En los años treinta del siglo XIX, al calor de los debates sobre la pertinencia del retorno de la Compañía de Jesús a México, se alimentó por parte de connotados publicistas e historiadores una representación de los jesuitas como precursores de la independencia del país" (Fabre *et al.*, 2014: 234). Cuatro décadas después, cuando México había iniciado el proceso de independencia de España, se lleva a cabo la Restauración legal de la Compañía de Jesús, el 7 de agosto de 1814.

No solo en las provincias del continente americano hubo repercusiones en esta época. El Decreto de Supresión de 1773 afecta a la Compañía también en Europa. Con los años las aguas retoman su curso hasta alcanzar el punto más alto de la restauración a mediados del siglo XX, para entrar en otra etapa de inquietudes y proyectos encontrados con el Concilio Vaticano II. Esta narración resulta necesaria para comprender cómo fue que un número considerable de sacerdotes jesuitas se involucran con el Eneagrama durante las tres últimas décadas del siglo XX y las dos primeras del XXI.

LOS JESUITAS Y EL ENEAGRAMA EN EL SIGLO XX

Antes de entrar a la segunda mitad del siglo XX, es importante mencionar que otro jesuita, este nacido en el XIX, escribe durante la primera parte del siglo XX una obra que tiene puntos de enorme coincidencia con ese Eneagrama que coloca al Absoluto como creador del universo y que plantea que la tendencia del universo es regresar al Absoluto. Se trata de un contemporáneo de Gurdjieff, cuyo camino parece no haberse cruzado con el del armenio que encontró el símbolo del Eneagrama. Sus conocimientos fueron generados poco a poco, mediante viajes, estudios, meditaciones y reflexiones sostenidas a lo largo de toda su vida. Llegó a planteamientos semejantes a los de ese Eneagrama que explica el funcionamiento del universo y los rebasó. Su nombre: Pierre Teilhard de Chardin (1881-1955). Este jesuita nace en el pueblo francés de Sarcenat, en Auvergne. En 1899 entra al noviciado de la Compañía de Jesús en Aix-en-Provence. Estudió ciencias naturales, filosofía y matemáticas, después Teología en Sussex, y siguió con el Doctorado en Ciencias Naturales en La Sorbona. Estuvo en la Primera Guerra Mundial como sacerdote y camillero; de 1923 a 1946 vive en China y sus escritos sufren censura desde entonces. Posteriormente entra de lleno en una serie de investigaciones científicas de las que no saldrá hasta su muerte. En 1957, a dos años de fallecido, el Santo Oficio prohíbe sus textos y estos salen de las bibliotecas y librerías. Será hasta 1962, en el año de apertura del Concilio Vaticano II, cuando Juan XXIII emitió un documento mediante el cual se vuelve a aceptar lo escrito por Teilhard de Chardin, pero para entonces el daño estaba causado y el temor por leer lo prohibido se había expandido. La obra completa se salvó gracias a que unos jesuitas jóvenes convencieron a Jean Mortier, secretaria de Teilhard, de que ella debería heredar todos los escritos; se hizo el testamento y nada se perdió.[126]¿Qué plantea Teilhard de Chardin? Su obra es vasta; Ediciones du Seuil la publicó en 13 tomos, integrados por 187 textos largos, sin contar diarios ni epistolarios. Si hubiera que resumirla en pocas palabras, diríamos que lo que plantea es una búsqueda por explicar que tanto la materia como el pensamiento humano están profundamente involucrados en la evolución de todo lo existente. Esta evolución avanza hacia una mayor complejidad, esto es hacia una "heterogeneidad organizada" (Teilhard, 1964: 295). Como no dejó nunca de ser jesuita con fe cristiana, intentó unir, para usar sus palabras, el fenómeno humano y el universo con el medio divino. No mencionó nunca, hasta donde se sabe, la palabra Eneagrama, pero sí utilizó el término noósfera, que también es trabajado por uno de los exponentes más lúcidos del Eneagrama contemporáneo: Anthony Blake.

---

[126] La narración pormenorizada y documentada de estos hechos se encuentra en: Franco Esparza, Jaime Arturo (1997), *Teilhard de Chardin, una cosmovisión para el año 2000*, México: JGH Editores.

¿Qué es la noósfera y qué relación guarda con el Eneagrama? La noósfera, dice el jesuita, es "la envoltura pensante de la tierra" (Teilhard, 2002: 33). En otro momento afirma: "Imposible, además, representarnos las modalidades y la apariencia que pudiese revestir esta hiper-célula formidable, este cerebro de cerebros, esta Noósfera tejida a la vez por todas las inteligencias sobre el haz de la tierra" (Teilhard, 1964: 304).

Teilhard toma el término noósfera del científico ruso Vladimir Vernadsky (1863-1945), a quien cita. Este físico y matemático de la Universidad de San Petersburgo encuentra que la Tierra está formada por cinco ámbitos integrados: litósfera o la esfera sólida, atmósfera, biósfera, tecnósfera (producida por lo creado por los seres humanos) y noósfera o la esfera del pensamiento humano.[127] También afirmó que las tres etapas de la evolución de la Tierra son: evolución geológica, evolución biológica y evolución de la cultura. Teilhard de Chardin veía esto con un entusiasmo cristiano porque todo lo existente tendría que avanzar hacia el Punto Omega (término acuñado por él) o el punto más alto de la evolución de la conciencia, preexistente antes de la aparición de los seres humanos y del universo y hacia el cual todo ha de volver.

Es aquí donde el pensamiento de Blake –el estudioso y practicante del Eneagrama– se cruza con Teilhard. En los diagramas que el inglés presenta sobre el Eneagrama de los nueve puntos de evolución (Blake, 1996: 208) aparece una primera octava que corresponde a la biósfera, una segunda a la tecnósfera y una tercera a la noósfera. En el centro del diagrama está el símbolo del Eneagrama y en cada octava aparecen sus elementos ubicados en la hexada, dejando libre el triángulo, cuyas tres partes representan los movimientos de la octava: el número 3 el disturbio humano en el ecosistema global, el número 6 el inicio de la

---

[127] Esta esfera del pensamiento humano aparece no solo en la obra del ruso Vernadsky, sino también, por una vía diferente, la vemos en una filosofía china: la teoría del Zhineng Qigong, donde a la noósfera se le llama Yi Yuan Ti: "De ahí que la posición que ocupa el Chi de la conciencia humana unificada (Yi Yuan Ti) en la espiral evolutiva sea superior a la que ostenta el Chi Hunyuan original", cfr. *Life More Abundant. The Science of Zhineng Qigong, principles and practice. Based on the original teachings of Ming Pang*, 1999, p. 104.

solución, y en el 9 el conjunto de todas las interpretaciones sobre el origen del hombre formando parte de la mente cognoscente o noósfera.

En el apartado sobre los "discípulos de los discípulos" de Gurdjieff se pueden apreciar más los argumentos de Blake. Por el momento solo transcribimos unos párrafos de Ouspensky que inevitablemente nos llevan a asociarlos con las tesis del jesuita Teilhard: "Según el verdadero conocimiento, el estudio del hombre debe proseguirse paralelamente al estudio del mundo y el estudio del mundo paralelamente al estudio del hombre. Las leyes son las mismas en todas partes, tanto en el mundo como en el hombre. Habiendo comprendido los principios de una ley cualquiera, debemos buscar su manifestación simultánea en el mundo y en el hombre. Además, ciertas leyes son más fáciles de observar en el mundo, otras más fáciles de observar en el hombre. Por lo tanto, en algunos casos es mejor comenzar con el mundo y después pasar al hombre y en otros casos es mejor comenzar con el hombre y luego pasar al mundo" (Ouspensky, 1977: 170). En el caso de la empresa científica de Teilhard, este prefirió adentrarse en el funcionamiento del mundo para ubicar en él al hombre. Este jesuita descomunal muere en 1955 dejando una obra tan vasta como desconocida.

Llegados a este punto, es necesario continuar con el propósito de ofrecer elementos que nos expliquen por qué proliferó el Eneagrama entre los jesuitas.

En la segunda parte del siglo XX corren paralelos dos acontecimientos: el Concilio Vaticano II y el despertar del interés jesuita por el Eneagrama. El año de 1962 abre una etapa de renovación en la Iglesia católica y en las órdenes religiosas. Recordemos que el Concilio concluye en 1965 y a partir de entonces comienzan a divulgarse los documentos oficiales completos. Precisamente en ese año, los jesuitas estrenan un padre superior de nombre Pedro Arrupe, quien estará al frente de la Compañía de Jesús hasta el año de 1983.

Arrupe vive intensamente la vida posconciliar de la Iglesia católica. Fue presidente de la Unión de Superiores Generales de Órdenes Religiosas y como tal participó en varios sínodos de obispos (1967, 1969, 1971, 1974) que debían prolongar el Concilio. El sínodo de 1974 versó sobre la mutua relación entre evangelización y promoción humana, es decir, sobre asuntos relacionados con los seres humanos de carne y hueso tal cual son. Es preciso recordar que es justamente durante estos años cuando el Eneagrama comienza a cobrar fuerza entre los jesuitas. El primer registro documental está fechado en 1971, cuando el jesuita Patrick O'Leary afirma haber conocido el Eneagrama en un curso de otro jesuita, de nombre Bob Ochs, en la Universidad Loyola de Chicago.

El ambiente que se vive en esos años al interior de la Compañía de Jesús es de gran apertura y de un intento sostenido por aplicar los documentos del Concilio. Varios jesuitas, acostumbrados a pensar por sí mismos, encuentran en el Eneagrama una forma concreta de trabajo entre los fieles, con miras a vincular la condición humana con la evangelización a partir de un esfuerzo de autoconocimiento y superación personal. Esto, aunado al hecho de que su padre superior, Arrupe, se preocupaba entonces por vincular explícitamente al Concilio Vaticano II con la misión marcada por el fundador de los jesuitas. "El Vaticano II nos ha ayudado a entender mejor el pensamiento de S. Ignacio" (Madrigal, 2014: 29).

Son años de entusiasmo y apertura entre los jesuitas. La década de 1970 corre entre lecturas de los documentos conciliares y la renovación de los propios territorios de acción. En 1980 el padre Arrupe, en un documento por él titulado "Inspiración trinitaria del carisma ignaciano," dice: "La tesis que ahí expuse es que una recta comprensión y aplicación de 'nuestro modo de proceder' permite a la Compañía hoy, en una línea de continuidad histórica, conseguir el doble objetivo que el Concilio Vaticano II ha fijado a los institutos religiosos: el retorno a las fuentes del propio carisma y, al mismo tiempo adaptarse a las cambiantes condiciones de los tiempos" (Madrigal, 2014: 36). En sus Congregaciones Generales números XXXI y XXXXII los miembros de la Compañía de Jesús ponen su mayor empeño por adecuarse a lo que sucede en el mundo.

Algunos jesuitas de los años setenta le llamaban al Eneagrama "los números sufíes" con plena conciencia de que mencionaban un sistema que provenía de una tradición distinta a la católica, pero también tenían en mente que el Concilio Vaticano II propiciaba el diálogo con otras religiones. Parecería que su conciencia estaba no únicamente tranquila sino también entusiasmada.

Cuarenta años después de este ánimo renovador, la Iglesia católica vive nuevos y viejos problemas que llevan al Papa Francisco a mirar el Eneagrama con menos entusiasmo que el de los jesuitas de los años setenta del siglo pasado. Más adelante analizaremos lo que él dijo al respecto en 2013. Antes sigamos con la crónica de los jesuitas pioneros del Eneagrama.

En la segunda mitad del siglo XX numerosos jesuitas habían escrito sobre el Eneagrama. Robert Ochs, S.J., después de aprenderlo con Claudio Naranjo a principios de los años setenta en el Instituto Esalen, lo difunde entre varios sacerdotes de la orden. Les comparte sus notas y los diagramas con el símbolo que recibió de Naranjo y este, a su vez, de Óscar Ichazo. Entre los jesuitas que escucharon a Ochs y que después comenzaron a escribir sobre el Eneagrama estuvo Tad Dunne, quien en la década siguiente redacta un libro[128] en el que ofrece una versión contemporánea de los ejercicios espirituales de Ignacio de Loyola, fundador de los jesuitas. En 1999 publica otro texto bajo el título de *Enneatypes*. Es probable que Dunne haya asociado la máxima jesuita de *"Agere Contra"* (o el actuar contra la tentación) con las personalidades del Eneagrama y esto haya dado origen a una interpretación de las flechas que en la actualidad aparecen en el símbolo para señalar contra cuál tentación, vicio o pasión debe luchar cada eneatipo. Esta probabilidad se sustenta en el "Patrón general de las flechas" o figura 14 de un libro que parece ser el primero que se escribe sobre el Eneagrama visto como una teoría de la personalidad: "la figura 14 presenta la pauta general de movimiento de Dunne en contra de las flechas…" (Beesing *et al.,* 2004: 160). En esta misma página se le atribuye a Tad Dunne este movimiento que se explica como "autoayuda para la redención que se centra en moverse en contra de las flechas de la compulsión. Esto supone ir en sentido contrario a la flecha hacia el signo distintivo del otro tipo de personalidad".

---

[128] *Spiritual Exercises for Today: A contemporary Presentation of the Classic Spiritual Exercises of Ignatius Loyola* (1991).

Esta idea de "luchar contra" aparece en el Eneagrama de Gurdjieff de varias maneras. Una muy evidente es la que transcribe Ouspensky cuando dice: "En el dominio de las emociones es muy útil tratar de luchar contra el hábito de dar expresión inmediata a las emociones desagradables… La lucha contra la expresión de las emociones desagradables no solo es un excelente método para la observación de sí, sino que tiene otro significado. Esta es una de las pocas direcciones en las que un hombre puede cambiar o cambiar sus hábitos sin crear otros indeseables" (Ouspensky, 1977: 158). Por consiguiente, esta es otra forma del *Agere Contra,* sin que esto signifique necesariamente que haya habido puntos de contacto entre lo consignado por Ignacio de Loyola en el siglo XVI y lo que para esa época era el conocimiento del Eneagrama en Asia Central y en la Europa renacentista. Sin embargo, no habría que descartar del todo este posible vínculo. Seguimos con los jesuitas y sus aportaciones al Eneagrama.

Patrick H. O'Leary, S.J.,[129] coautor del texto citado sobre Dunne, menciona que se introdujo por primera vez al Eneagrama en un curso sobre experiencia religiosa impartido en 1971 por Bob Ochs y en ese mismo año, participó también en un seminario específico sobre Eneagrama impartido por el mismo Ochs. O'Leary afirma que "trataron de comprobar su validez a la luz de su propia experiencia y formación en espiritualidad ignaciana" (Beesing *et al.,* 2004: 6). Esta afirmación de O'Leary es muy importante porque plantea una interrogante de relevancia: ¿además del *Agere Contra,* qué elementos de la espiritualidad ignaciana coinciden con el Eneagrama que estos jesuitas practicaron?

O'Leary fue compañero de la generación 1971-1972 en el estudio del Eneagrama, de otro jesuita que después dejaría la orden: Jerome Wagner, quien es autor de varios libros sobre el Eneagrama.[130] En la misma Universidad Loyola de Chicago, otro sacerdote de la misma

---

[129] En la introducción al libro que escribe con María Beesing y Robert J. Nogosek, titulado *El eneagrama, un camino hacia el autodescubrimiento,* cuya primera edición en inglés fue publicada en 1984 por Dimension Books Inc., Denville, NJ.

[130] Los libros de Jerome Wagner son *The Enneagram Spectrum of Personality Styles: an Introductory Guide, Wagner Enneagram Personality Scales* y el más reciente: *Nine Lenses on the World, the Enneagram Perspective,* publicado en 2010.

orden que estuvo en los cursos de Ochs fue Paul Robb. Dio clases en esa universidad y también en la Escuela Jesuita de Teología de Chicago. Escribió *Passage Through Mid-Life* y fundó el Instituto para el Liderazgo Intelectual que operó como una comunidad ecuménica. Falleció en 2010.

La comprobación de la validez del Eneagrama a la luz de la formación jesuita atravesó, en esos años, por la revisión de uno de los instrumentos que legó Ignacio de Loyola a la orden: sus ejercicios espirituales. La asociación del *Agere Contra* –o movimiento interno de los eneatipos dentro de la circunferencia del Eneagrama– con una de las Contemplaciones de los Ejercicios Ignacianos parece ser un hecho que fácilmente podrían validar los jesuitas en activo. Más adelante ejemplificaremos esto con una aportación jesuita al Eneagrama contemporáneo.

Después de Ochs, Patrick H. O'Leary comenzó a enseñar el Eneagrama y, junto con Maria Beesing, desarrolló una serie de seminarios en la Jesuit Retreat House[131] de Cleveland, Ohio y en otros lugares. En el libro que ambos escriben, con Robert J. Nogosek,[132] comienzan por advertir que para alcanzar una auténtica libertad personal es necesario entrar a un viaje al interior del yo, el cual da inicio con el descubrimiento de la fuerza impulsora básica de nuestra personalidad. En cada uno de los nueve tipos de personalidad, afirman los autores, hay una compulsión o especie de "pecado oculto", entendiendo el pecado como una parálisis o un impedimento para convertirse en el auténtico propio yo. El libro tiene una segunda parte titulada "El Jesús eneagrámico" escrita como antídoto a la primera, es decir, para no privilegiar la negatividad. Aquí se presenta a Jesús mostrando el aspecto positivo de las nueve personalidades, tomadas de pasajes

---

[131] Maite Melendo, prologuista del libro de Empereur y discípula de este y de Helen Palmer en los años setenta del siglo XX, le llama a este lugar de otro modo: Jesuit Renewal Center, pero suponemos que se trata del mismo sitio. El primer libro de esta española sobre el Eneagrama fue: *En tu centro: el Eneagrama* (1993), Sal Terrae.

[132] El título en inglés es *The Enneagram. A Journey of Self-Discovery.*

del Nuevo Testamento. Algunos jesuitas jóvenes[133] recuerdan este contenido como algo aprendido en algún momento de su formación.

Don Richard Riso, un prolífico autor que hizo escuela, relata que las primeras notas breves sobre los tipos de personalidad se escribieron y distribuyeron en 1972 y 1973 en seminarios informales en los centros teológicos jesuitas, especialmente aquellos de la Universidad de California en Berkeley y la Universidad Loyola de Chicago. Riso conoció el Eneagrama en 1974, en Toronto,[134] cuando era seminarista jesuita y afirma que el "material jesuita" consistía en nueve bocetos sobre los tipos de personalidad a los que se les denominaba también "los números sufíes" (Riso, 2009: 16). Esto lo relata Riso en 1987;[135] siete años después, en otro de sus textos,[136] hace una crónica que da una idea más precisa de cómo se expandió el Eneagrama entre los jesuitas. Menciona que Ochs transmitió su interpretación de lo aprendido con Naranjo a otros jesuitas en Norteamérica, y ellos lo utilizaron "fundamentalmente para su consejo espiritual y añadieron sus *insights* a un material que crecía y cambiaba constantemente. La 'tradición jesuita' es por tanto un derivado de 'la tradición de Naranjo', perteneciendo ambas originariamente a la 'tradición de Arica', pero distanciándose en cierta medida de ella" (Riso, 1997: 136). Uno de estos *insights* fue el vínculo con los ejercicios espirituales ignacianos.

A Riso le preocupó siempre el origen del Eneagrama. Entró en su historia tanto como pudo, sin descuidar lo que hasta el año de su muerte[137] fueron sus grandes aportaciones.[138] Fue sacerdote jesuita durante 13 años y dentro de la orden conoció los apuntes de Robert Ochs y

---

[133] Como Juan Carlos Henríquez S.J., académico de la Universidad jesuita de Guadalajara, México: el ITESO.

[134] En su libro escrito en 1995, Riso afirma que conoció el Eneagrama en 1973, o sea, un año antes.

[135] *Personality Types: Using the Enneagram for Self Discovery* (1987), Boston: Houghton Mifflin.

[136] *Discovering your personality type. The new Enneagram Questionaire* (1995), Nueva York: Houghton Mifflin.

[137] Falleció el 30 de agosto de 2012.

[138] Él mismo enlista 13 de ellas en *Descubre tu Perfil de Personalidad en el Eneagrama*, pp. 142 a 144.

láminas con los eneagones de Ichazo. Sobre esto afirma: "se trataba de nueve descripciones impresionistas de una página de longitud de los tipos de personalidad junto a varias páginas de Eneagramas etiquetados con los nombres de las fijaciones, pasiones, virtudes, trampas y otros materiales que habían ido transmitiéndose de una forma más o menos intacta a partir de la tradición de Arica. La tradición jesuita también incluía una 'tradición oral' de su propia cosecha, parte de la cual tenía sentido y parte no" (Riso, 1997: 136). Es altamente probable que esta "cosecha propia" incluyera la vinculación que se hizo con los ejercicios espirituales de Ignacio de Loyola.

Por lo que toca a Riso, cuando deja de ser jesuita se encarga de separar al Eneagrama de los aspectos religiosos que contenía, sin dejar de reconocer que la enseñanza es de alto valor espiritual. Dejo la palabra al propio Riso: "El día 2 de septiembre de 1975 empecé a dedicarme en cuerpo y alma al estudio del Eneagrama, interpretando la tradición jesuita a la luz de las ideas de Freud, Jung, Karen Horney, Erich Fromm y otros psicólogos modernos. Seguí estudiando la tradición jesuita porque esta fue la que se me enseñó. Eliminé el tono y el contenido extremadamente religioso de la interpretación. Estaba convencido, y lo sigo estando, de que el Eneagrama no tiene una naturaleza fundamentalmente religiosa ni es tampoco una mera tipología psicológica, sino toda una psicología de la personalidad que, entre otras cosas, posee profundas implicaciones espirituales" (Riso, 1997: 138). En 1991 Russ Hudson se vinculó laboralmente a Don Riso para contribuir en la elaboración de un cuestionario para identificar el eneatipo, mismo que se convirtió en el RHETI o Riso Hudson Enneagram Type Indicator.

James Empereur S.J. también perteneció al grupo de jesuitas estadounidenses de la Provincia de Chicago que aprendieron el Eneagrma con Bob Ochs a principio de la década de 1970. Sobre este inicio afirma Empereur: "Cuando yo empecé mi andadura con el Eneagrama no había, como he señalado antes, ningún libro publicado. Había distintos apuntes escritos a mano o a máquina, muchos de los cuales procedían de Robert Ochs, S.J. Cuando Ochs los hizo llegar a algunas comunidades de jesuitas empezaron a aparecer libros…" (Empereur, 2000: 26). Este primer canal de distribución de Ochs, el cual debe haber llevado consigo una explicación personal subrayando la importancia del material enviado, explica también el entusiasmo al interior de la Compañía de Jesús. Empereur coincide con lo que se ha dicho antes sobre el Concilio Vaticano II: "En la historia de la dirección espiritual es bien conocida la importancia de la tradición ignaciana y los Ejercicios Espirituales. No tenemos espacio aquí para un comentario adecuado; sería un tema para otro libro. Baste decir que desde el Vaticano II asistimos a una recuperación del genuino espíritu ignaciano y del objetivo de los Ejercicios" (Empereur, 2000: 60).

Efectivamente, hace falta otro libro en el que los jesuitas que se entusiasmaron con el Eneagrama, en los años setenta del siglo XX, expresen sus razones. Por lo pronto, una lectura de la primera y la segunda semanas de los Ejercicios de San Ignacio arroja datos que permiten hablar de algo en lo que profundizan los jesuitas al aproximarse al Eneagrama: la dirección de integración y desintegración de los eneatipos. Tomando como material de análisis el libro de Don Richard Riso y Russ Hudson, *La sabiduría del eneagrama*,[139] encontramos que al final de su capítulo 6, titulado "Dinámicas y variaciones", los autores muestran pautas de crecimiento con las que cada personalidad puede trabajar y señalan también dificultades propias de cada eneatipo. Para ello utilizan flechas entre los números. Cada número se relaciona con otros dos y esto está señalado por dos flechas, una que parte del número y otra que llega hacia él. Dicho con palabras de los autores: "En la figura del Eneagrama las flechas indican las direcciones de desintegración de cada tipo. Por ejemplo, el tipo Ocho representa la dirección de desintegración del tipo dos. Las flechas de la dirección de integración apuntan en sentido contrario de modo que, en el ejemplo, la dirección de integración del tipo Ocho va hacia el Dos" (Riso y Hudson, 2000: 100).

En otro libro, Riso lo explica así: "Los números del Eneagrama están unidos en una secuencia que denota la Dirección de Integración (sanación, autorrealización) y la Dirección de Desintegración (estado enfermizo, neurosis) de cada tipo de personalidad. En otras palabras,

---

[139] Se tomó la traducción al español de *The Wisdom of the Enneagram, La sabiduría del eneagrama* (2000), Barcelona: Urano.

los individuos de cualquier tipo pueden cambiar de diferentes modos, pueden mejorar y pueden empeorar…" (Riso, 2001: 25). Esta última es una aportación de Riso, esto dicho y destacado por él mismo, quien se encarga de explicitar abiertamente lo que aclara y desarrolla respecto a lo que aprendió con los jesuitas.[140] Los jesuitas trabajan con el Eneagrama de las nueve personalidades sin olvidar en absoluto su formación, sin dejar de lado uno de los instrumentos básicos legados por su fundador: los ejercicios espirituales que contienen indicaciones precisas para cada una de las cuatro semanas en que deben llevarse a cabo.

Desde la primera semana de los ejercicios aparece algo que es fundamental para comprender de dónde brotó el entusiasmo jesuita por el Eneagrama. Los ejercicios están organizados de acuerdo con una numeración que los atraviesa. El número trece señala que ante las tentaciones debe lucharse en sentido contrario a lo que ellas sugieren. Se trata, como ya dijimos, de la máxima jesuita del *Agere Contra,* misma que explicaremos con más detenimiento al referirnos al pronunciamiento que sobre el Eneagrama hizo el jesuita argentino que está al frente de la Iglesia católica desde el 13 de marzo de 2013.

En la segunda semana de los Ejercicios se presenta la "Contemplación del Reino de Jesucristo a la luz del llamado que hace un rey a sus súbditos para ir a una guerra".[141] Esta guerra ha sido interpretada por algunos jesuitas de una manera más precisa o más funcional para los tiempos actuales y la expresan como la guerra contra las inercias del ego, la guerra contra las tentaciones o los vicios que pertenecen a cada una de las personalidades del Eneagrama. Esta lucha cotidiana está representada en las flechas entre los números que se advierten en el símbolo actual del Eneagrama. Las direcciones de las flechas permiten realizar un trabajo sumamente concreto de liberación de obstáculos que se presentan a todos los enatipos en cualquier circunstancia de interacción con los demás, en la comunicación diaria con los otros.

[140] Véanse las páginas 142 y 143 de Riso, Don Richard (1997), *Descubre tu Perfil de Personalidad en el Eneagrama,* Bilbao: Desclçee de Brower.

[141] Página 93 de *Ejercicios Espirituales de San Ignacio de Loyola* en traducción castellana moderna del jesuita Pablo López de Lara (2005), 7ª edición, México, DF: Ediciones Paulinas.

Richard Rohr, un franciscano que comenzó a impartir seminarios sobre el Eneagrama en los años setenta del siglo XX, hace una afirmación sobre los jesuitas sin revelar su fuente: "Tras realizar ensayos durante varios años, así como tras investigar su idoneidad teológica, finalmente, la Compañía de Jesús aprobó el Eneagrama como un instrumento apto para la asesoría espiritual, y como un modelo para los ejercicios espirituales" (Rohr y Ebert, 2006: 26). Faltaría investigar no solo en qué año ocurrió esto sino, y sobre todo, quién, dentro de la orden jesuita, emitió tal aprobación.

EL PAPA FRANCISCO Y EL ENEAGRAMA

Por insólito que pueda parecer, el actual jefe de la Iglesia católica hizo una referencia explícita al Eneagrama siendo ya Sumo Pontífice. Esto ocurrió el día 28 de julio de 2013, en el encuentro que sostuvo con el Comité de Coordinación del Consejo Episcopal Latinoamericano (CELAM).[142]

Para comprender el sentido de la referencia es necesario, por un lado, recordar que Jorge Mario Bergoglio es sacerdote jesuita y además argentino, país en donde el Eneagrama está bastante difundido. Como provincial de los jesuitas en Argentina es altamente probable que haya sido enterado de los cursos que sobre esa materia impartían algunos sacerdotes, si no es que él mismo haya tal vez asistido a alguno. Por otro lado, es indispensable conocer el marco en el que el Papa mencionó el Eneagrama. No fue una declaración arrancada en entrevista o conversación en la que alguien lo interrogó sobre el tema. Fue una mención deliberada sobre un asunto que conoce. La expresó mientras leía un discurso[143] dirigido a los obispos responsables de la CELAM para el cuatrienio 2011-2015.

---

[142] Celebrado en el Centro de Estudios de Sumaré, en Río de Janeiro, Brasil, en el marco del viaje realizado para asistir a la XXVIII Jornada Mundial de la Juventud.

[143] El discurso que el Papa Francisco llevaba escrito consta de 9 cuartillas (https://w2.vatican.va/content/francesco/es/speeches/2013/july/documents/papa-francesco_20130728_gmg-celam-rio.html) y el video con las improvisaciones incluidas tiene una duración de 43 minutos y 33 segundos (www.ewtn.com).

Este discurso se dividió en cinco partes:

1. Introducción

2. Características peculiares de Aparecida[144]

3. Dimensiones de la Misión Continental

4. Algunas tentaciones contra el discipulado misionero

5. Algunas pautas eclesiológicas

El objetivo general del discurso fue reflexionar sobre lo que acontece dentro y fuera de la Iglesia y ofrecer vías de acción a los obispos latinoamericanos para la renovación de cada una de las diócesis de la región. Su punto de partida fue lo trabajado en la Quinta Conferencia Episcopal, a la que no se llegó con un documento previo a aprobar, sino que cada participante contribuyó al diagnóstico y al plan de acción expresando la situación de su país. Al documento resultante se le llamó "Misión Continental". Lo que hizo Bergoglio en este encuentro de 2013 fue replantear preguntas acerca de cómo llevar a cabo la renovación interna de la Iglesia y cómo establecer, en el presente, el diálogo con la gente en las condiciones de vida que los circundan.

Es en el punto 4 del discurso donde el Papa introduce la mención al Eneagrama. Para captar el sentido de las palabras sobre este, es necesario subrayar que en el párrafo previo al inicio de este cuarto punto se retoman algunas palabras del Concilio Vaticano II en las que se afirma que "los gozos y las esperanzas, las tristezas y las angustias de los hombres de nuestro tiempo, sobre todo de los pobres y de cuantos sufren, son a la vez gozos y esperanzas, tristezas y angustias de los discípulos de Cristo (cf. GS, 1). Aquí reside el fundamento del diálogo con el mundo actual".[145] Párrafos anteriores había dicho que el discípulo de Cristo no es una persona aislada en una espiritualidad intimista, sino una persona en comunidad, para darse a los demás.

---

[144] Ciudad del estado de São Paulo, Brasil, donde se llevó a cabo la Quinta Conferencia del Episcopado Latinoamericano y del Caribe, en mayo de 2007.

[145] Página 4 del discurso del Papa Francisco. GS se refiere a Gaudium et Spes, la única constitución pastoral del Concilio. Trata sobre el hombre en el mundo actual.

También había señalado que Misión Continental implica pertenencia eclesial. Al explicitar los dos desafíos vigentes de la misionariedad discipular, señala la renovación interna de la Iglesia y el diálogo con el mundo actual.

Advierte que la opción por la misionariedad del discípulo será tentada, es decir se presentarán tentaciones que requerirán lucidez y astucia evangélica. Menciona algunas actitudes de una Iglesia "tentada"[146] y es entonces cuando recomienda conocer algunas propuestas actuales que pueden mimetizarse en la dinámica del discipulado misionero y detener, hasta hacer fracasar, el proceso de Conversión Pastoral. Son tres las propuestas que menciona el Papa. La primera, que es la que nos interesa, fue llamada "La ideologización del mensaje evangélico", la cual a su vez contiene cuatro formas de ideologización: el reduccionismo socializante, la ideologización psicológica, la propuesta agnóstica y la propuesta pelagiana. Es en la segunda propuesta donde el Papa ubicó al Eneagrama.

Estas cuatro formas de ideologización en las que, según el Papa Francisco, pueden caer tanto los obispos como los fieles laicos, son tentaciones que pueden desviar de la misión central de la Iglesia. Sobre la ideologización psicológica afirma que se trata de una hermenéutica elitista que reduce el encuentro con Jesucristo a una dinámica de autoconocimiento. Sostiene también que estamos ante una postura inmanentemente autorreferencial que no sabe de trascendencia y, por tanto, no sabe de misionariedad. Una vez que termina de leer el párrafo en el que se encuentran estos conceptos, el Papa hace una pausa larga, sin tomar agua como en otras pausas, piensa lo que va a decir, le surge internamente el caso concreto en el que pensó, parece que al comenzar esta improvisación no le brotan las palabras exactas, por lo que inicia con una breve duda sobre qué términos utilizar y continúa:

"No… yo no tengo nada contra el Eneagrama… no, como si… pero cuando vos te encontraste en un curso de ejercicios espirituales, la primera semana de los ejercicios se hace en base al Eneagrama para conocerte a vos mismo, decime dónde termina el coloquio de misericordia con Cristo Resucitado. ¿Ven dónde está la tentación? Es

---

146 Entrecomillado en el original del discurso.

un psicologismo. Entonces es una hermenéutica psicologista que termina en una cosa buena, no es malo el autoconocimiento, es bueno, pero no es la misionalidad discipular que estamos buscando y de ahí pasamos a ser tentados" (Improvisación núm. 29 en el discurso del Papa Francisco[147]).

Cuando el Papa Francisco dice que el Eneagrama es una hermenéutica psicologista, es muy probable que se refiera únicamente al Eneagrama de las nueve personalidades que no supera el juego egoico y no al Eneagrama cuyo objetivo es el regreso al Absoluto. También es altamente probable que al mencionar la primera semana de los ejercicios espirituales, el Pontífice esté pensando en los ejercicios espirituales de Ignacio de Loyola, mismos que conoce porque los jesuitas deben llevarlos a cabo al menos dos veces durante su vida.

Una lectura detenida de los Ejercicios Ignacianos originales[148] arroja luz sobre las tentaciones que un jesuita puede identificar si conoce el Eneagrama. En el instructivo general, tanto para que el da los ejercicios como para el que los recibe, en el número 13[149] se dice: "en las tentaciones y en la desolación debe siempre lucharse en sentido contrario a lo que ellas sugieren y acostumbrarse no solamente a resistir al adversario, sino aun a derrotarlo". Este sentido contrario es de suma importancia para comprender el vínculo que hallaron los jesuitas con el Eneagrama. Subrayamos el plural (los jesuitas) porque, aunque haya sido descubrimiento de un primer jesuita, el hecho es que lo adoptan muchos otros, de varias generaciones, porque corresponde con esta pieza clave de la espiritualidad ignaciana. En este inicio de los ejercicios espirituales aparece ese elemento sustancial, ya mencionado, que cualquier miembro bien informado de la Compañía de Jesús puede

---

[147] La grabación del discurso del Papa fue escuchada por la autora una docena de veces y de ahí surgió la contabilidad de las improvisaciones, teniendo como referente el texto impreso difundido por el Vaticano.

[148] Hay algunos que en vez de llevarse a cabo en las cuatro semanas que marca la ortodoxia, se hacen en una sola, como los que se han realizado en el centro de ejercicios (Celamex) que los jesuitas tienen en la colonia Legaria de la Ciudad de México y en varios otros lugares.

[149] Esta numeración es continua a lo largo de las cuatro semanas de los ejercicios.

reconocer: el *agere contra*[150] o el actuar en sentido contrario. En la frase de que "en las tentaciones y en la desolación debe siempre lucharse en sentido contrario a lo que ellas sugieren" está sintetizada una de las grandes interpretaciones que los jesuitas hacen del Eneagrama. Las flechas, dentro del círculo uniendo números, indican precisamente cómo es que cada ser humano debe llevar a cabo esta acción de moverse en sentido contrario a la tentación. Lo que hicieron los primeros jesuitas que trabajaron con el Eneagrama fue concretar esta máxima ignaciana del *agere contra.* Le dieron viabilidad inmediata, la personalizaron, encontraron un instrumento adecuado para que en la vida cotidiana no solo los jesuitas, sino cualquier persona, pudieran comprender mejor cuáles son las tentaciones específicas contra las que debe lucharse para alcanzar el camino a la trascendencia al que se refiere el Papa Francisco.

Tendrían que dialogar con el Papa quienes cuenten con la experiencia personal y el conocimiento directo de esta aplicación de los Ejercicios. Tal vez podrían exponer su convicción de que la tentación no es un psicologismo, es una concreción con la que todos nos tropezamos todos los días, cada quien con las suyas, como lo identifica el Eneagrama. Se trata de un instrumento idóneo para ejercer la otredad con el fin de cobrar conciencia del otro, comenzando, por supuesto, con el conocimiento de los propios vicios y virtudes que subyacen en la esencia de cada quien.

En la Sección segunda,[151] después del Principio o Fundamento, aparece el Examen Particular que debe practicarse todos los días en tres tiempos. El primero de ellos dice: "Inmediatamente después que uno despierta se propone firmemente no caer en el pecado o defecto particular que se quiere corregir".[152] Si uno conoce el eneatipo básico en el que se mueve, el pecado o la tentación se convierten

---

[150] *Agere* significa: llevar, conducir, guiar. Tomado del *Diccionario Latino-español y Español-latino* (1999), Barcelona: Editorial Ramón Sopena.

[151] Sección dos, página 64 de Ediciones Paulinas (2005), 7ª edición, que corresponde al inciso 24 de la 9ª edición de Sal Terrae.

[152] Páginas 64 y 65 de Ediciones Paulinas. La traducción al español moderno varía de una edición a otra. La de Sal Terrae a la palabra "corregir" le agrega "y enmendar".

en algo muy específico, en una tendencia que cada persona tiene, en algo muy concreto a superar cada día. Este propósito ignaciano para el amanecer encuentra en el Eneagrama un cómo, una vía precisa. Si esto se desconoce, es muy difícil avanzar.

Si uno se sumerge en la atmósfera de renovación que se vivió en las comunidades jesuitas de los años setenta y ochenta del siglo XX, al leer el párrafo anterior y con el Eneagrama en mente es automática la relación con los eneatipos que describen "el pecado oculto" o la compulsión de cada uno, como le llaman el jesuita O'Leary y sus coautores. Más allá de las acciones equivocadas que pueden dañar al prójimo se encuentra esa actitud que provoca negatividades y que se arrastra de manera permanente mientras no hay conciencia de su fuente. Lo que hace el Eneagrama es mostrar "el pecado o defecto que se quiere corregir" de una manera clara como producto de la personalidad que se posee. Además de eso, también señala el antídoto. Este es un ejemplo de lo que puede ocurrir con los sacerdotes que conocen el Eneagrama. Es comprensible, pues, añadir las técnicas de autoconocimiento a lo que Ignacio de Loyola señala que debe hacerse, especialmente en la primera y en la segunda semanas de los ejercicios. Pero sobre este tema dejemos la palabra a quienes han experimentado con ello.

Richard Rohr, quien se considera deudor de Ignacio de Loyola y conocedor de sus ejercicios espirituales, dice que mediante estos es posible hacer "la distinción de los espíritus" o voces e impulsos interiores y exteriores que nos influyen continuamente y agrega: "El Eneagrama es un instrumento emparentado con el método del santo (Ignacio de Loyola) y, en cierta manera todavía más preciso para alcanzar el mismo objetivo. Este es el motivo de que algunos maestros de ejercicios espirituales hayan comenzado a utilizar el Eneagrama junto a los tradicionales ejercicios ignacianos" (Rohr-Ebert, 2006: 29).

Un jesuita canadiense, de nombre Jean-Marc Laporte, nacido en 1937, fue provincial superior de 2002 a 2008 y dos años después de terminar en este cargo dentro de la Compañía de Jesús, escribió un texto titulado *A Christian Transposition of the Enneagram: With Paul of*

Tarsus and Ignatius Loyola,[153] en el que retoma los ejercicios espirituales de Ignacio de Loyola y muestra lo que a su juicio es una contribución al Eneagrama. Se centra en la meditación de la segunda semana de los ejercicios, relativa a una meditación que implica dos dinámicas: la del pecado y la de la gracia. Laporte afirma que el Eneagrama ayuda a experimentar las fuerzas del pecado y las fuerzas de la gracia que actúan en nuestra vida y que causan confusión en el camino hacia Dios porque se trata de un instrumento para nuestra apertura a la gracia. También, dice el jesuita, resulta un apoyo para que nuestros talentos fructifiquen y no queden sepultados en la ilusión de la autosuficiencia.

Otra opinión, que imaginariamente puede jugar como réplica a lo que el Papa Francisco dijo sobre la primera semana de ejercicios espirituales y el Eneagrama, la ofrece la española Maite Melendo, que lo aprendió en Estados Unidos con los jesuitas que lo ofrecieron a principios de los años setenta del siglo pasado. Ella se dedica desde entonces a dirigir ejercicios espirituales ignacianos y a enseñar el Eneagrama en España. Después de afirmar que difícilmente podemos conocer a Dios si no nos conocemos a nosotros mismos, dice: "Esta verdad sustancial a toda espiritualidad es reconocida por Ignacio de Loyola como principio y fundamento de sus Ejercicios Espirituales" (Empereur, 2000: 13).

En la segunda década del siglo XXI son numerosos los jesuitas de distintos países que utilizan el Eneagrama, no solo en Estados Unidos, donde surgió el grupo originario, sino también en otros lugares como México, Argentina y España. En Colombia, por ejemplo, el padre Julio Jiménez, S.J., quien se identifica como promotor de la espiritualidad ignaciana y magister por la Universidad Javeriana de Bogotá, imparte el "Eneagrama al estilo de los jesuitas con espiritualidad ignaciana" en la casa de encuentros Santa María de los Farallones en Cali, Colombia. Al igual que él, muchos otros lo hacen en distintas latitudes.

Como hemos expuesto, la dinámica de las nueve personalidades es únicamente un aspecto del Eneagrama, el más útil para hacer modificaciones de auténtico fondo en la conducta personal y en la relación con

---

[153] www.jesuits.ca/orientations/ennea%20spexx.pdf (consultado el 16 de diciembre de 2014).

los otros. Mirado aisladamente, es decir, sin conexión con el cambio concreto al que todos podemos acceder, el juego de las personalidades en su forma más primitiva resulta –como dice el Pontífice– autorreferencial e inmanente, puesto que no llega a la esencia del ser humano, ni participa de la espiritualidad que busca la trascendencia a través del amor a los demás. Si el Papa conociera todo esto, tal vez se hubiera referido a ello o quizá no hubiera incluido al Eneagrama en el párrafo sobre la ideologización psicológica.

Los detractores del Eneagrama han editado las palabras del Papa para difundirlas fuera del marco en que se pronunciaron y con ello afirmar que la postura de la Iglesia católica debe ser la de cortar vínculos con esa práctica. No fue este el sentido que Bergoglio quiso darle.

Es probable que en la segunda década del siglo XXI algunos jesuitas que imparten el Eneagrama carezcan de la claridad que tuvieron aquellos que en las décadas de 1970 y 1980, conociendo cómo opera el Eneagrama en el terreno espiritual, decidieron estudiarlo a fondo y dedicarse profesionalmente a él. Tal vez alguna reminiscencia parcial de todo esto, quizá una inercia sin entusiasmo fue lo que llegó a oídos de Jorge Mario Bergoglio en Argentina.

Lo que parece claro es que la espiritualidad ignaciana contiene un componente que resuena con ese Eneagrama que busca el autoconocimiento para el retorno a Dios. A la pregunta ¿qué es la espiritualidad ignaciana?, la Provincia Mexicana de la Compañía de Jesús responde: "Es aquello que lleva a la familia humana a canalizar sus más profundas energías… la espiritualidad ignaciana es una espiritualidad de cara al mundo, donde Dios habla y al mismo tiempo nos llama a responderle. Es una espiritualidad para buscar, hallar y hacer la voluntad de Dios en sus creaturas, utilizando todos los medios al alcance del ser humano".[154] Uno de los medios, según un grupo amplio de jesuitas, ha sido el Eneagrama.

---

[154] Sitio de la Provincia Mexicana de la Compañía de Jesús en Internet, con su última actualización el 15 de agosto de 2013: http://sjmex.org/espiritualidad/espiritualidad-ignaciana.html.

CAPÍTULO 8

GURDJIEFF: SUS RAÍCES Y SUS FUENTES

Gurdjieff es un gran enigma en más de un sentido, como dijera John Bennett al inicio de la semblanza que hizo sobre este personaje.[155] Este autor fue uno de los que convivió más cercanamente con el maestro durante muchos años. Lo acompañó incluso en sus últimos días y afirma que entre las personas que más lo conocieron no hay dos que tengan la misma opinión sobre él. Sin embargo, el gran enigma –continúa Bennett– es la fuente de sus enseñanzas: "cualquiera que se tome el trabajo de examinar sus enseñanzas y sus métodos, casi puede asignar cada fragmento a alguna tradición conocida" (Bennett, 1975: 1). En efecto, se requeriría un conocimiento profundo de las raíces de varias tradiciones ancestrales, incluidos sus aspectos secretos, para ubicar la composición completa del Eneagrama y sus aplicaciones. Es probable que ni el mismo Gurdjieff lo haya tenido, pero heredó, asimiló e intentó poner en práctica la información que encontró durante muchos años de su vida. Por ello ocupa un lugar central en el Eneagrama contemporáneo.

Al negarse a explicitar el origen de algunos de sus conocimientos dio pauta para especulaciones y conjeturas. Por lo general mantuvo para sí los nombres de personas y lugares donde adquirió sus conocimientos. Sobre esto dice Ouspensky: "Hablaba muy poco y siempre de una manera evasiva acerca de las escuelas mismas y de los lugares donde había encontrado el conocimiento que indudablemente poseía. Mencionó monasterios tibetanos, el Chitral, el Monte Athos, escuelas sufíes en Persia, en Bokhara y en el Turquestán oriental; también citaba derviches de diferentes órdenes que había conocido, pero sin dar jamás datos precisos" (Ouspensky, 1977: 62). Sus alumnos mencionan

---

[155] Bennett, John, (1975), *Gurdjieff, a Very Great Enigma*, Gloucestershire: Coombe Springs Press.

lugares y tradiciones ubicables y otras de las que no hay rastro, como el Monasterio de Subari en Therhzas mencionado por Nott.[156]

George Ivanovitch Gurdjieff ha pasado a la historia fundamentalmente por dos hechos: uno, haber dado a conocer el símbolo del Eneagrama en el Occidente moderno y con ello haber incitado a la búsqueda de su significado, y segundo, haber fundado y dirigido una escuela de alta exigencia para el desarrollo personal, el Instituto para el Desarrollo Armónico del Hombre, basado en una cosmogonía antigua, el cual, aunque fracasó,[157] dio origen a apuntes, libros y testimonios de numerosos discípulos, mismos que se conservan en la actualidad como fuente de estudio para comprender los alcances del Eneagrama.

Gurdjieff nació en 1872[158] en Alexandropol, pequeño poblado cercano a Kars, mismo que hasta 1918 fue territorio ruso-armenio y hoy pertenece a Turquía. En este último lugar vivió a partir de los seis años. Su madre fue oriunda de esta región, que no solo pertenece al espacio de tierra situada entre el Mar Negro y el Caspio, sino que es una unidad coherente, pluricultural y geográficamente muy bien definida, como se refirió a ella John Bennett, justo después de haberla estudiado *in situ*.[159] Tan importante como la corografía de esta región resulta su cultura híbrida producto del cruce de tantos pueblos a través de los siglos. Se trata de una zona protegida por las montañas del Cáucaso y del Kurdistán, al pie del Monte Ararat. El paso obligado para ir de Asia a Europa, o viceversa, está formado por unos corredores no muy amplios, entre los que se encuentra –afirma Bennett– el que va de Tabriz a Kars; para ir hacia el Occidente hay que transitar a través de Erzerum, poblado que se une al valle del río Éufrates, es decir,

---

[156] C.S.Nott lo cita en *Teachings of Gurdjieff*, pág. 10.

[157] No se trata de un calificativo personal, simplemente se comparte la opinión de Bennett al respecto. Cfr. página 96 de Bennet, J.B. (1975), *Gurdjieff, a Very Great Enigma, op. cit.*

[158] En algunas biografías se mencionan también los años 1873 y 1877 como fecha de nacimiento. La de 1866 es la que defiende James Moore con datos que la respaldan. La de 1872, aquí citada, es la que señala John G. Bennett en su libro *Gurdjieff, a very great enigma, op. cit.*, después de consultar varias fuentes y de hablar con la familia de su maestro.

[159] Bennett lo afirma en una de sus conferencias impartidas en Denison House, en el verano de 1963, al regresar de estudiar la región donde nació, creció y viajó Gurdjieff.

a la zona norte de lo que fueron los imperios de Asiria y Babilonia. Esto significa que Gurdjieff vivió y creció en un cruce de culturas y de lenguas, pero con raíces identitarias definidas.

Para describir la procedencia del padre de Gurdjieff, démosle la palabra a él mismo: "Mi padre era de origen griego. Sus antepasados habían vivido en Bizancio y se exiliaron poco después de la toma de Constantinopla por los turcos para escapar a sus persecuciones. Primero emigraron al corazón de Turquía. Luego, por algunas razones, especialmente la búsqueda de climas y pastos más favorables a los rebaños que constituían una parte importante de sus inmensas riquezas, se establecieron en la orilla oriental del Mar Negro, cerca de la ciudad conocida con el nombre de Gumushján. Más tarde aún, poco antes de la gran guerra ruso-turca, la renovación de las persecuciones obligaron a mi familia a pasar a Georgia. Allá, mi padre se separó de sus hermanos para ir a Armenia, donde se estableció en la ciudad de Alexandropol, que acababa de perder su nombre turco, Gumri" (Gurdjieff, 2006: 57).

Los dialectos de las regiones en las que Gurdjieff creció eran diferentes entre sí, por lo que se adoptó el turco-tártaro como idioma común, además del armenio. Él mismo narra que en cuanto se establecieron en Kars su padre lo envió a la escuela griega y después al colegio ruso, datos que son relevantes porque más adelante le ayudarán a comunicarse en estas lenguas con interlocutores muy variados.

Por la zona en que creció tuvo contacto de una u otra forma con varias tradiciones religiosas. Algunas de manera directa, como la cristiana ortodoxa rusa, a través del padre Borsh, arcipreste de la iglesia de Kars, o del padre Evlissi, quien llegó a ser asistente del superior de un monasterio esenio, como él mismo relata. A su alrededor hubo siempre musulmanes y algunos sufíes, supo siempre de las tradiciones armenias, conoció la ciudad sagrada de Nakhichevan y se interesó en sus orígenes y en la dinastía de los reyes Bagratid, cuya sede era la ciudad de Ani, cercana a donde Gurdjieff nació y creció. Se sabía armenio y los conflictos de esta etnia lo movieron en 1890 a participar en sociedades secretas que buscaban poner fin al Imperio otomano. En Roma, según su biógrafo Moore, llegó a participar en el Partido

Social Revolucionario Armenio. Los ritos de la Iglesia cristiana griega también le fueron familiares.

Durante veinte años viaja por Egipto, la India, el Tíbet, Afganistán, la región del Cáucaso, los alrededores de Tiflis, en lo que hoy es Georgia, los monasterios que aún se encuentran al sur del Mar Negro[160] y en la meseta del Pamir, situada en lo que ahora es Tadzhikistán, tierra alta en donde arrancan algunas cordilleras como la del Hindu Kusch que cruza las fronteras de Afganistán, Pakistán, China y Kirguistán. En 1896, según relata otro de sus biógrafos, fue a Creta buscando los restos de la hermandad Imastun y fue patrocinado por una sociedad espartaquista griega (Shirley, 2011: 80). Todo indica que en este lapso encontró maestros y comunidades de distintas tradiciones con los que también convivió.

De joven conoció Estambul, Jerusalén, Alejandría, Abisinia, Etiopía, lugares que contribuyeron a abrir su mente, aunque fueron los viajes que realizó por Asia central, durante la última década del siglo XIX y la primera del XX, los que definieron su actividad principal y su trascendencia hasta la actualidad. Gurdjieff salió de sus terruños de infancia con un bagaje doble: por un lado, el sello de las Iglesias cristianas del Este que, como afirma Bennett, otorgan mucha importancia a la resurrección, al tránsito hacia otra vida; por otro lado, las inquietudes que le produjeron experiencias presenciadas en la infancia relativas a espiritistas, adivinos y yezidas.[161] A los veintiún años leyó a la teósofa Madame Blavatsky y viajó a la India buscando los lugres por ella citados. Le inquietan, pues, toda clase de fenómenos relacionados con lo intangible, con la trascendencia, con la secrecía de las tradiciones. Una influencia que él mismo señala como importante fue la de Bogatchevsky o el padre Evlissi,[162] quien tuvo un cargo alto de con-

---

[160] Como el de Sumela, ubicado en la cadena montañosa del Ponto, a 54 kilómetros al sur de Trabson, en la actual Turquía. Este monasterio data del siglo IV d.e.c. y durante el Imperio otomano estuvo en manos de la Iglesia ortodoxa griega.

[161] Una secta de Transcaucasia en los alrededores del Monte Ararat, a los que, según Gurdjieff, se les llamaba "adoradores del diablo".

[162] Este nombre –afirma Bennett–, como muchos de los que aparecen en su libro *Encuentros con hombres notables*, pudo haber sido inventado por Gurdjieff.

fianza en el monasterio de los esenios, ubicado cerca del Mar Muerto y donde, según la tradición, Jesús recibió sus primeras iniciaciones.

Lo que Gurdjieff pudo haber recibido de los esenios a través de Evlissi o de manera directa es una incógnita a despejar. Es importante señalar que a principios del siglo XX este grupo no era tan conocido como lo ha sido a partir del descubrimiento de los rollos del Mar Muerto, ocurrido entre 1946 y1947. Al decir de los expertos, estos rollos formaron parte de la biblioteca de los esenios: "…de los tres grupos mejor conocidos del judaísmo de mediados del siglo II a.C. hasta el momento de la destrucción de Qumrán es precisamente el grupo esenio. Es más, que las correspondencias entre lo que las fuentes clásicas nos dicen sobre los esenios y las informaciones proporcionadas por los manuscritos son de tal orden que resulta innegable una estrecha relación del grupo qumrámico con los esenios" (García Martínez, 1993: 40). Entre los materiales hallados, algunos revelan interés en lo que ocurría en la zona comprendida entre el Tigris y el Éufrates; por ejemplo, un fragmento dice: "Palabra de la oración que rezó Nabónida, rey del país de Babilonia…" (García Martínez, 1993: 333). Este personaje gobernó aquella región, donde habitaron los magos caldeos, entre 556 y 539 a.e.c.; habría que ver si es posible hallar una línea de continuidad entre estos y los esenios.

Es preciso tener en mente que Gurdjieff se siente vinculado a la Iglesia ortodoxa rusa, la cual antes del siglo IX, al escindirse de Roma, conserva tradiciones cristianas primitivas.[163] Bennett, quien estuvo muy cerca de Gurdjieff en su agonía, dice: "Es probable que Gurdjieff mantuviera contacto con las tradiciones ortodoxas griega y rusa durante toda su vida y ciertamente cuando lo vi al final de su vida la sensación de que era miembro de la Iglesia ortodoxa rusa era muy fuerte" (Bennett, 1975: 32). El armenio siempre se consideró a sí mismo como un cristiano esotérico.

Por el lado materno, las tradiciones de la Iglesia armenia también lo formaron. Esta Iglesia tenía un legado cristiano original desde la época en que Pablo de Tarso predicó en sus territorios. En el siglo VIII

---

[163] Andrés, hermano de Pedro y también discípulo de Jesús, predica, tras la muerte de este, en Scythia o lo que hoy es Kazakhastán, sur de Rusia y Ucrania.

fue invadida por el islamismo, lo que provoca una diáspora y quienes habían seguido la tradición del monje Nestorio, oriundo de Alejandría y ex obispo de Constantinopla, se mantienen en comunidades que emigran al norte de Persia, en el Kurdistán y regiones colindantes. En el siglo IV la Iglesia armenia tenía una importancia similar a la ortodoxa rusa y griega; su nombre completo era Iglesia Armenia Apostólica Gregoriana, es decir, no era fiel a Roma y sí a las enseñanzas de los apóstoles de Jesús. Esta Iglesia fue golpeada en varios momentos de la historia, particularmente durante el genocidio armenio[164] que inició en 1915, cuando Gurdjieff contaba con 33 años de edad.

Las comunidades nestorianas, iniciadas en Siria pero expandidas en Armenia, se mantuvieron vivas hasta el siglo XX, quizá no con la fuerza y el prestigio que tuvieron durante la Edad Media,[165] pero sí con la identidad suficiente para ser reconocidas por Gurdjieff en sus viajes por la meseta del Pamir y el Hindukush.

Bennett, quien reconstruyó físicamente la trayectoria que Gurdjieff siguiera en la primera década del siglo XX, estuvo convencido de la apertura que este tuvo hacia diversas tradiciones cuyo origen probablemente se sitúa entre los caldeos. Sobre ello afirma que comúnmente se usa el término "Este" para las Iglesias griega y rusa y "tendemos a olvidar la importancia de las Iglesias armenia, asiria, nestoriana y otras de aquellos días. Pero ciertamente Gurdjieff no tenía olvidado esto y él había sido poderosamente influenciado por la idea de que algo había sido preservado en la Iglesia armenia y también entre los asirios y nestorianos, los cuales estuvieron conectados con los procesos espirituales de transformación del hombre, los cuales en su momento, probablemente heredaron esto de las primeras tradiciones de los caldeos, de los cuales hasta cierto punto perdimos contacto" (Bennett 1975: 33).

---

[164] En ese exterminio de cristianos armenios que llevaron a cabo los turcos otomanos, en Kars, murió el padre de Gurdjieff el 25 de abril de 1918.

[165] En el siglo XIII el franciscano católico italiano Giovanni da Pian del Carpine reportó al Papa Inocencio IV la existencia de comunidades nestorianas en Asia Central. Cfr. Joao de Pian del Carpine et al. (2005), *Cronicas de viagem. Franciscanos no Extremo Oriente antes de Marco Polo (1245-1330)*. Porto Alegre, Brasil: Braganca Paulista, colección Pensamiento Franciscano VII.

Justo en la época en que Gurdjieff viaja, al abrirse el siglo XX, se descubren nuevos trabajos de Evagrio, entre ellos "el primero fue el corpus armenio de Evagrio, el cual incluía notas biográficas sobre Evagrio, así como una extensa colección de sus trabajos más importantes. Esto fue publicado en 1907 por Sarghisian" (Evagrio Póntico, 1972: xxx). Si en algún lugar fueron bien recibidos estos escritos fue en los monasterios afines a las Iglesias ortodoxa rusa y griega, en varios de los cuales se habían guardado por siglos varios documentos que después formaron parte de la Philokalia.[166] Entre 1897 y 1915, año en que Gurdjieff llega a Moscú y a San Petersburgo, pasó temporadas en algunos de las decenas de monasterios habitados de aquellas regiones, así como en comunidades sufíes asentadas en la zona. Ahí pudo haber encontrado algunas de las enseñanzas que transmitió en su escuela, cuestión que sería conveniente investigar con precisión.

El Monte Athos, recordado por Ouspensky como un lugar mencionado por Gurdjieff, se ubica en la actual Grecia y en él se conservan antiguos monasterios que albergaron a teólogos y místicos bizantinos, entre ellos a Gregorio Palamas, nacido en Constantinopla en 1296 y cuyos descendientes espirituales, Nikodemus el Hagiorita y Macario de Corinto, compilaron la Philokalia. Sobre Palamas se sabe que "entró a la comunidad del monasterio de Athos y se convirtió en discípulo de Gregorio del Sinaí" (Evagrio Póntico, 1972: lvi). Como mencionamos, los escritos de Evagrio forman parte de la Philokalia y estos tesoros de las tradiciones ortodoxas rusa y griega son también citados por Óscar Ichazo.

En mayo de 1955[167] John Bennett viaja a Asia Central con un objetivo específico: encontrar informantes que dieran cuenta de aquellos con quienes Gurdjieff aprendió el Eneagrama. Sus resultados los

---

[166] La Philokalia fue publicada por primera vez en Venecia, en 1782, toma su nombre del trabajo de recopilación de textos y enseñanzas antiguas elaborado por Basilio Magno y Gregorio Nazianzeno. Es el conjunto de obras de los padres de la Iglesia cristiana ortodoxa sobre mística y ascesis, ahí se encontraron textos de Evagrio sobre discernimiento respecto a las pasiones y los pensamientos, así como otros de Juan Damasceno sobre virtudes y vicios de los seres humanos.

[167] Leer el capítulo 24 titulado "North Persia" en la autobiografía de Bennett: *Witness* (1974), Tucson, Arizona: Omen Press.

relata en sus libros,[168] no sin antes afirmar que es muy difícil tratar de seguir los escritos de Gurdjieff con pasajes autobiográficos porque están redactados en clave, encriptados y algunos fragmentos de los textos están deliberadamente alterados y con las historias mezcladas. Por eso, este británico viajó mucho, confrontando lo que le había escuchado a su maestro a lo largo de los años. Una cuestión sí le queda clara: Gurdjieff encontró un conocimiento y algunas técnicas que habían permanecido intactos a través de los siglos. Bennett sostiene que algunas provienen de la antigua tradición de Zoroastro y llegaron hasta las regiones donde Gurdjieff se encontró con los conocimientos del Eneagrama. Esta afirmación encierra un descomunal reto de investigación: descubrir cómo se dio este trayecto a través de los siglos. Reconstruirlo es complejo, pero no imposible.

Como se dijo en relación con los esenios, lo que resulta más difícil es rescatar la preservación del conocimiento de los magos caldeos y su posterior vinculación con la cultura de la comunidad que acogió a Gurdjieff. Por lo pronto, el mismo Gurdjieff hace una revelación importante recogida por Bennett: "Una pista dada por Gurdjieff es la mención en varios pasajes de la sociedad Sarmoun o Sarman. La pronunciación es la misma para cualquiera de las dos formas de escribirla y la palabra puede serle asignada al persa antiguo. De hecho aparece en algunos de los textos pahlawi (persas) para designar a aquellos que preservan las doctrinas de Zoroastro" (Bennett, 1973: 56).

Cuando tenía 35 años de edad Gurdjieff fundó un grupo autodenominado Buscadores de la Verdad y con sus integrantes viajó a través del Turquestán hasta Tabriz y Bagdad (Shirley, 2011: 80). Bennett siguió lo que él llama pistas dejadas por su maestro para que alguien que estudiara inteligentemente sus escritos pudiera reconstruir sus pasos. La primera pista es la existencia de una secta llamada La Gente de la Verdad o los Ahí-i-Hagg en una región al norte de Persia a lo largo del Kurdistán. En sus investigaciones –realizadas tanto en bibliotecas como en el lugar de los hechos, pero sobre todo analizando con detalle el único libro que Gurdjieff publicó en vida,

---

[168] Principalmente en *Witness* (1974) y en *Gurdjieff, a Very Great Enigma* (1975), Gloucestershire, England: Coombe Spring Press.

en el año de 1933, y que se tituló *The Herald of Coming Good*[169]–, Bennett encontró que él habla de una hermandad persa con la que tiene contacto y a cuyo monasterio envió a varios de sus discípulos. Esa hermandad es la misma que la de los Ahí-i-Hagg y fue fundada en 1316 por el sultán Sahaq, no solo como un grupo religioso sino como guardianes de tradiciones antiguas (Bennett, 1975: 40). Esta hermandad persa llamada Ahí-i-Hagg pudo haber heredado y custodiado durante siglos el conocimiento que llega a Gurdjieff.

Bennett sugiere que el año de 1316 representa más una refundación de ese grupo y esto "es evidente por el hecho de que ellos preservaron, pese a la llegada del islam, no solo las tradiciones de la Iglesia cristiana nestoriana, sino también las más antiguas tradiciones caldeas o zoroastras que pertenecieron a los tiempos de grandeza de Babilonia, 4 000 años antes del presente" (Bennett, 1975: 41). Esta hermandad persa es clave para investigaciones futuras porque alimenta la hipótesis de una línea de continuidad entre los magos caldeos y el Eneagrama.

En su libro *Encuentro con hombres notables*, Gurdjieff introduce constantemente elementos ficticios y los entrevera con datos reales. Juega con los nombres de las personas y con los lugares. Esto lo verificó Bennett, no solo en sus años junto al maestro, sino en sus propios viajes. Una línea de investigación a seguir es decantar unos y otros elementos, lo cual no es un ejercicio ocioso porque el marco general en el que ocurren los episodios narrados por Gurdjieff es totalmente compatible con la génesis del Eneagrama a partir de los caldeos. En el capítulo titulado "Señor X… o Capitán Pogossian" aparecen datos interesantes insertos en una trama totalmente novelesca como es el hallazgo de unos rollos de pergamino antiguo en unas ruinas. No es verosímil lo ahí narrado. Es la forma que Gurdjieff halló para cubrir algo que sí tiene fundamento: la existencia de la comunidad Sarmouni.

---

[169] Este es el único libro de Gurdjieff en cuyo contenido literal Bennett confía porque pertenece a una etapa en la que su maestro no había comenzado a trucar los datos. De hecho, en cuanto se publicó *The Herald of Coming Good*, Gurdjieff pidió la suspensión de la distribución y retiró copias que habían salido a la luz. Cfr. *Gurdjieff, a Very Great Enigma*, p. 74.

Dentro de este episodio de los rollos de pergamino Gurdjieff introdujo los mismos datos históricos que uno puede ubicar en las historiografías sobre la región situada entre el Tigris y el Éufrates. Transcribo el párrafo completo: "Lo que más nos interesó fue la palabra Sarmung, palabra que ya habíamos hallado varias veces en el libro Merkhavat. Es el nombre de una célebre escuela esotérica, la que según la tradición fue fundada en Babilonia 2 500 años antes del nacimiento de Cristo y cuyas huellas se encuentran en Mesopotamia hacia el siglo VI o VII después de Cristo. Pero desde ese entonces nunca se halló en ningún lugar la menor información sobre su existencia. Antaño se atribuía a esta escuela la posesión de un saber muy elevado, que contenía la clave de numerosos misterios ocultos" (Gurdjieff, 2006: 104). Las menciones a la Merkabá y a Mesopotamia deben tomarse muy en cuenta; la primera porque remite a la mística judía anterior a la Kabbalah, la cual es probable que haya tenido contacto con los magos caldeos de la Mesopotamia antigua. La civilización babilónica es una fuente de referencias constantes tanto de Gurdjieff como de aquellos de sus discípulos interesados en el origen de las enseñanzas de su maestro.

Más adelante, en esa misma narración Gurdjieff afirma: "Hacia el siglo VI o VII los descendientes de los asirios, los aisores, fueron expulsados de Mesopotamia a Persia por los bizantinos… Los aisores son los descendientes de los asirios: Hoy están dispersos por el mundo. Algunos grupos se hallan en Transcaucasia, en el noroeste de Persia, en Turquía oriental y en general por toda Asia Menor… pertenecen en su mayoría al culto nestoriano y no reconocen la divinidad de Cristo…" (Gurdjieff, 2006: 105). Este tipo de referencias son constantes en la obra de Gurdjieff: la Iglesia nestoriana, los archimandritas de Armenia, los esenios, la Iglesia ortodoxa rusa y la griega. No se asoma influencia musulmana ni en las referencias geográficas ni tampoco en el contenido de sus escritos.

Descifrar lo que realmente encontró Gurdjieff en la comunidad Sarmuni fue un propósito al que John Bennett se acercó sin lograr desentrañarlo del todo. En su libro *Gurdjieff: Making a New World*, dice que la palabra Sarmuni tiene varias interpretaciones: una se refiere a las abejas como símbolo de quienes colectan la preciosa miel de la sabiduría tradicional. La segunda es el título de una leyenda escrita por un archimandrita nestoriano del siglo XIII que versa sobre un misterioso poder transmitido desde el tiempo de Zoroastro y manifestado en tiempos de Cristo. La tercera interpretación dice que la sílaba *Sar* significa cabeza y *Man* es el significado persa de la cualidad transmitida por herencia a una familia o raza distinguida.

En otro capítulo de *Encuentro con hombres notables*, Gurdjieff sigue con la pista de los Sarmung, de la misma manera que arma sus relatos: mezclando ficción con realidad. Relata que estando en Bokhara se rencuentra con un amigo que viene de conocer a un anciano "miembro de una cofradía conocida entre los derviches con el nombre de Sarmung, cuyo monasterio principal se encuentra en algún lugar del centro de Asia" (Gurdjieff, 2006: 160). Cabe señalar que la palabra derviche es persa, *darvish*, y se usaba originalmente para nombrar a los mendicantes alejados del mundo material para dedicarse al ascetismo. En la cita anterior Gurdjieff deliberadamente esconde la ubicación del monasterio principal de la cofradía Sarmung y tras narrar su encuentro con el anciano menciona que fue invitado a pasar una temporada en el monasterio "Pero con la condición de que hiciera el solemne juramento de no revelar jamás a nadie la posición de ese monasterio" (Gurdjieff, 2006: 161).

Todos los que escriben sobre este asunto tienen una narrativa semejante. A continuación, la de un biógrafo de Gurdjieff: "Cuatro jinetes kara-kirguises se encontraron con Gurdjieff y Solofiev en las ruinas de la fortaleza de Yeni-Hissar. Pusieron sobre sus cabezas unas capuchas llamadas *bashliks* que les tapaban los ojos para que no conocieran el camino —en caso de que se decidiera que no eran aptos para permanecer en el monasterio— y les llevaron en un largo viaje a caballo a través de las montañas del Turquestán. No les quitaban las capuchas hasta que acampaban por la noche y durante el trayecto solo se las quitaron dos veces, una vez cuando necesitaron de toda su atención para cruzar un estrecho puente colgante de cuerdas y tablas crujientes y podridas... solo había un abismo vertiginosamente profundo, un puente crujiente y en mal estado y ningún tipo de barandilla" (Shirley, 2011: 84).

Otro de los biógrafos de Gurdjieff que dedicó décadas a rastrear su vida, al llegar a este tema del monasterio Sarmung dice: "Gurdjieff fue obligado a hacer el viaje vendado, los mapas contemporáneos eran defectuosos y sobre todo, él había jurado secrecía eterna" (Moore, 1993: 31). Todo indica que realmente nunca abrió la boca sobre esto.

En este punto, relativo a la estancia de Gurdjieff en el monasterio Sarmoun, es donde no hay evidencia documentada y de donde han partido, durante casi setenta años.[170] las interpretaciones personales. Ha llegado el momento de transformar las opiniones en hipótesis a partir de algún dato duro. Existe un documento, publicado por primera vez en 1965, sobre la hermandad Sarmoun[171] sin referencia alguna a Gurdjieff, detalle que es muy importante porque el autor no andaba en busca del dato perdido ni tras las huellas del maestro, sino que simplemente encontró el monasterio por casualidad. El mayor Desmond R. Martin, estando en el norte de Afganistán, relata lo siguiente: "No hace mucho, me encontré caminando entre arbustos de moras en lo que podría ser un jardín inglés si uno no alzara la vista hacia los acantilados del Hindu Kush o hacia los hábitos de los monjes de la comunidad Sarmoun"… "Los Sarmouni (cuyo nombre significa 'las abejas') han sido acusados de ser cristianos con disfraz, budistas, musulmanes sectarios o de encubrir creencias antiguas derivadas, según dicen algunos, de Babilonia. Otros afirman que su enseñanza sobrevivió al Diluvio…" (Martin,1966: 22). Esta información que recaba el viajero sobre los orígenes de la comunidad Sarmoun, sin ser precisa, se ubica en la línea hipotética de las raíces babilónicas y cristianas de la enseñanza de Gurdjieff. El autor no menciona en este escrito la ubicación del monasterio, pero si esto ocurrió en la primera mitad de los años sesenta del siglo XX llama la atención que en cincuenta años no se hayan verificado tanto las coordenadas como los datos de lo que observó dentro del recinto. Dice Martin que una noche le permitieron ver los tesoros de la comunidad, asegurando que no

---

[170] De la muerte de Gurdjieff, en octubre de 1949, hasta ahora.

[171] Bajo el título "Below the Hindu Kush" en: *The Lady*, vol. CLXII, núm. 4210, 9 de diciembre de 1965, p. 870, según se menciona en la página 2 del cuaderno publicado por Roy Weaver Davidson, bajo el nombre *Documents on Contemporary Dervish Communities*, editado en Londres en 1966.

habían sido vistos antes por ningún no-iniciado. Le dijeron que los declararon "desconsagrados" porque una nueva fase de la enseñanza en Occidente había suplantado el ritual al que ellos pertenecían. Entre lo que le mostraron estaba un árbol de oro y otros metales, increíblemente hermoso y muy parecido a un trabajo babilonio que viera en el Museo de Bagdad, el cual usaban para indicar posturas que realizaban con una música especial para el desarrollo personal. Había también un pilar de lapislázuli de nueve pies de altura y dos pies de diámetro, al que le daban vueltas tocándolo con una mano para alcanzar un estado particular de la mente. La siguiente descripción es la que suscita más interés: "En una pared cubierta con un mármol afgano de color blanco, delineado con rubíes pulidos, brillaba el símbolo de la comunidad. Es el místico No-Koonja,[172] el Naqsh o impreso de nueve partes, un emblema que había yo visto bordado de varias maneras en sus ropas. Esta figura 'alcanza el más íntimo secreto del hombre', según fui informado" (Martin, 1966: 23). ¿Se trata del símbolo del Eneagrama? Es, como decíamos, el momento de construir una hipótesis que supere los relatos subjetivos.

Con el paso de los años, al tratar de fijar orígenes precisos del símbolo los investigadores regresan a la frase de Gurdjieff sobre Bokhara: "Si realmente quieren conocer los secretos del islam… los encontrarán en Bokhara" (Bennett, 1975: 59). No dijo los secretos del Sarmung, se refirió específicamente al islam, esos ciertamente tienen una gran matriz en Bokhara.

Bokhara ha estado habitada al menos durante los últimos 7 000 años. Fue parte del Imperio persa y perteneció a la ruta de la seda, por lo cual transitaron por ella todo tipo de personas durante varios siglos, entre ellos, obviamente, Gurdjieff.

De hecho, en el segundo mapa que John Bennett traza a mano[173] la coloca en el centro, como un lugar importante en la ruta de su maestro. Hoy pertenece a Uzbekistán, al igual que Samarcanda, otro sitio con características semejantes, también mencionado por Gurdjieff. Pero hay otra ruta más importante para efectos del Eneagrama: la

---

[172] En el glosario de la propia publicación dice "Nine-sided: enneagon".

[173] *Gurdjieff: A Very Great Enigma*, op. cit., p. 69.

ruta aqueménida, trazada en el siglo v a.e.c por Darío I, rey de Persia. Esa ruta, también llamada "acueducto de ideas", salía de Babilonia, pasaba por Nínive, entraba al Turquestán y a las regiones conocidas por Gurdjieff para continuar hacia Esmirna. Fue una probable vía de salida de los antiguos conocimientos caldeos.

Bokhara es importante en esta historia del Eneagrama porque genera controversia entre quienes han intentado encontrar el origen del símbolo del Eneagrama. Es la cuna donde nace la tradición sufí de los Naqshbandi, y en ella el Eneagrama sufí. Los estudiosos más serios de este tema[174] ubican su origen precisamente en esa región: "La Naqshbandiyya deriva su nombre de Baha'uddin Naqshband, epíteto del maestro espiritual del siglo catorce Muhammad al-Uwaysi de Bokhara" (Weismann, 2009: 14). Sobre este mismo maestro sufí, otro académico confirma el dato: "Baha ad-Din nació en 1318 en el pueblo de Qasr-i Hinduvan (después llamado Qasr-i Arifan) cerca de Bokhara y ahí murió en 1389" (Algar, 1976: 134). Por consiguiente, Bokhara es para los sufíes un lugar inequívocamente asociado a los Naqshbandi, el cual, mirado por lo historiadores occidentales, es un sitio muy antiguo habitado por otras muchas culturas antes de la existencia de las hermandades sufíes.

Es John Bennett quien introduce el nombre de esta hermandad sufí en la historia del Eneagrama. La menciona abiertamente en la segunda de las tres conferencias que da, en el verano de 1963, en Given at Denison House, después de relatar lo que Gurdjieff escribe en uno de los capítulos de *Encuentros con hombres notables*. Bennett dice ahí que se trata de una interesante especie de historia de detectives y a eso juega, pero no presenta evidencia histórica alguna del supuesto contacto de Gurdjieff con los Naqshbandi. Lo que sí hace es cuidar sus palabras: "Entonces yo creo que es bastante cierto que cuando Gurdjieff escribe sobre el derviche bokhario Bogga-Eddin, nos coloca sobre la orden de los derviches Naqshbandi" (Bennett, 1975: 56). Inmediatamente

---

[174] Dos son los que han publicado historiografías más completas: uno es Hamid Algar, profesor emérito en Estudios Persas en la Facultad de Estudios del Cercano Oriente de la Universidad de California en Berkeley. El otro es Itzchak Weismann, profesor del Departamento de Historia de Medio Oriente y director del Centro de Estudios Judío-Árabes en la Universidad de Haifa, Israel.

después de esta afirmación el inglés relata su fascinación por esta hermandad sufí surgida a raíz de sus viajes.

En otro momento, en la compilación que hace A.G.E. Blake,[175] encontramos un lenguaje cuidadoso cuando Bennett da su versión sobre el origen del símbolo: "Es muy importante que haya aparecido este notable símbolo y debemos un gran respeto a quienes lo concibieron. Es digno de mención el gran Bahauddin Shah de Bokhara, que recibió el nombre de Naksband o creador del signo y que, según se dice, expresó sus enseñanzas por medio de símbolos" (Bennett, 2007a: 52). Habla de "quienes lo concibieron" sin mencionarlos y usa el "según se dice" sin especificar fuentes, pero el hecho de que incluya el significado del nombre del sufí "creador del símbolo" puede leerse como que fue él quien lo trazó. No hay evidencia de que haya sido así. Se requiere más investigación.

Laleh Bakhtiar también vincula a los Naqshbandi con Gurdjieff, pero ella da un paso más al afirmar que Gurdjieff tuvo contacto con el Shaik Abd Alla al-Faiz ad-Daguestan[176] de la orden sufí Naqshbandi "y aprendió sobre el Eneagrama a través de este encuentro" (Bakhtiar, 2013a: 12). Esta estudiosa iraní-americana hace tal afirmación sin demostrar conocimiento sobre el contenido del Eneagrama de Gurdjieff. Es justo el estudio de la compleja cosmogonía subyacente lo que indicaría, a través de una investigación profunda, la verdadera procedencia de los conocimientos del armenio. Más adelante, Bakhtiar hace otra afirmación citando una de las conferencias de Bennett, cuando este relata que Gurdjieff dijo que si realmente querían conocer los secretos del islam, los encontrarían en Bokhara. A lo que Bennett agregó: "Esto es equivalente a decir ustedes los encontrarán si pueden encontrar el centro de los Naqshbandi" (Bennett, 1975: 59), pero esto no lo dijo Gurdjieff, es una interpretación de Bennett.

Al entrar en la historia de los Naqshbandi es indispensable ubicar nuestras fuentes. En los estudios sobre esta comunidad sufí uno encuentra versiones encontradas y, sin descalificar a ninguna, hay que atender los datos duros. Citemos un caso de fuentes diferentes sobre

---

[175] En español: *Estudios sobre el Eneagrama* (2007), Málaga: Sirio.

[176] Los caracteres utilizados para escribir este nombre varían de un autor a otro.

el mismo tema: dos investigadores se proponen estudiar la historia de los Naqshbandi. El primero se llama Hamid Algar, quien en 1976 publica su investigación titulada *The Naqshbandi order: A preliminary survey of its history and significance*. El segundo es Itzchak Weismann, quien en 2007 publica *The Naqshbandiyya, orthodoxy and activism in a worldwide sufí tradition*. El primero comienza la historia con el profeta Mahoma en el siglo VII y está interesado en probar la vinculación originaria de los Naqshbandi a la *silsila* o cadena genealógica del profeta. El segundo la comienza en el siglo XIII sin mencionar vínculo alguno con Mahoma. Lo que aquí se quiere señalar es que en estos temas, tanto en las hermandades sufíes como en el mismo Eneagrama, resulta indispensable ubicar las fuentes porque con frecuencia los escritos tienen un fuerte carácter apologético que favorece a alguna tradición sobre las demás.

Es un hecho que existe un Eneagrama Sufí de origen Naqshbandi, pero eso no significa que sea el mismo Eneagrama que se usó en la escuela de Gurdjieff. De acuerdo con uno de sus biógrafos, la aplicación del Eneagrama que Gurdjieff enseñó en 1916 a sus grupos de Moscú y Petrogrado fue "un modelo dinámico para sintetizar en los niveles del macrocosmos y del microcosmos su Ley de Tres y su Ley de Siete. Después en Fontainbleau en 1922, coreografió y enseñó la primera de esas muchas danzas sagradas... como un símbolo moviéndose" (Moore, 1993: 344). Como veremos más adelante, los alumnos directos dan cuenta de esas dos leyes y de las danzas. No se trata de las de los sufíes derviches giróvagos, sino de otras[177] descritas según lo que ocurrió en ese viaje de Gurdjieff al monasterio Sarmouni: "En un patio lateral, llamado Patio de las Mujeres, jóvenes sacerdotisas-bailarinas aprendían danzas sagradas. Dos veces al día, quienes vivían en el segundo y tercer patio se reunían para tomar parte de las danzas sagradas de las sacerdotisas y en la música sagrada del Sarmung. Las

---

[177] Gurdjieff enseñó algunas de estas danzas en Fontainbleau. En el SAT IV que dirigió Claudio Naranjo del 21 al 25 de marzo de 2007 en Tonalli, Zumpahuacán, Estado de México, lo primero que se hacía al amanecer y durante una hora era aprender una de estas danzas con el profesor Rafael Ruiz. No hay manera de que la mente no se encuentre concentrada al cien por ciento, pues si se cruza un pensamiento distinto a lo que se está ejecutando, de inmediato brota la equivocación.

sacerdotisas aprendían desde la infancia, danzas de miles de años de antigüedad; cada una de las danzas era una especie de transmisor de señales corporales muy complejo que transmitía, a aquellos que podían leer aquella simbología coreografiada, 'una u otra verdad' codificada en la danza en época antediluviana" (Moore, 1993: 85).

Dada la alta escolaridad y el reconocido nivel cultural de los alumnos de Gurdjieff que dejaron obra escrita, no es creíble que hubieran omitido mencionar las enseñanzas de origen Naqshbandi, si estas hubieran sido impartidas por Gurdjieff. Lo que atrajo a varios de los intelectuales que se entusiasmaron con lo que Gurdjieff enseñaba fue la coincidencia con sus propias posturas y búsquedas. Varios de ellos, por ejemplo, habían tenido algún contacto con la Teosofía de Helena Blavastky, quien constantemente citaba a los esenios, en los que Gurdjieff estaba vivamente interesado. El tema de los esenios es otra investigación pendiente.[178] Hay evidencia de su existencia al menos dos siglos antes de la era común[179] y es altamente probable que haya habido contacto con los conocimientos de los magos caldeos.

James Moore, el biógrafo inglés de Gurdjieff, se pregunta: "¿Estuvo Gurdjieff tentado en algún momento a presentar sus enseñanzas, de manera explícita, en términos cristianos? Es indudable que Gurdjieff reverenció a Cristo y que toda su vida hizo esfuerzos por trenzar las hebras de la doctrina cristiana. Cuando joven sus precoces visitas a Echmiadzin y al monasterio de Sanaine[180] precedieron largas jornadas: la búsqueda en Capadocia del origen de la liturgia cristiana, en el Monte Athos el legado del Hesicasmo,[181] en Jerusalén el vínculo con los esenios y en la Abisinia copta las raíces del cristianismo gnóstico" (Moore, 1993: 76). Para este estudioso de la vida de Gurdjieff, que persiguió durante años cuanto testimonio y evidencia surgía en torno

---

[178] La amplia difusión de los manuscritos del Mar Muerto o los Rollos del Qumrán atribuidos a los esenios, ahora digitalizados, es una fuente a consultar.

[179] Flavio Josefo y Plinio el Viejo la documentan.

[180] Un centro educacional de Armenia, cuya construcción se realizó paulatinamente entre los siglos X y XIII, fue lugar donde se copiaban manuscritos, se formaban religiosos y había culto cristiano.

[181] Práctica ascética de los monjes cristianos orientales, iniciada por Evagrio Póntico en el siglo IV.

a su objetivo, no hay trazas de sufismo en su ideología; las raíces de Gurdjieff fueron, sin lugar a dudas, cristianas.

Bennett, refiriéndose a la búsqueda específica de Gurdjieff, dice que "la característica central o el tema de las enseñanzas y métodos de Gurdjieff es que el hombre está destinado o necesita durante su vida en la Tierra, transformar energías. Una manera de ver la razón de la existencia del hombre en la Tierra es la de que él es capaz de producir, a través de forma de vida, ciertas sustancias que se requieren para muy altos propósitos" (Bennett, 1975: 42).

¿Qué son estas sustancias? Bennett remite a las obras de Ouspensky y Nicoll para su estudio técnico y menciona la tabla de hidrógenos, en la que se encuentra el rango de estas sustancias de las más densas a las más sutiles; no obstante, con ánimo de hacerlo comprensible a públicos amplios como el que escucha sus conferencias del verano de 1963,[182] Bennett dice que estas sustancias se encuentran detrás de las actividades que realizamos y añade: "Gurdjieff tenía muy clara la importancia que para el hombre tiene ser capaz de producir y controlar las sustancias que requiere para producir cambios". Y agregaba que no se puede avanzar con combustible inadecuado, "uno tiene que producir el combustible más refinado para obtener la acción más refinada" (Bennett, 1975: 84). En su autobiografía Bennett añade, citando a Gurdjieff, que es indispensable cierta dosis de una energía emocional muy alta, que no es dada por la naturaleza sino que procede de un gran acumulador o reservorio de energía que no tiene límites (Bennett, 1974: 116). En tradiciones orientales, por ejemplo en China, concretamente en el Zhineng Qigong, a este combustible refinado se le llama Hunyuan Qi.[183] Ouspenski, de quien hablaremos más adelante, afirma que el proceso de evolución comienza así:[184] "cierto número de células poco a poco se vuelven conscientes, se agrupan; este grupo atrae hacia él a otras células, subordina a otras y hace que el organismo entero sirva progresivamente a su propósito

---

[182] Compiladas en *Gurdjieff, a Very Great Enigma, op. cit.*

[183] El Zhineng Qigong fue articulado, con base en muchos de los más adecuados Qigongs de China, por el maestro Pang He Ming.

[184] En el original, el autor presenta estas frases entrecomilladas dado que fueron formuladas por Gurdjieff.

y ya no solamente para comer, beber y dormir. Esta es la evolución y no puede haber ninguna otra clase de evolución. Para la humanidad, como para el hombre tomado separadamente, todo comienza a partir de la formación de un núcleo consciente. Todas las fuerzas mecánicas de la vida luchan contra la formación de este núcleo consciente en la humanidad, de igual manera que las costumbres mecánicas, los gustos y las debilidades, luchan en el hombre contra el consciente recuerdo de sí" (Ouspensky, 1977: 400). Este último párrafo se refiere a la Ley de Siete, a los fenómenos que frenan el incremento de conciencia en los seres humanos.

Es importante señalar que en la segunda década del siglo XXI aún hay conocimiento que desentrañar en lo que Gurdjieff transmitió a sus discípulos y también subsisten cuestiones a rectificar y corregir dado que Gurdjieff escribía "con lápiz, en armenio, esto se traducía al ruso y después al inglés literal por rusos, de aquí pasaba a uno o dos alumnos ingleses o americanos que estaba en Prieuré, los cuales tenían un rudimentario uso de las palabras" (Nott, 1990: 125). Es por ello que los libros escritos por sus discípulos son lectura obligada a confrontar con lo que, según se dice, escribió Gurdjieff. Además, los discípulos de Gurdjieff le dieron coherencia y secuencia lógica a sus enseñanzas, especialmente aquellos que tenían una educación universitaria y que realmente querían comprender lo que el maestro armenio explicaba. Mirada desde afuera, la información transmitida en la escuela suscitaba comentarios[185] como el del filósofo alemán Arnold Keyserling: "Él inventaba una teoría diferente cada día" (Blake, 1996: xvii).

La abundante literatura generada por quienes vivieron aquella escuela de Fontainbleau y que cotejaron con otras fuentes, así como lo escrito por los discípulos de estos, constituye otro territorio poco explorado para nuevos investigadores sobre el origen del Eneagrama.

Es importante señalar que los discípulos de Gurdjieff y él mismo no trabajaron con los nueve tipos de personalidad. Usan, sí, el símbolo que conocemos: un círculo, un triángulo y una hexada o hexagrama superpuestos, que dan como resultado una figura con nueve puntos a cuarenta grados de distancia uno del otro. Esto en un plano sencillo,

---

[185] Comentario hecho por este filósofo a A.G.E. Blake.

pero en uno complejo se advierten numerosos procesos relativos a la composición y dinámica del universo con los seres humanos incluidos.

En lo que hoy se conoce como tipos de personalidad, los herederos de la escuela de Gurdjieff dejaron por escrito[186] la descripción de siete tipos humanos cuyos nombres se asocian a los planetas, la Luna y el Sol, cada uno de los cuales está vinculado con una glándula del cuerpo: el lunar, con el páncreas; el venusino, con la paratiroides; el mercurial, con la tiroides; el saturnino, con la pituitaria anterior; el marcial, con las suprarrenales, el jovial, con la pituitaria posterior, y el solar, con el timo.[187] La escuela de Gurdjieff relaciona, de forma documentada, los órganos del cuerpo con los tipos de personalidad. Una cuestión que debe investigarse con mayor profundidad es por qué rompe Gurdjieff con el número nueve para usar el siete dándole fuerza a la escala musical.[188] A finales del siglo XX el trabajo de Gurdjieff es visto así por un buen número de estudiosos y profesores del Eneagrama: "Gurdjieff enseñaba un compendio vasto y complejo de psicología, espiritualidad y cosmología cuyo objetivo era ayudar a los alumnos a comprender su lugar en el universo y su finalidad en la vida. Gurdjieff también enseñaba que el Eneagrama era el símbolo principal y más importante de su filosofía. Afirmaba que una persona no comprende algo por completo mientras no lo entiende desde el punto de vista del Eneagrama, es decir, mientras no sabe colocar correctamente los elementos de un proceso en los puntos correctos del Eneagrama, para ver así las partes interdependientes del todo que se sostienen unas a otras. Así pues, el Eneagrama que enseñaba Gurdjieff era ante todo un modelo de procesos naturales, no una tipología psicológica" (Riso y Hudson, 2000: 30).

---

[186] Ver la obra de Rodney Collin (1990) y la de Maurice Nicoll (1972).

[187] Con estos nombres enseñaba el Eneagrama un mexicano que se formó en el Cuarto Camino, de nombre Alfonso Ruiz Soto. En la segunda mitad de los años 80 del siglo XX impartía sus cursos en el monasterio benedictino de Santa María de la Resurrección. En 2015 continúa enseñándolo, pero ahora le llama Heptagrama y los tipos ahora tienen otros nombres por él acuñados: solitario, sensitivo, agudo, estructurado, energético, expansivo y carismático.

[188] Alejandro Volpi, versátil estudioso del Eneagrama y con aptitudes matemáticas, afirma que al pasar del nueve al siete se pierde la cientificidad del modelo.

Tanto Gurdjieff como Ichazo son figuras heterodoxas para los historiadores habituados a trabajar con fuentes primarias. No revelan el origen de lo que enseñaron y no citan documentos. Sin embargo, su legado es pieza relevante en la historia contemporánea del Eneagrama porque se ha convertido en un conocimiento sobre el cual, en los últimos años, se trabaja con sistematicidad y creciente profundidad.

Gurdjieff tuvo el mérito de rescatar buena parte del significado del antiguo símbolo del Eneagrama, darlo a conocer[189] e intentar ponerlo en práctica en la comprensión del ser humano y del universo. En 1912 funda el Instituto para el Desarrollo Armónico del Hombre, en Moscú. La revolución rusa lo obliga a emigrar hacia el Cáucaso con sus alumnos, de ahí se van a Tiflis y se establecen, diez años después, en un castillo en Fontainbleau, a 55 kilómetros de París, de donde salen por no poder cubrir el pago de la renta. Hay intentos de abrir el Instituto en Nueva York, vuelve a París a un departamento donde recibe alumnos y finalmente muere el 29 de octubre de 1949 en el hospital americano de Neuilly. El funeral se llevó a cabo con la liturgia de la Iglesia cristiana ortodoxa rusa.[190] Gurdjieff deja relativamente pocos escritos, pero sus discípulos se encargan de difundir el conocimiento por él sistematizado. Fueron varios los que publicaron.[191] Mencionamos cuatro: Ouspensky, Nicoll, Bennett y Nott. Hubo discípulos de estos que también dejaron obra valiosa.

---

[189] Se conoció y difundió en 1949 con la publicación del libro de Ouspensky *In Search of the Miraculous*, que se tradujo al español en 1968, con el título *Fragmentos de una enseñanza desconocida* (1977): Buenos Aires, Librería Hachette.

[190] Moore, James, *Gurdjieff, a Biography, op. cit.* (p. 317).

[191] Además de los de Ouspensky , Nicoll, Bennett y Nott, están disponibles los escritos de Rodney Collin, quien en 1936 conoce a Ouspensky y lo sigue hasta la muerte de este en 1947. El primer libro que Collin escribió, *El desarrollo de la luz* (1989), México: Editora y Distribuidora Yug, recoge la teoría y la práctica del sistema aprendido durante diez años con Ouspensky.

CAPÍTULO 9

La herencia de los discípulos de Gurdjieff

Ouspensky

Piotr D. Ouspensky se encontró con Gurdjieff en el año de 1915 en Moscú. Ambos sabían uno del otro. Ouspensky ya había publicado *Tertium Organum*, libro en el que hacía fuertes críticas a Aristóteles y a Bacon acerca de los instrumentos de pensamiento. Había sido miembro de la sociedad teosófica y había viajado buscando maestros. Siguió intermitentemente a Gurdjieff y estableció también su propia escuela. La obra que dejó es vasta.

Es interesante consignar las palabras de Ouspensky cuando se le pregunta por el criterio para reconocer que el conocimiento de una escuela es verdadero y lo que responde acerca de la escuela de Gurdjieff: "Para mí personalmente la primera prueba de que *esta* escuela estaba en lo cierto fue un conocimiento en psicología indudable y exacto que superaba a todo lo que yo había escuchado anteriormente en otras partes y que hacía de la psicología una ciencia exacta y práctica. Esto era un hecho incontrovertible para mí y yo tenía una preparación para juzgar este hecho" (Ouspensky, 1988: 153).

En cuanto al Eneagrama, Ouspensky es tajante: "…los que conocían el significado de este símbolo le daban tal importancia que nunca quisieron divulgarlo" (Ouspensky, 1977: 375).

Hay diversas razones que llevan a los individuos o a los grupos a mantener secrecía sobre ciertos conocimientos. En ocasiones el objetivo es la preservación de una información que contradice a la doxa o a lo permitido. También puede obedecer a motivos de poder, como fue el caso del secreto del Santo Oficio de la Congregación de la Suprema y Universal Inquisición que obligaba a abogados, testigos, peritos y litigantes al más completo silencio sobre documentos, discusiones y sufragios. "Incluso el reo (pensemos por ejemplo, en Galileo después de su condena de 1633) estaba obligado al vínculo del secreto del Santo Oficio respecto a todos los eventuales intríngulis de su proceso" (Redondi, 1990: 183). Es innegable que desde siempre las instituciones se reservan información, pero cuando el conocimiento es congruente con la realidad, como dice Norbert Elias, "puede ser mantenido en secreto durante cierto tiempo a partir de que se descubre, pero puede ser siempre descubierto por otros y, en la práctica raramente puede ser mantenido en secreto... Los sacerdotes y escribas de la antigua Sumeria y del Antiguo Egipto lograron durante mucho tiempo reservarse para sí mismos en exclusiva un amplio cuerpo de conocimientos y, entre ellos, el arte de leer y escribir, monopolización que supuso una fuerte palanca para alcanzar su privilegiada posición" (Elias, 1994: 230). Es evidente que en algunas etapas de la historia del Eneagrama hubo secrecía para preservarlo y en otras, para controlarlo. Incluso en el mismo siglo XX aparece el testimonio de Naranjo al respecto: "En vista del secreto con que rodeaba Ichazo la presentación de estas ideas psicológicas, una vez comprometido con él, yo mismo convertí ese secreto en un requisito para la admisión en los grupos en que estuve enseñando —bien directamente, bien a través de personas delegadas— a lo largo de la década de los setenta. Al no estar seguro de que un compromiso verbal fuera lo suficientemente vinculante, llegué hasta el punto de exigir a cada uno los participantes firmar un contrato, en una de cuyas cláusulas figuraba el compromiso de no revelar algunas de las ideas y prácticas espirituales que se enseñaban en el SAT" (Naranjo, 2001: xxxi).

En numerosos pasajes Ouspensky entrecomilla párrafos que anotó tal como los escuchó de Gurdjieff. Por ejemplo: "De una manera completamente general se debe comprender que el Eneagrama es un símbolo universal. Toda ciencia tiene su lugar en el Eneagrama y puede ser interpretada gracias a él... La ciencia del Eneagrama ha sido mantenida en secreto durante mucho tiempo y si ahora está puesta en cierta manera más al alcance de todos, no lo está sino bajo una forma incompleta y teórica, prácticamente inutilizable para quien no haya sido instruido en esta ciencia por un hombre que la posea" (Ouspensky, 1977: 384).

Como sucede en tantas comunidades académicas e intelectuales, es frecuente encontrar el rompimiento con quien fungió como maestro.[192] Bennett relata el momento en que Ouspensky comunica que no seguirá más a Gurdjieff: "Les pedí que vinieran porque debo decirles que he decidido romper todas mis relaciones con el Sr. Gurdjieff. Esto significa que ustedes tienen que escoger, pueden ir y trabajar con él o pueden trabajar conmigo, pero si permanecen conmigo tienen que comprometerse a no comunicarse por ninguna vía con el Sr. Gurdjieff o sus discípulos" (Bennett, 1974: 126). Esto sucedió en 1924 y a partir de ese momento Ouspensky continuó con la escritura de su vasta obra.

NICOLL

Otro discípulo de Gurdjieff, y también de Ouspensky, que dejó un documentado escrito sobre el Eneagrama es Maurice Nicoll, un escocés nacido en 1884, quien estudió Medicina en Cambridge, dándole a su práctica una orientación psicológica sin dejar de ser especialista en enfermedades del cerebro. Su padre fue un hombre de letras de quien heredó la familiaridad con la escritura. Cuando Nicoll tenía 37 años conoció a Gurdjieff y poco después comenzó a redactar lo que sería una extensa obra. En buena parte de ella transcribió lo que escuchó de su maestro: "Al hablar sobre el Eneagrama G. dijo que postulaba toda la enseñanza del Trabajo y que cuanto mejor se lo entendía, más se comprendía el Trabajo. En una oportunidad al preguntársele de qué trataba, G. dijo que representaba la unión de la Ley de Tres o Ley de la Trinidad y de la Ley de Siete o Ley de la Octava. Recordemos que la Ley de Tres establece que en toda manifestación deben intervenir tres fuerzas, activa, pasiva y neutralizante y que estas son las fuerzas creadoras que crean los diferentes órdenes de mundos en escala descendente, incrementando el número de leyes a medida que se duplican. Asimismo debemos recordar que existe

---

[192] La historia ofrece una gran cantidad de rompimientos con el maestro para iniciar un camino propio. En el psicoanálisis y la psicología está el caso de Freud. Rompen con él Adler, Jung, Rank y entre los más jóvenes de esa época Reich, Erikson y Fromm. Únicamente permanecen fieles Abraham, Jones y Ferenczi.

una segunda ley, la Ley de Siete, que se refiere al orden de manifestación. Si hay una fuerza creadora debe de haber también un orden en la creación o todo será un caos. En el Eneagrama está representada la interacción de estas dos leyes de tal modo que una no obstaculiza ni ahoga a la otra, y que así todas las posibilidades llegan a ser realizadas" (Nicoll, 1972: 12).

En el segundo volumen de sus *Comentarios psicológicos sobre las enseñanzas de Gurdjieff y Ouspensky*, Nicoll dedica catorce capítulos al Eneagrama, ninguno de ellos referido al estudio de la personalidad. Ofrece, eso sí, elementos de una cosmovisión que explica, mediante leyes matemáticas, la vinculación de los seres humanos con la materia que compone el universo. Expone también que el propósito último de todo lo existente es la evolución mediante la elección de lo sutil, que comienza con el trabajo personal de llevar a cabo la acción de algo superior sobre algo inferior. En su obra Nicoll ofrece láminas del Eneagrama en las que explica, con base en las leyes mencionadas, las conexiones entre algunos de los nueve puntos del Eneagrama mediante acciones llevadas a cabo por un ser humano.[193] Afirma: "Si examinamos la circulación interior del Eneagrama, nos enfrentamos con el misterio de la vida, mientras que, examinando la serie exterior de números, se ve quizá lo que corresponde a la poderosa aunque errónea manera de pensar llamada 'pensar desde las apariencias', desde los sentidos. Se nota que lo superior debe existir antes de que lo inferior pueda sufrir una transformación" (Nicoll, 1972: 53). En síntesis y dicho con las palabras de este autor: "¿De qué trata el Eneagrama? El Eneagrama describe una serie de transformaciones desde lo inferior, desde lo más grosero hasta lo más sutil" (Nicoll, 1972: 54). Y continúa: "El objeto de este Trabajo es hacernos conscientes en nosotros mismos y para nosotros mismos de lo que tiene lugar en nosotros, del vasto tránsito interior de pensamientos y sentimientos que llevamos dentro, en el

---

[193] Nicoll ejemplifica con cantidades de Hidrógenos colocadas frente a lo que en el Eneagrama de las personalidades son los números 1, 2 y 4 que en varios autores contemporáneos aparecen vinculados, dado que el eneatipo 4 se integra en el eneatipo 1 y se desintegra en el 2. En el diagrama de Nicoll el sitio que corresponde al 1 tiene el número 384 que representa el número de Hidrógenos; el que corresponde al 2 tiene 192 y el del 4 aparece con 96 Hidrógenos. Cuando una persona lleva a cabo una acción en el sentido de su propia evolución se dice, desde esta perspectiva, que fija hidrógenos.

invisible reino psíquico que se distingue del vasto mundo físico exterior de cosas y gentes que nos es revelado por los sentidos. Aquí, en este mundo interior, y en lo que escogemos y rechazamos en él, está la clave del Trabajo y en consecuencia de la evolución" (Nicoll, 1972: 59). A continuación se presenta una síntesis de uno de los discípulos varias veces mencionado.

BENNETT

John G. Bennett (1897-1974), nacido en Inglaterra, fue un hombre versátil y apasionado, formado como matemático y diplomático, que conoció a Gurdjieff en 1921 en Constantinopla, lo apoyó en su intento fallido de establecer la escuela en Londres y convivió con el grupo en varios periodos. Acompañó a Gurdjieff en sus últimos días. Como ya relatamos, Bennett tuvo siempre una enorme curiosidad por saber de dónde provenían exactamente las enseñanzas de Gurdjieff. Primero investigó en forma documental todo lo que fue posible y luego viajó a los lugares mencionados por su maestro hasta dar con informantes directos. Escribió obras relacionadas con el contexto en que se movió Gurdjieff, pero también otras en las que reflexionó sobre la naturaleza y los alcances de las implicaciones del conocimiento recibido y generado a partir no solo del Eneagrama, sino de sus complementos que halló al conocer –vía su brillante alumno Anthony Blake– las teorías cuánticas del físico David Bohm. Entre estas obras se encuentran *Creative Thinking, Elementary Systematics* y *Deeper Man.*[194]

La herencia intelectual de Bennett es descomunal y fue ordenada, trabajada, asimilada y completada por Blake a partir de 1974, año en que, una vez fallecido su maestro, comenzó a darle forma. Producto de esta etapa es la compilación titulada *Enneagramm Studies,*[195] con un prefacio escrito precisamente por Blake.

---

[194] Estas obras aparecen citadas y fueron trabajadas por Anthony Blake en su libro *The Supreme Art of Dialogue. Structures of Meaning* (2009), Charles Town, West Virginia: Du Versity Publications.

[195] En español: *Estudios sobre el Eneagrama, op. cit.*

Dada la precisión con la que describe la aplicación del Eneagrama a todo tipo de procesos, transcribimos lo que escribe Bennett a propósito de esta conocida frase de Gurdjieff: "Sólo lo que se puede representar con el Eneagrama se comprende y se sabe verdaderamente. No se comprende lo que no puede representarse mediante este símbolo".[196] Bennett comienza por afirmar que el Eneagrama es, en primer lugar, el símbolo de un proceso cíclico de desarrollo y a continuación describe sus elementos: círculo, triángulo y líneas para pasar a hablar sobre el tipo de símbolo de que se trata, así como sus procesos internos: "Mientras en los simbolismos más conocidos hay una correspondencia más o menos exacta entre símbolo y significado, en el simbolismo de acción estructural, el símbolo corresponde a muchos significados y la correspondencia, por tanto, es más compleja. Así, el triángulo interior de la figura representa que solo tres procesos de desarrollo, derivados independientemente y entrelazados entre sí, son necesarios para asegurar que solo uno de ellos alcance su realización. El triángulo también sirve para simbolizar que los tres procesos deben unirse siguiendo las relaciones de afirmación, negación o conciliación especificadas por el sistema de tres términos o tríada. El primer proceso cíclico, que es el principal, transmite la afirmación. El segundo transmite los impulsos de negación a que está sujeto el primero, ya que este se ve afectado forzosamente por el azar, la incertidumbre y las condiciones ambientales en que se actúa. El tercero se ocupa de llevar a término con buenos resultados el desarrollo, por medio de la conciliación de esos impulsos opuestos" (Bennett, 2007a: 131). En sus conclusiones a esta última parte de los estudios sobre el Eneagrama Bennett afirma que la estructura o el patrón al que se refiere el Eneagrama es tan general que tiene el poder de ayudar a comprender la estructuración de toda clase de situaciones y cierra diciendo: "No me cabe la menor duda de que este es uno de los objetivos para los que fue originalmente creado" (Bennett, 2007a: 167). Los planteamientos de Bennett tienen continuidad en la obra de Blake.

---

[196] La frase está en la página 127 de *Estudios sobre el Eneagrama, op. cit.*, en la cual se remite al texto de Ouspensky, *In Search of the Miraculous. Fragments of an Unknown Teaching.*

ORAGE

Hubo un alumno de Gurdjieff que falleció quince años antes que este y fue uno de los preferidos. Al menos cuando murió, el maestro dijo que acababa de perder a un hermano. Se llamaba Alfred R. Orage (1873-1934), y era inglés, nacido en Dacre, Yorkshire, Reino Unido. Estuvo un tiempo en la escuela de Fontainebleu después de haber sido editor de la revista *New Age*, auspiciada en 1909 por George Bernard Shaw, quien afirmó que Orage era "el más brillante editor que Inglaterra había producido en cien años". Por su parte, T.S. Elliot se refirió a él como "la más fina inteligencia crítica de nuestros días", según comentario que aparece en la tercera parte de los quince ensayos[197] diseñados para incrementar la flexibilidad y el alcance de nuestra mente en el proceso de la conciencia, publicados en 2010 por Ediciones G, en México.

Es importante señalar que en *New Age*, Orage promovía el psicoanálisis y, sin mucha publicidad –como todo lo que hacía–, había formado un grupo para estudiar la obra de Freud desde variados puntos de vista; en ese grupo, estuvo Maurice Nicoll, el junguiano ya mencionado, quien también se volcó en las enseñanzas de Gurdjieff.

Antes de ser editor, Orage fue profesor en Leeds y mostraba particular interés por la obra de Platón y la de Nietzsche. Se involucró en política y en teosofía, como varios de quienes terminaron después en el Cuarto Camino. Al volver de Francia y de Nueva York, donde organizó grupos para estudiar las ideas de Gurdjieff, fundó la revista *New English Weekly*, en la cual publicó algunos de los artículos que fueron difundidos en forma de libro después de su muerte.[198] Lo notable de Orage es que no centró su interés en informar sobre lo que vivió junto a Gurdjieff, a quien acompañó en su primera visita a

---

[197] El título original es *Fifteen Exercises in Practical Psychology* y se publicaron como una serie de artículos en *Psychology Magazine*, editada en Nueva York entre abril de 1925 y enero de 1926. Existen varias versiones de los textos de Orage en distintos idiomas, seleccionados también entre lo publicado en las revistas por él editadas; algunas son traducciones libres sin *copyright*.

[198] La mayoría de sus artículos se publicaron en *New Age*, la revista que Orage dirigió y editó desde 1907 hasta 1922.

Estados Unidos y con quien tuvo constante vínculo dado que organizó los círculos de estudio realizados en Nueva York sobre sus enseñanzas. El interés de este inglés refinado, inquieto y culto fue comunicar el cómo hacer en la vida cotidiana para cambiar hábitos, fortalecer la mente e incrementar la conciencia. En sus escritos intercalaba ejercicios prácticos de acceso fácil, convencido de que poco a poco las personas comunes podían ayudar a generar cambios civilizatorios. Afirmaba que las transformaciones en nuestra civilización no pueden descansar sobre la "habilidad de una media docena de mentes que entienden a Einstein" (Orage, 2010: 28). No tuvo conductas apologéticas respecto a la obra de Gurdjieff, pero, según su amigo Charles Nott, una semana antes de morir Orage le repitió algo que ya había escuchado de su boca antes: que lo mejor que le había pasado en la vida había sido encontrar las enseñanzas de Gurdjieff. En su tumba quedó grabado un Eneagrama.

NOTT

Otro discípulo fue precisamente Charles Stanley Nott (1887-1978), también inglés, nacido en Bedfordshire, dedicado a la traducción y a la edición de libros. Escribió un diario que comenzó en 1924 y lo alimentó durante varios años con los sucesos presenciados en la escuela de Gurdjieff. Registró datos que no aparecen en los escritos de otros alumnos. Al hablar de las danzas y la música que ahí se practicaban mencionó, por ejemplo, que algunas de las series de movimientos basados en el Eneagrama "provenían de una orden religiosa asentada cerca del Monte Ararat, los Aisors, una secta cristiana impregnada de sufismo" (Nott, 1990: 11). Otra referencia inusual, también sobre los movimientos que Gurdjieff enseñaba en su escuela, es esta: "Las series de los movimientos estaban basadas en un símbolo muy antiguo, el Eneagrama, matemáticamente construido como los movimientos de la orden de los Esenios Puros, que fue fundada cientos de años antes de Cristo" (Nott, 1990: 11). Esta mención a los esenios confirma que fue fuerte la influencia que Gurdjieff tuvo en su juventud por parte del padre Evlissi, quien desarrolló labores importantes en el monasterio esenio ubicado en lo que hoy es territorio del Estado de Israel. Gurdjieff tuvo contacto con este grupo, que tras las inmigraciones que provocó la revuelta de los macabeos en Jerusalén, acabó asentado en la zona del Mar Muerto. Los escritos esenios llegaron a las zonas de influencia de la Iglesia ortodoxa rusa. Es probable que Gurdjieff no haya abandonado este vínculo con Evlissi y que algunos aspectos de lo aprendido con este se hayan amalgamado con el resto de los conocimientos adquiridos a lo largo de su vida.

Los discípulos de los discípulos

Entre quienes pasaron por la escuela de Gurdjieff hubo algunos, como Ouspensky, que después de varios años de cercanía rompieron con él y se dedicaron a estudiar, escribir y difundir el conocimiento con sus propios alumnos. Otros escribieron algo pero no formaron escuela, algunos más abandonaron la información y las prácticas a la muerte del maestro.

Dos alumnos de los discípulos directos de Gurdjieff destacan por la profundización y práctica de las enseñanzas. El primero es Rodney Collin, quien fue discípulo de Ouspensky. El segundo es Anthony Blake, discípulo de John Bennett. Ambos provienen de la línea de Gurdjieff. Además, contamos con los discípulos de la línea iniciada, en otro momento, por Óscar Ichazo, en la que aparece en primer lugar un contemporáneo suyo: Claudio Naranjo, sudamericano como su maestro. En otra latitud, nacido en Kuwait y con matriz en la línea de Ichazo, encontramos a A-Hameed Ali, cuyo nombre literario es A.H. Almaas, quien fuera alumno de Claudio Naranjo.

Estos cuatro discípulos de discípulos: Collin, Blake, Naranjo y Almaas, tienen una obra seria, profunda, documentada y con sugerencias para llevar a la práctica el conocimiento del Eneagrama. A continuación se ofrece una breve semblanza de los dos primeros. Quienes provienen de la línea de Ichazo aparecen después de este.

Los dos discípulos de la línea de Gurdjieff que brillan de manera especial por su obra, Collin y Blake, han comenzado a hacer aportaciones de enorme relevancia para comprender lo que en la enseñanza original aparecía de manera entre críptica y compleja.

COLLIN

Rodney Collin (1909-1956) fue alumno de Ouspensky. Nació en Brighton, Reino Unido y su madre, que estudiaba teosofía, le inculcó el amor por la lectura. Después de estudiar en la London School of Economics viajó a España, donde aprendió el idioma y trabajó como periodista independiente. En 1930 comenzó a leer a Ouspensky, a quien conoció en 1936 y se dedicó a profundizar en los conocimientos que este transmitía. En 1937 se dedicó a consultar numerosas obras en la biblioteca del Museo Británico y empezó a bosquejar sus primeras publicaciones. Al atravesarse la Segunda Guerra Mundial, viajó y practicó las danzas que Ouspensky aprendiera de Gurdjieff. En 1944 viajó a México; al año siguiente decidió trabajar de tiempo completo con la enseñanza del Cuarto Camino y sostuvo una relación estrecha con Ouspensky hasta la muerte de este en 1947. Un año más tarde concluyó su libro *El desarrollo de la luz*. Se trasladó a Guadalajara, Jalisco, y ahí terminó *La Teoría de la Vida Eterna*. En 1949 dio inicio a las traducciones de la obra de Ouspensky en español, las cuales publicó en una empresa de su propiedad a la que puso el nombre de Ediciones Sol y ofreció catorce títulos. A mediados de los años 50 del siglo XX viajó por varios países, según atestiguó Bennett: "Al llegar a Chipre, inesperadamente nos encontramos a Rodney Collin-Smith con su esposa. Hacían un rápido viaje por el Cercano Oriente aparentemente impulsados por la misma necesidad que yo: encontrar evidencia de que la antigua sabiduría tradicional no estaba perdida" (Bennett, 1974: 315). Collin pudo haber conocido a Gurdjieff dado que entre 1930 –cuando Collin comienza a interesarse en su legado– y 1949 –año de la muerte del armenio–, fueron contemporáneos. Sin embargo, parece que le bastaron la obra de Ouspensky y –sobre todo– sus propios hallazgos.

La obra de Rodney Collin es original, seria, profunda y documentada en cuantas fuentes estuvieron a su alcance. En *El desarrollo de la luz* trabaja combinando las enseñanzas de Ouspensky con tratados que consulta en la biblioteca del Museo Británico, varios de ellos sobre la génesis del universo y otros muchos sobre la naturaleza humana, tanto desde el punto de vista fisiológico como del psicológico. Utiliza, por supuesto, el Eneagrama como modelo para explicar el universo y en él al ser humano, pero advierte que su método es dual: inductivo y deductivo al mismo tiempo. Solo así se puede dar el salto hacia la comprensión de la unidad, porque los verdaderos modelos del universo "no solamente deben presentar la forma interna y la estructura de este universo sino que también deben revelar la relación del hombre con aquel y sus destinos presente y posible en el mismo" (Collin, 1989: 2). En esta obra desarrolla pormenorizadamente el funcionamiento de cada una de las glándulas del sistema endocrino asociadas a cada tipo de personalidad, utilizando los siete tipos del Eneagrama con que trabajó Ouspensky, para concluir que solo superando de forma efectiva y permanente la vieja personalidad puede adquirirse un nuevo plano de conciencia.

Blake

A.G.E. Blake fue discípulo de Bennett hasta la muerte de este y, junto con su viuda Elizabeth, se encargó de ordenar los escritos que dieron forma al último libro de Bennett.[199] Blake nació en Bristol, Reino Unido, en 1939. Estudió física en la universidad de su ciudad natal y posteriormente se trasladó a Cambridge para estudiar historia y filosofía de la ciencia. Durante cuarenta años trabajó con John G. Bennett. En 1996 publicó *The Intelligent Enneagram*, en cuyo prefacio dice que le llama la atención que sean tan pocas las personas que comentan el Eneagrama con atención en su asombrosa hipótesis sobre el entrelazamiento de las tres octavas o mundos o tipos de acción. Lo que abunda –continúa Blake– son las aproximaciones mecánicas y la derrota del propósito del Eneagrama.

Si bien Blake fue discípulo de alguien que a su vez fue discípulo de Gurdjieff, no se mantuvo en esta enseñanza. Su formación académica y su inquietud personal lo llevaron a investigar y a practicar sus conocimientos más allá de lo planteado por Bennett. Por sus estudios de física

---

[199] *Masters of Wisdom*, publicado en Londres en 1977 por Turnstone Books. La versión en español se titula *Los grandes maestros de la sabiduría* (2001, primera edición), México: Grupo Editorial Tomo.

accedió sin dificultad a la relación directa y epistolar que su maestro sostuvo con David Bohm,[200] quien en 1950 publicara la Teoría del Quantum. El mismo Blake fue alumno de Bohm en la Universidad de Bristol y logró armonizar sus tesis cuánticas con el Eneagrama. Afirmó que este muestra cómo hay que remover progresivamente diferentes tipos de velos para llegar a lo que es esencial y verdadero. Agregó que esto se relaciona con la fundación del Eneagrama en la irreductible idea de los cosmos: "del súper sistema y del subsistema, los cuales forman un todo cuántico de acción" (Blake, 1996: xvi).

---

[200] La relación entre ellos fue publicada en *The Bohm-Bennett Correspondence* en The Du-Versity Publications.

CAPÍTULO 10

ÓSCAR ICHAZO: LA AMALGAMA DE VARIAS FUENTES

Este estudioso del Eneagrama nació, como él mismo dice, "en Roboré, Santa Cruz, Bolivia, a las siete en punto de la mañana del 24 de julio de 1931" (Ichazo, 1982b: 73). Dejémosle la palabra a él mismo sobre su formación inicial: "Comencé en una escuela jesuita en la que todos los sacerdotes eran españoles, muy católica, de muy viejo estilo. Eran extremadamente rigurosos con la misa diaria" (Ichazo, 1982b: 31).

Entró en contacto con las ideas de Gurdjieff a través de un grupo que a principios de los años cincuenta del siglo XX, en Buenos Aires, sigue a varios maestros y tradiciones, entre ellos a Ouspensky. A pregunta expresa sobre el tipo de disciplinas que se compartían en ese grupo, Ichazo afirma: "Alrededor de dos tercios del grupo eran orientales por lo que estaban fuertes en Zen, Sufismo y Kabbalah. También usaban algunas técnicas que yo después encontré en el trabajo de Gurdjieff" (Ichazo, 1982b: 8).

Hay un dato biográfico relevante que explica el interés temprano de Óscar Ichazo por comprender cualquier tipo de fenómeno relacionado con el cuerpo o la mente humana. El 20 de diciembre de 1937, cuando tenía seis años y medio de edad, sufre un primer ataque semejante a los que provoca la epilepsia, muy violento, según narra él mismo.[201] Los ataques se repiten cada dos o tres días, justo en el momento en que estaba entre dormido y despierto. Sentía dolor y tenía la sensación de que se iba a morir, después de un lapso se percibía volviendo a entrar a su cuerpo y verificaba que estaba vivo. El miedo de que el siguiente ataque fuera el último lo acompañaba diario y también el temor de que sus padres pensaran que estaba muerto cuando únicamente había salido de su cuerpo, según sus propias palabras. A partir

---

[201] En la entrevista realizada por Sam Keen, publicada en *Psychology Today*, julio de 1973, pp. 64-72.

de entonces comenzó a investigar lo que le ocurría para poder retornar a la normalidad.

Hubo una feliz coincidencia en su vida porque, según relata en entrevistas,[202] en 1943 heredó, a través de un tío, la biblioteca de su abuelo y ahí leyó de todo, pero se detuvo especialmente en textos de anatomía, fisiología y medicina. Luego aprendió artes marciales, tuvo un entrenamiento con el sensei Kentaro Ohara, un samurái, y se inició en la meditación zen. En la adolescencia entró en contacto con indígenas bolivianos que lo introdujeron al chamanismo y a la experiencia de la ayahuasca. Experimentó también con hipnotismo y hatha yoga. A los 19 años, en La Paz se encontró con un hombre notable, de sesenta años de edad, que le pidió que no revelara su nombre,[203] y fue quien lo introdujo al grupo de Buenos Aires; en este al principio fungió como *coffee boy* y con el tiempo fue miembro activo en el aprendizaje de técnicas de expansión de la conciencia. En 1954 llegó a Santiago de Chile y dos años después, en el Instituto de Psicología Aplicada, ofreció cursos, que intercaló con largos viajes entre 1956 y 1960.

Según su propio relato, en el norte de Cachemira y en el sur de Irán estudió tantra, así como sufismo en el Pamir. En esta meseta ubicada en Tayikistán estuvo también Gurdjieff en otro momento. Narra Ichazo que a finales de los años cincuenta del siglo XX, cuando él estuvo ahí, había tres casas llamadas "el monasterio" que ya desaparecieron. "Ahí se enseñaba conocimiento real", dice.[204] Y añade: "Padmasambhava, el fundador del budismo tibetano, vino del Pamir y si se examinan las teorías de Padmasambhava se verá que están muy

---

[202] Ichazo ha concedido numerosas entrevistas en diferentes décadas. Cito algunas: 1) "A Conversation about ego destruction with Oscar Ichazo", por Sam Keen. Publicada en *Psycology Today*, julio de 1973, pp. 64-72. 2) "I am the root of a new tradition", por Dorothy de Christopher, en: www.arica.org/articles/iamroot.cfm 3) Entrevista de Andrea Isaacs y Jack Labanauskas, en *Enneagram Monthly*, Part I, Nov. 1996, Part II: Dec. 1996, Part III: Jan. 1997. Otras entrevistas están compiladas en el libro *Interviews with Oscar Ichazo*, Óscar Ichazo (1982), New York: Arica Institute Press.

[203] P. 7 de la entrevista con Sam Keen realizada en 1973 y publicada en *Interviews with Oscar Ichazo, op. cit.*

[204] P. 133 de la entrevista con Dorothy de Christopher, realizada en 1981 y publicada en *Interviews with Oscar Ichazo, op. cit.*

cercanas a la tradición sufí y de Zoroastro". Quien asiste a Ichazo para hacer el viaje a la meseta del Pamir son unos musulmanes jemaluddin que conoce en Kabul.

En 1987, cansado de escuchar y leer versiones sobre el origen del símbolo, escribe: "No sé qué términos voy a usar para decirle a esta gente que, en efecto, yo no recibí los eneagones de alguien –por decir alguien– o que me lo prueben. Me llegaron, 108 en total, como una visión, mostrando sus relaciones internas con una absoluta claridad, en 1954, en Santiago de Chile" (Ichazo, 1988: 70). En todo caso, él ya había conocido el símbolo del Eneagrama en el grupo donde se estudiaba a Ouspensky.

Es preciso aclarar que Ichazo llama eneagones a los símbolos aplicados a diferentes aspectos de la naturaleza, del cosmos o de la psique humana. Uno de ellos, el que comúnmente se conoce como Eneagrama de las personalidades, es para Ichazo el eneagón de la fijación del ego. Continuando con la visión en la que le llegan los eneagones, precisa: "Los eneagones ciertamente no me llegaron como una coincidencia o como una casualidad mientras estaba en el carro mirando las estrellas en una noche de verano. De hecho, vinieron a mí como el resultado de un largo proceso de investigación, análisis y un cuidadoso estudio de la teología, la filosofía, el misticismo y nuestro conocimiento científico de la física, la biología y la medicina" (Ichazo, 1988: 70). Para cuando este proceso de estudio se intensificó, él ya había conocido, en 1949, el símbolo del Eneagrama y los diagramas de Raimundo Lulio.

Después de sus viajes y de sus primeros cursos, Óscar Ichazo dedica el año de 1964 a aislarse de todo y de todos para estar en absoluta soledad en la casa de su padre en Bolivia y relata: "Tuve una experiencia ahí que llegó sin mi esfuerzo y realmente me sorprendió. Sentí que esa experiencia era *eso*, que yo no necesitaba aprender nada más. Había alcanzado la totalidad" (Ichazo, 1982b: 134).

A partir de 1965 sistematiza sus ideas y en 1969 presenta su teoría del protoanálisis y su doctrina de las Fijaciones del Ego en el Instituto de Psicología Aplicada en Santiago de Chile. Ahí se encuentra con Claudio Naranjo, quien lo presenta con miembros del Instituto

Esalen[205] de Big Sur, California, a quienes invita, en 1970, a un entrenamiento de diez meses en Arica, al norte de Chile, en el que enseñará, entre otros muchos temas, el Eneagrama.

Asisten a este entrenamiento 57 estadounidenses "todos ellos profundamente involucrados en métodos de vanguardia en psicoterapia" (Ichazo,1982a: 1). Sobre este grupo de Esalen añade: "Esta gente tenía la tremenda ventaja de haber estado en demasiados viajes de muchos tipos: drogas, psicoterapia y todo el tipo de cosas que estaban alrededor de Esalen. En esa época Esalen era extraordinariamente poderoso y extraordinariamente serio porque los tibetanos habían estado ahí, ahí había probados maestros de zen, el Rolfing estaba alrededor. Son cosas que realmente cuentan en esta cultura, eso realmente contó y todavía cuenta. Ellos descubrieron una buena parte del sufismo y muchas otras cosas. Esalen realmente jugó un rol increíble" (Ichazo, 1982b: 42-43).

Al año siguiente funda en Nueva York el Instituto Arica, que opera hasta la fecha con otra sede en Hawai, donde vive Ichazo. En ambos se enseña y se practica el sistema y el método protoanalíticos que trabajan con los distintos niveles de la estructura de la mente para llegar a lo que estos profesionales llaman la anamnesis, que incluye el autorrecuerdo, el autodescubrimiento y la autorrealización.

Cuando tenía 60 años de edad,[206] Ichazo redactó un documento de 49 cuartillas[207] en el que afirma que en la obra de Gurdjieff no hay una sola idea original. Para sustentarlo hace un recorrido por las tradiciones filosóficas y espirituales en las que se encuentran las ideas que exponen Gurdjieff y sus alumnos. Hace gala de su erudición mostrando que reconoce las ideas de los magos caldeos, los diálogos

---

[205] Instituto fundado en 1962 por M. Murphy y D. Price, egresados de la Universidad de Stanford, para realizar estudios e investigaciones interdisciplinarias sobre cuestiones no atendidas por los establecimientos académicos tradicionales. Entre quienes impartieron cursos y talleres en los años sesenta del siglo XX se encuentran Gregory Bateson, Abraham Maslow y Fritz Perls.

[206] Al momento de redactar este escrito, en 2015, Óscar Ichazo tiene 84 años de edad y vive en Maui, Hawai.

[207] *Letter to the transpersonal community by Oscar Ichazo* (1991), en www.arica.org/articles/trletter.cfm.

de Platón, las reminiscencias védicas, la doctrina de los estoicos, el Bhagavad Gita, las obras de Aristóteles y Plutarco, así como la Filokalia ortodoxa. Este documento lo redacta en respuesta a una carta escrita por una ex alumna de Naranjo,[208] quien afirma que Ichazo tomó su sistema de Gurdjieff y que los nuevos autores del Eneagrama le han dado las bases científicas que requería.

Al leer la obra de Ichazo uno de inmediato se percata de que detrás de lo escrito a partir de los años ochenta del siglo XX, hay décadas de estudio y de práctica, y es posible verificar la diversidad de sus fuentes. La escuela de Arica que él funda tiene, según sus palabras, una "nueva posición ontológica que apropiadamente puede ser llamada una nueva tradición y no afecta a ninguna otra tradición o disciplina. Tampoco digo que Arica las reconcilie. Sin embargo desde una nueva perspectiva las hace más comprensibles para nosotros" (Ichazo, 1988: 105).

Si se atiende con detenimiento lo que Ichazo comenzó a difundir públicamente a partir de esa década, se verá que afloran las conclusiones a las que llegó después de un cúmulo notable de lecturas, entre las que figura algo de filosofía perenne proveniente de fuentes muy diversas.

Diez años después del trabajo que llevó a cabo en Arica, Chile, con 57 alumnos entre los que estuvo Claudio Naranjo, su discurso es amplio y abarca muy distintas etapas de la historia de la humanidad.[209] Resulta relevante que en su recorrido histórico Ichazo se detiene en autores que tienen alguna relación, aunque indirecta, con las enseñanzas de Gurdjieff. Por ejemplo, al llegar a Hegel y hablar de las leyes de la dialéctica, se cuenta como telón de fondo con la Ley de Tres y la Ley de Siete de Gurdjieff. Es necesario recordar que el mismo Ichazo declara haber conocido los escritos del maestro armenio,[210] lo cual

---

[208] Helen Palmer: "The Enneagram Heresy", distribuida entre estudiantes del Eneagrama.

[209] Véase la conferencia impartida el 6 de agosto de 1981 en Alice Tully Hall, en Nueva York, titulada "Between Metaphysics and Protoanalysis", publicada con el mismo nombre de la conferencia, llevando como subtítulo "A Theory for Analysing the Human Psyche", Edición del Instituto Arica, 1982.

[210] En una conversación con Alejandro Jodorowsky , Ichazo afirma haber leído los escritos de Gurdjieff y sus discípulos. Cfr. Jodorowsky, A. (2010), *La danza de la realidad*, México, DF: Random House, p. 277.

resulta natural si tenemos presente que Ichazo nace 65 años después de Gurdjieff.

En su conferencia de 1981 Ichazo no menciona al Eneagrama, pero sí explora varios de sus elementos. Por un lado, habla de los tres centros del ser humano: "Entonces, el punto de vista analítico viene a través de nuestro intelecto. El punto de vista analógico está enraizado en nuestras emociones. El punto de vista empatético se refiere a lo que llamamos intuición y está conectado a nuestro cuerpo físico" (Ichazo, 1982a: 52-53). Por otro lado, después de hacer una breve incursión en Oriente para hablarnos de Lao-Tsé, del Buddha histórico y de Tilopa,[211] el maestro boliviano expone elementos que resultan centrales en el Eneagrama de las nueve personalidades.

"Ahora podemos aceptar el hecho de que la conciencia se manifiesta a sí misma en nueve diferentes sistemas, los cuales podemos separar: el sistema sexual, el sistema muscular y del esqueleto, el sistema gastrointestinal, el sistema de la piel y la linfa, el sistema circulatorio, el sistema de expresión (voz y músculos de la cara), el sistema de coordinación (cerebelo y médula oblongada), el sistema de sintonía (hipotálamo, pituitaria y médula espinal), el sistema de unidad (ganglios simpáticos, pineal y tálamo). De estos nueve sistemas se derivan los nueve sentidos: olfato, cinestésico, gusto, tacto, temperatura, equilibrio, oído, visión, voz" (Ichazo, 1982a: 55-56).

El nueve continuará presente, ya que a través de estos nueve sentidos Ichazo descubre nueve estructuras básicas: distancia, volumen, peso, movimiento, tiempo, pasado, futuro, anticipación, idea del *self*. A través de estas nueve estructuras encuentra nueve dominios que comprenden la sociedad y la existencia: conducta y comportamiento; rango y autoridad; trabajo y actividad; interacción social; intelectualidad; creatividad; seguridad y protección; sentimentalidad y espiritualidad. "Llegados a este punto podemos observar que las diferencias entre los seres humanos pueden ser descritas por nueve diferentes tipos de personalidad, lo cual ocurre cuando los individuos, en la primera

---

[211] Tilopa (988-1069), es un Mahasiddha, nacido en Bengala, que desarrolla el nivel de Mahamudra del budismo. Se le considera fundador humano del linaje Drukpa Karyiud, cuya cabeza en la actualidad es Gyalwang Drukpa.

infancia resultan profundamente vinculados a uno de los dominios. Llamamos fijaciones a este conjunto de vínculos" (Ichazo, 1982a: 56).

Con lo anterior, dice Ichazo, es posible comenzar el estudio del protoanálisis, cuya etimología griega viene de *protos*: primero o principal, y *análisis* o disolución en componentes. En la última parte de la conferencia de agosto de 1981, el autor explica cómo analizar los elementos que entran en juego en cada tipo de personalidad para concluir con la gran promesa del protoanálisis: "Es una propuesta para una nueva teoría de la psique, una teoría para la autorrealización y también una teoría para curar enfermedades físicas y psíquicas con enorme precisión en el diagnóstico y precisión en el tratamiento a seguir para ser curadas" (Ichazo, 1982b: 65).

No hay duda de que Óscar Ichazo fue en su juventud un gran buscador que incursionó en muy variadas tradiciones y que después estudió bien a Gurdjieff. Lo que su biografía deja claro para lo que aquí nos importa, o sea, para la historia del Eneagrama, es el hecho de que conoció las enseñanzas de Gurdjieff antes de ir a Arica para las sesiones de trabajo con Naranjo y compañeros. El símbolo ya había aparecido en Occidente, los libros de Ouspensky ya circulaban en el mundo intelectual. Lo que el símbolo no contenía era el sistema de lo que él llama las nueve fijaciones del ego, ni los eneagones de las pasiones, virtudes, trampas e ideas que aparecen en sus escritos.[212] Eso fue aportación suya inspirada, como él mismo ha dicho, en la obra de Raimundo Lulio.

En una entrevista realizada por Andrea Isaacs y Jack Labanauskas,[213] Ichazo narra que en la biblioteca heredada de su abuelo, en un libro de Raimundo Lulio, encontró el sello caldeo o el símbolo del Eneagrama. La lista de vicios, con sus virtudes equivalentes, se encuentra en las ideas o exposiciones de los padres y doctores de la Iglesia católica apostólica romana, como Agustín de Hipona o Tomás de Aquino. Lo que hace Lulio, para efectos nemotécnicos, es colocarla en la

---

[212] Ver estos cinco eneagones en *Interviews with Oscar Ichazo, op. cit.*, pp. 15-18.

[213] La entrevista fue publicada en tres partes en *Enneagram Monthly*. La primera parte aparece en el número de noviembre de 1996, la segunda en diciembre de ese mismo año y la tercera en enero de 1997.

circunferencia con la estrella de nueve picos. Los diagramas de Lulio tienen una estrella completamente simétrica, mientras que el símbolo del Eneagrama tiene una hexada que lo hace diferente. La aportación de Ichazo consistió en colocar una parte del contenido cristiano en el símbolo caldeo, incorporando los movimientos que también tiene la escuela de Gurdjieff, es decir estudiando cómo entra la conciencia a producir un cambio, cómo al romper la mecanicidad de los actos cotidianos el organismo genera mutaciones en sus componentes y con ello da pasos hacia una evolución del ser. Comprendió, pues, lo que es la fijación de hidrógenos en el ser humano a través de las tres fuerzas: activa, pasiva y neutralizante. Esto es lo que le da fuerza a sus eneagramas y lo que le imprime ese atractivo que transmitió Naranjo en sus primeros cursos y que pudo haber influido en no pocos jesuitas para dedicarse por completo al Eneagrama.

La contundencia de los nueve tipos de personalidad no proviene simplemente de haber acomodado vicios y virtudes en el símbolo, sino de arraigarlas en el movimiento subyacente de la Ley de Tres (o la ley de las tres fuerzas de la creación) y en la Ley de Siete (o la ley que restringe la creación), enseñadas por Gurdjieff. Ichazo debió haber sabido también que los discípulos de Gurdjieff usaron el símbolo para colocar una tipología basada en la predominancia de las glándulas endocrinas.[214] Esto está detrás de los eneagones de Ichazo y por ello deslumbró a los 57 alumnos provenientes de Esalen que asistieron a su curso de Arica, entre ellos Claudio Naranjo.

Además de sus variadas tesis, para el efecto que nos ocupa, lo que aparentemente conjugó Óscar Ichazo fue la vieja herencia de los magos caldeos custodiada por las Iglesias ortodoxas de Oriente, con aspectos rescatables del cristianismo medieval apostólico romano, todo ello en el símbolo del Eneagrama.

---

[214] En *The Theory of Celestial Influence*, de Rodney Collin, publicado en 1954, aparece un símbolo con estos tipos. En la versión en español titulada *El desarrollo de la luz, op. cit.*, se encuentra en la página 336.

CAPÍTULO 11

NARANJO, SU APORTE PSIQUIÁTRICO Y LOS PRIMEROS CURSOS EN SECRECÍA

Antes de los años setenta del siglo XX el Eneagrama era conocido únicamente en círculos cerrados y la información sobre su aplicación en la vida cotidiana requería de un maestro.[215] Tras el entrenamiento que imparte Ichazo en Arica paulatinamente se multiplican y se abren las fuentes de este conocimiento. Ahí estuvo Claudio Naranjo, quien nació en 1932 en Valparaíso, Chile. Se doctoró como médico en 1959, ejerció la psiquiatría en la Universidad Clínica Psiquiátrica, estuvo en distintos programas en las universidades de Harvard, Illinois y Berkeley, y formó parte de la comunidad de Esalen, en Big Sur, California como visitante asociado. Después de su encuentro con Ichazo, a principios de esa década comenzó a enseñar, en Estados Unidos, los tipos de personalidad utilizando el símbolo del Eneagrama. Primero lo difundió a grupos pequeños y posteriormente abrió sus cursos al público, contando con alumnos de diversas procedencias. Sobresalen, como ya se ha relatado, algunos sacerdotes jesuitas que pronto escribirían sobre el tema y compartirían la información en sus comunidades. También participó en esos cursos Helen Palmer, quien en 1988 escribió uno de los libros de divulgación más conocidos, publicado seis años antes que el libro[216] del propio Naranjo (2001). Claudio Naranjo fundó el programa SAT tomando el nombre de aquel grupo de Gurdjieff llamado Seekers After Truth, mismo que a finales de los ochenta se renovó e impartió en varios países. Es en España donde la enseñanza de Naranjo ha cobrado más fuerza. En Barcelona se creó

---

[215] En 1949 se publica *Fragments d'un enseignement inconnu*, de Ouspensky y en 1952 sale a la luz *Pycological Commentaries on the Teaching of Gurdjieff and Ouspensky*, de Maurice Nicoll. Fuera de un grupo era difícil comprender y practicar las enseñanzas.

[216] Naranjo, Claudio (2001), *Carácter y neurosis, una visión integradora*, Vitoria-Gasteiz, España: Editorial La Llave.

formalmente, en abril de 2007, la Fundación Claudio Naranjo con el propósito de integrar las propuestas del Programa SAT en la educación.

¿Qué aspectos del Eneagrama dio a conocer Naranjo? Dejo la respuesta a Ichazo: "Naranjo trabajó básicamente con el Eneagrama de las Pasiones que, evidentemente, es el nivel psicológico del sistema. Posteriormente Naranjo dio pie a excelentes visiones profundas y psicológicas sobre las pasiones y las fijaciones, así como su relación con la psique en su totalidad. De este modo creó una perspectiva totalmente válida para sus consiguientes investigaciones sobre los nueve tipos psicológicos o como los llamó Naranjo, de forma apropiada, los Enea-Tipos" (Almaas, 2002: 13).

Para armar su libro principal Naranjo se adentra en las teorías de la personalidad y el carácter de Freud, Reich, Jung, Kretschmer, Sheldon y muchas otras como las de Abraham, Ferenczi, Klein, Perls, Horney y, por supuesto, Ichazo, para hacer una propuesta consistente y empíricamente fundamentada, cosa que no había ocurrido en esos años. En su obra *Carácter y neurosis, una visión integradora* maneja nueve tipos de personalidad cuyo sustento teórico se alimenta no solo de los autores mencionados sino, y sobre todo, de su búsqueda teórica respaldada por su trabajo práctico y experimental.

Entre sus influencias decisivas reconoce la de William H. Sheldon, médico y psiquiatra norteamericano, quien profundizó con la misma enjundia en el aspecto fisiológico como en el conductual de la personalidad. Dice Naranjo: "La idea de Sheldon de que las tres dimensiones del temperamento humano están íntimamente relacionadas con las estructuras corporales, que derivan de las tres capas originarias del embrión humano, ejerció un profundo impacto en mi comprensión de las cosas en aquel momento" (Naranjo, 2001: xxiii). Estas tres dimensiones (ectomórfica, mesomórfica y endomórfica) corresponden a tres grupos de temperamentos: cerebrotónicos, somatotónicos y viscerotónicos, los cuales, en el modelo de Naranjo, como en muchos otros, son llamados mentales, emocionales y viscerales.

Naranjo distribuye los nueve tipos de personalidad, de acuerdo con estos tres grupos, dentro de un círculo y lo justifica así: "la estructura de los rasgos de la personalidad, cuando se refiere al comportamiento interpersonal individual, puede ser mejor representada según este modelo circunplexo, en el que el continuo circular indica las relaciones entre los caracteres: los contiguos son los más parecidos, mientras que las oposiciones del círculo corresponden a bipolaridades" (Naranjo, 2001: 14).

Hay un flujo entre los nueve tipos, hay opuestos, hay vecinos y tras describir a cada uno, Naranjo se encarga de mostrar el carácter psicodinámico del modelo. Además, cada uno de los nueve tipos tiene tres subtipos de acuerdo con tres reacciones innatas o instintivas según predomine el impulso sexual, el relacional o el de conservación. De esa manera este autor trabaja con 27 tipos básicos de personalidad,[217] número mayor al de cualquier otro de los mencionados. En 2012 Naranjo publica un libro especialmente dedicado a los 27 subtipos, en cuyo prólogo escribe: "Llegado ya al umbral de los 80 años de edad, sin embargo, siento que es hora de dejar constancia escrita de algunos de los temas que he reservado hasta el momento para situaciones experienciales... A través de sus capítulos el lector puede formar una idea aproximada de los 27 caracteres en que se subdividen las nueve formas básicas de la personalidad que han inspirado ya tantos libros" (Naranjo, 2012: 16).

---

[217] Uno de sus últimos libros está dedicado precisamente a este tema. Se titula *27 personajes en busca del ser* (2012), Barcelona: Ediciones La Llave.

CAPÍTULO 12

HELEN PALMER Y LA DIVULGACIÓN ABIERTA

Esta historia iniciada con los magos caldeos llega a su fin con un último personaje. Es el postrero no porque falten exponentes notables en la actualidad, sino porque se trata de quien tuvo un vínculo digno de ser mencionado con dos exponentes del Eneagrama ya mencionados. El primero, Claudio Naranjo, con quien toma un curso para enseguida comenzar a explorar por su cuenta todo lo relacionado con el Eneagrama y escribir su primer libro, *The Enneagram. Understanding yourself and the others in your life*. Este texto, publicado en 1988, suponemos que sorprende a Naranjo, quien todavía no escribía sobre el Eneagrama; cuatro años después, en *Carácter y Neurosis*, menciona a Helen Palmer diciendo que su libro contiene más información que otros y agrega "aunque habría esperado una contribución más original por su parte" (Naranjo, 2001: xxxii). El segundo libro de Palmer, *The Enneagram in Love and Work: Understanding your Intimate and Business Relationships*, sale a la luz un año antes que el de Naranjo. Además de escribir, Palmer comienza a hacer investigación empírica y a formar a los interesados en el Enneagram Professional Training Program. Con David Daniels conduce paneles con los nueve tipos de personalidad y en el invierno de 1994 funda la Asociación Internacional de Eneagrama junto con el grupo de los primeros maestros: Beesing, Daniels, Donson, Ebert, Hudson, Hurley, O'Leary y Riso.

El segundo vínculo importante, no para darle color a esta crónica sino por la trascendencia que tuvo el hecho, se da con Óscar Ichazo, quien fundó el Instituto Arica en 1968. A partir de 1986 Ichazo acostumbraba escribir cartas a los alumnos de su escuela. Las primeras, redactadas entre 1986 y 1987, están editadas[218] como libro y ya en la última de ellas, la de diciembre de 1987, es visible su molestia con

---

[218] Ichazo, Óscar (1988), *Letters to the School*, New York: Arica Institute Press.

lo que comienzan a publicar quienes aprendieron el Eneagrama con Naranjo.

En 1991 publica otra carta de 49 cuartillas[219] motivada por el escrito de Helen Palmer –con el título *The Enneagram Heresy*–, redactado para defenderse de la acusación de plagio que Ichazo presentó ante las autoridades judiciales de la ciudad de Nueva York. En esta larga carta Ichazo hace acopio de cuanto leyó y estudió durante décadas para intentar mostrar la originalidad y la propiedad de sus conocimientos. De no ser porque todo esto se convirtió en materia judicial, el contenido de los argumentos presentados hubiera resultado interesante en el marco de un debate de búsqueda y no de confrontación legal tras una demanda.

En ese mismo año de 1991, cuando estaba por imprimirse la edición rústica del texto de Palmer, la editorial Harper Collins avisó que el libro era sujeto de un pleito judicial iniciado por el Instituto Arica porque este afirma que sus derechos se han visto infringidos. La editorial aclaró, en un recuadro, que Palmer "ha desarrollado teorías sobre el uso del Eneagrama para comprender la personalidad humana y sus relaciones con aspectos de alta conciencia que son diferentes y distintos a los expuestos por el Sr. Ichazo" (Palmer, 1991: xvii).

El pleito se llevó a cabo en una corte federal de distrito en Nueva York y se prolongó de principios de 1991[220] hasta la segunda mitad de 1992, con el resultado favorable para Helen Palmer y la editorial. Se mencionó este episodio porque de haber ganado Ichazo no hubiera sido fácil la publicación de más libros sobre el Eneagrama en Estados Unidos y la obra de Helen Palmer hubiera tenido dificultades para traducirse a 28 idiomas, como sucedió.

Palmer ha continuado adentrándose en las profundidades del Eneagrama. En la segunda mitad de los años noventa del siglo XX entró en contacto con Blake, gran exponente de la tradición Gurdjieff-Bennett, quien le solicitó una opinión sobre su texto *The Intelligent Enneagram* y ella lo calificó como un libro fuente de gran amplitud que ofrece una

---

[219] Letter to the Transpersonal Community (1991), www.arica.org/articles.
[220] Desde el 9 de abril de 1991 el segundo circuito de la corte de apelación denegó el recurso presentado por Ichazo.

vasta visión del Eneagrama.[221] Una muestra de que en la actualidad se encuentra interesada en las matrices originales de este conocimiento es que en la Conferencia Global 2015 de la Asociación Internacional de Eneagrama propuso que la Ley de Tres y la Ley de Siete fueran una cuestión clave a trabajar.[222]

---

[221] La opinión fue colocada en la portada de *The Intelligent Enneagram*, en la edición de 1996.

[222] Programa de la Global Conference 2015 de la IEA, p. 25.

CAPÍTULO 13

EL LEGADO DE LAS TEORÍAS DE LA PERSONALIDAD EN EL ENEAGRAMA

Para la mayoría de las personas, la puerta de entrada al Eneagrama es la tipología de nueve personalidades. Son minoría o se sabe poco acerca de quienes se adentran en este conocimiento a partir de la obra completa de Gurdjieff y sus discípulos directos, la cual abarca muchísimos temas más, y el de los tipos humanos es uno de tantos.

En estas sociedades en las que es muy usual descalificar al otro por ser diferente, es sumamente útil esa puerta de entrada, siempre y cuando se conozca que cada tipo de personalidad es una máscara del ego que conviene desechar. Por tanto, mencionemos que en las distintas etapas de la historia ha habido siempre clasificaciones. Con ello será factible ubicar en algunas de estas los elementos que los autores contemporáneos del Eneagrama de las nueve personalidades han tomado de ahí.

En forma breve y sin desagregar los elementos de cada uno, se ofrece aquí un recorrido por los estudios realizados a lo largo de la historia a partir del *Corpus Hipocraticum*, con el fin de mostrar que desde el siglo V antes de la era común hasta el siglo XIII, en Occidente, la base para clasificar temperamento y carácter eran los cuatro elementos de la naturaleza (agua, aire, tierra y fuego) y los humores del cuerpo, con sus variantes, como el añadido de los 12 planetas que hace Raimundo Lulio. Eso en Occidente porque en Oriente los elementos son cinco; el aire no aparece y consideran también al metal y la madera.

El Eneagrama contemporáneo de las nueve personalidades retoma elementos que permanecieron vivos desde la era de los pitagóricos hasta el siglo XIII, como la constante referencia al alma, a la esencia, a la participación de lo humano en lo divino, cuestiones de las que todavía da cuenta Juan Huarte en 1575 y que el paradigma cartesiano-newtoniano se encargará de desplazar, aunque no de desaparecer.

La ciencia del siglo XIX y su empeño en medir y cuantificar dará origen a las teorías morfológicas francesa, italiana y alemana que clasifican a los seres humanos según sus rasgos fisiológicos y la predominancia de ciertos órganos del cuerpo. El Eneagrama del siglo XX, el que va más allá de las nueve personalidades, toma en cuenta algunas de estas características, pero los autores más profundos vuelven a darle un papel relevante al alma y a la esencia. Si uno quiere dejar totalmente fuera estos aspectos metafísicos no hay problema: son varios los autores contemporáneos que se han propuesto desligar al Eneagrama de cualquier vestigio espiritual o religioso y, además, han incorporado las herencias de Freud, Klein, Jung, Horney y otros representantes de la psicología del siglo XX.

Las menciones más antiguas encontradas provienen de los reinos situados entre el Tigris y el Éufrates. Los magos caldeos hablaron de los elementos primigenios. El antiguo Egipto lo hizo también. De la India no hay duda, los textos ayurvédicos lo confirman. China tiene un enorme legado en la materia, desde los inicios del proceso cosmogónico se mencionan los elementos componentes de los cuerpos. Dice Zhou Dunyi, un filósofo del siglo XI: "…Y así, en medio de esta alternancia y mutuo condicionamiento y combinación de movimiento y reposo, nacen los cinco elementos y de ellos los infinitos seres" (Lao Tsé [Preciado], 2012: 84). Estos cinco elementos, como dijimos, son agua, madera, fuego, tierra y metal. Sus combinaciones y predominancias en los cuerpos dan origen, en ese orden, a la sabiduría, bondad, amor, confianza y rectitud, así como a miedo, ira, alegría incoherente, reflexión excesiva y tristeza.[223] La teoría del Zhineng Qigong, basada en prácticas chinas milenarias, entre ellas el taoísmo, asocia cada uno de los cinco elementos con dos órganos del cuerpo:[224] la madera con el hígado y la vesícula biliar; el fuego con el corazón y el intestino delgado; la tierra con el bazo y el estómago; el metal con los pulmones y el intestino grueso y el agua con los riñones y la vejiga. De cada uno de estos la citada teoría deriva, como en Occidente, formas de actuar.

---

[223] Del curso Idea de Qi, los cinco movimiento del Qi (Wu Xing), impartido por Guillermo Fuentes García, el 18 de abril de 2015, México, D.F.

[224] Pang, Ming (2014), *The Theory of Hunyuan Whole Entity*, ZQ Educational Corporation, p. 18.

Esto es, las grandes civilizaciones de la Antigüedad se plantearon esto que viene a ser el origen de las teorías de la personalidad.

Tanto el legado de la Grecia antigua como el de la clásica permiten afirmar que varios siglos antes de la era común ya había interés por fundamentar las diferencias de comportamiento en las personas. El ancestral punto de partida para fundamentar las diferencias entre las personas es la especulación filosófica sobre el principio original de lo existente. La búsqueda apunta, como lo dicta la herencia caldea, hacia cuatro elementos de la naturaleza: tierra, aire, fuego y agua combinados en el cuerpo humano. Hipócrates es el representante de la cultura griega más conocido en materia de temperamentos y caracteres, pero no es el único. Antes y después de él hubo aportaciones en la materia.

Alfonso Reyes afirma que el Cuerpo Hipocrático "es un conjunto de escritos y tratados médicos que no pueden atribuirse a Hipócrates, que proceden de distintas fuentes muchas veces contradictorias y que fueron recopilados entre los siglos V y IV a.C." (Reyes, 1982: 163). Esta recopilación comprende textos de Tales de Mileto, Heráclito, Anaxímenes, Empédocles, Pitágoras y su discípulo Alcmeón de Crotona, en cuya doctrina de la armonía entre los cuatro elementos se basa Hipócrates para su teoría de los cuatro temperamentos.

Lo que hace Hipócrates es asociar ciertos líquidos del cuerpo (sangre, bilis negra, bilis amarilla y flema) con cuatro elementos de la naturaleza (aire, tierra, fuego y agua) para darle nombre a cuatro temperamentos: sanguíneo, melancólico o bilioso, colérico o nervioso y flemático o linfático. Señala, entre muchas otras características, las enfermedades a las que es proclive cada uno. El rasgo central del *Corpus Hipocraticum* es su racionalidad y consistencia.

En Platón los documentos sobre esta materia son elocuentes; basta entrar al Timeo o el diálogo que recoge la historia del universo hasta la formación del hombre, para percatarnos de que ahí están también las premisas para armar las teorías sobre los temperamentos. Dice Platón: "En efecto, como el cuerpo está formado de cuatro géneros de sustancias, la tierra, el fuego, el agua y el aire, su exceso o su defecto, la transposición de lugar que les es propio a otro y como el fuego y los otros géneros comprenden varias especies, las transformaciones que no les convengan y mil otros accidentes parecidos, son otras tantas causas de enfermedades... Lo que no se conforma a estas reglas, sea que entre o sea que salga, causa toda clase de alteraciones, de enfermedades y de males" (Platón, 2007: 365). Acto seguido describe los humores del cuerpo y el lugar que ocupan en las leyes de la naturaleza.

Platón e Hipócrates son contemporáneos, ambos dan por hecho que en la constitución física de los humanos se encuentran combinaciones de elementos que coadyuvan a una forma u otra de actuar en el mundo. Por su práctica médica, Hipócrates se interesa más en el desbalance de estos elementos para poder curar las enfermedades, pero los dos –al igual que tantos otros griegos cultos que transitan del siglo V al IV a.e.c.– saben de la existencia de varios temperamentos.

Al año siguiente de la muerte de Hipócrates nace, en la isla de Lesbos, alguien que decide estudiar caracteres y temperamentos atendiendo a los vicios y las virtudes de cada uno. Este hombre se llama Teofrasto, a quien también se le conoce como Tírtamo. Muy joven llegó a Atenas para estudiar en la escuela de Platón y después ser discípulo de Aristóteles. Su legado es amplio y diverso; dejó escritos sobre lógica, física, metafísica, fisiología, patología, meteorología, zoológica, botánica, ética, política, economía, retórica y música. Comienza su estudio sobre los caracteres humanos diciendo: "Muchas veces, antes de ahora, me he maravillado y quizás no termine nunca de maravillarme de cómo es que sucede que no todos tenemos la misma constitución de carácter si bien la Hélade está situada en un mismo clima y los helenos son todos educados del mismo modo" (Teofrasto, 1994: 5). Su método, descrito por él mismo, es el de observar y registrar los comportamientos viciosos y los virtuosos. Su finalidad es que las generaciones posteriores cuenten con esa reseña como referencia para su vida y para su práctica. Teofrasto registra treinta distintos caracteres que ofrecen rasgos psicológicos más precisos a los cuatro temperamentos que había dejado Hipócrates, pero no alcanzan la fama del *Corpus Hipocraticum*. En la segunda mitad del siglo II e.c. surge otra figura relevante para el tema que nos ocupa: Claudio Galeno, nacido en Pérgamo, quien ejerce la medicina y vive en Roma, donde escribe la obra más vasta de la Antigüedad sobre anatomía, fisiología, patología, terapéutica, farmacia, pulso, y se adentra también en las facultades del alma. Combina estas con los temperamentos de Hipócrates, obra que conoce casi de memoria. Un médico mexicano dice sobre él: "Combinando las ideas humorales hipocráticas con las antiguas teorías pitagóricas de los cuatro elementos, a los que agregó su propio concepto de pneuma presente en todas partes, Galeno procedió a explicar absolutamente todo" (Pérez Tamayo, 1997: 51). Galeno describió cómo se comporta la sangre al conjugarse con el elemento aire; igual ocurre con el fuego y la bilis amarilla: con la tierra y la bilis negra y con el agua y la flema. La salud, les decía este médico a sus pacientes, depende del equilibrio de los humores y los elementos en el cuerpo. Si predomina alguno de los cuatro elementos, el temperamento de la persona quedará influido por las características de este.

Los criterios para clasificar los temperamentos y lo que ahora conocemos como carácter,[225] varían según lo que cada autor, corriente o tradición considera relevante y se establecen también de acuerdo con lo que cada época y disciplina omite, subraya o descubre. Lo que nos importa rescatar de esta historia es cómo las características de los tipos humanos influyen de manera determinante en la forma en que cada uno establece una relación de comunicación con sus semejantes. Si comprendo qué aspectos de la realidad son más evidentes para cada personalidad, captaré mejor lo que el otro intenta decirme y entenderé desde qué universo interno quiere hablar conmigo, aun sin ser él totalmente consciente de ello. Igualmente, podré entender aquellos momentos de enojo o de silencio que me resultan indescifrables.

Sigamos con la historia para comprender también la génesis de los instrumentos contemporáneos para el estudio de las personalidades humanas, no sin antes adelantar que el presente escrito no busca una reconstrucción histórica omnicomprensiva de lo que los seres humanos han elaborado en este terreno; no, deliberadamente hay corrientes y autores que apenas aparecen mencionados. El objetivo es mostrar un telón de fondo histórico en el que resalte como figura relevante y actor central el Eneagrama, cuya trayectoria se ha rastreado aquí y cuya

---

[225] El término temperamento concierne a las variaciones individuales de la actividad nutritiva y funcional. El carácter es un aspecto particular de la personalidad y toma en cuenta características hereditarias y ambientales.

contundencia queda plasmada en un símbolo, que –como los mejores símbolos que ha empleado la humanidad– apenas logra balbucear con algunas palabras aquello que no alcanza a expresar porque, al ponerlo en acción, se entreveran realidades perteneciente a planos diversos.

No solo en Asia Menor y Grecia se han encontrado evidencias del interés en el estudio de las personalidades para trascender las limitaciones humanas, también "los alquimistas musulmanes adoptaron la doctrina griega de los cuatro elementos, sugiriendo que un metal se podía transmutar cambiando cuantitativamente su constitución elemental" (Mason, 1988: 124). El mundo árabe antiguo no fue ajeno a estos conocimientos. En el siglo XI Avicena adopta la teoría humoral de las enfermedades[226] y en la centuria siguiente Averroes continúa con los conocimientos helenísticos y los libros de Galeno en traducciones al árabe.

En el siglo XVI hay evidencias interesantes entre quienes se han centrado en lo empíricamente evidente. Un médico fisiólogo francés intenta ubicar dentro del cuadro teórico de Galeno y del viejo humoralismo griego, el órgano que produce determinado humor en el cuerpo, así como encontrar las causas ocultas de su funcionamiento. Su nombre: Jean Fernel –latinizado Fernelius–, nacido en 1497 en Montdidier, en la región francesa de Somme y, además de ocuparse del organismo humano, es matemático, astrónomo y filólogo. Como Lulio, es un personaje medieval con un pie en el Renacimiento. Deja atrás la descripción individual para comenzar a elaborar generalizaciones. Su obra más conocida, afirman los conocedores, se titula *Medicina*, "volumen de 630 páginas cuyo *cum privilegio regis* está fechado el 18 de noviembre de 1553. Fue uno de los textos de medicina más leídos en los siglos XVI y XVII… la primera parte trata de los elementos, los temperamentos, el calor innato, los humores y la procreación humana, entre otros temas, todos descritos en función de la teoría humoral…" (Pérez Tamayo, 1997: 70).

Fernel no incursiona en el comportamiento que se deriva de cada humor, como sí lo hace un contemporáneo suyo de nombre Juan

---

[226] Avicena era sufí, según afirma Jean Chevalier en: *El Sufismo y la tradición islámica* (1986), Barcelona: Kairós, p. 73.

Huarte de San Juan, médico y filósofo español, quien en 1575 publica *Examen de ingenios para la ciencia*. Se trata de una obra que en los siglos XVI y XVII se difunde exitosamente por Europa, con traducciones al latín, francés, italiano, inglés y alemán. Su tesis central es que las diferencias entre las personas, en cuanto a su capacidad para adquirir conocimientos, se debe al temperamento de cada quien y los describe en su actuar cotidiano: el sanguíneo es alegre, el colérico es irascible, el melancólico es depresivo y el flemático es apagado. De acuerdo con el temperamento, este autor propone qué estudios u oficios es conveniente seguir. A lo largo de su obra cita, discute, coincide y difiere de y con Hipócrates y Galeno.

Huarte de San Juan plantea un ángulo relevante que algunos estudiosos del Eneagrama contemporáneo mantienen: la relación entre dos aspectos distinguibles pero no separables: la personalidad y la esencia. Esta distinción es una herencia antigua fundamental que el paradigma newtoniano-cartesiano inhibirá. Personalidad y esencia constituyen una veta incluida en las enseñanzas de Gurdjieff y explorada por varias escuelas del Eneagrama.

Para exponer sus ideas Huarte desarrolla todo un razonamiento aderezado con citas en latín para concluir con frases como la siguiente: "Por donde se entiende que la prudencia y sabiduría, y las demás virtudes humanas, están en el ánima, y que no dependen de la compostura y temperamento del cuerpo como pensaron Hipócrates y Galeno".[227] Más adelante, en el capítulo VII de la misma obra, Huarte concluye que el error de Galeno fue averiguar si el ánima racional, faltando el cuerpo, muere o no, cuando esta cuestión pertenece a otra ciencia superior y de más ciertos principios. Deja, pues, planteadas cuestiones que hasta el presente son objeto de debate. No hay unanimidad acerca de los aspectos de nuestra personalidad que se heredan genéticamente, de los que aprendemos a través de los primeros años, o de los que traemos en lo que autores renacentistas denominan como esencia anímica, antes de nacer. La obra de este autor es un

---

[227] El texto completo del *Examen de ingenios* se encuentra disponible en la red: http://electroneubio.secyt.gov.ar/Juan_Huarte_de_San_Juan_Examen_de_ingenios.pdf. Tomado del capítulo V (1594).

compendio comentado de lo dicho en esta materia desde los caldeos hasta la penúltima década del siglo XVI.

Cada uno de los autores que han estudiado cuestiones de carácter y personalidad ha tenido que privilegiar algún aspecto para poder construir su tipología. Hay quienes ponen énfasis en lo vivido durante la infancia. Otros colocan el acento en la constitución orgánica. Algunos circunscriben su análisis a los factores psicológicos individuales. Hay quienes otorgan relevancia al medio familiar y cultural en que la persona se desarrolla a lo largo de su vida. Varios mezclan enfoques diversos. Lo que es innegable es que la doxa de la época en que se escribe influye de manera determinante, sea para navegar sobre ella, sea para remar a contracorriente. Si en este marco el Eneagrama resulta significativo es por el intento, aún inacabado pero altamente avanzado, que sostienen algunas escuelas al proponerse incluir los enfoques heredados de otras épocas y de incorporar aportes contemporáneos sin perder congruencia.

Si Juan Huarte de San Juan miró hacia atrás, hacia las profundidades de la historia, para elaborar su tipología caracterológica, tanto quienes vinieron después, como muchos de sus contemporáneos, tuvieron que mirar a su alrededor porque el siglo XVI sacudió las cosmovisiones y rompió los paradigmas. Mirar alrededor significó entonces, para los estudiosos de cualquier área de la ciencia, tomar posición ante posturas encontradas y decidir si estaban dispuestos a morir en defensa de sus hallazgos y convicciones.

Muchos fueron los cambios que cuajaron en el siglo XVI. Se cobra conciencia de la fuerza creadora individual y emerge una ruptura con la tradición cristiana. En la segunda década del siglo, Lutero fija sus 95 tesis mientras el tribunal de la Inquisición se expande por España. Brota la organización del Estado, se resquebrajan las creencias geocéntricas. Además de la recuperación de los clásicos griegos y latinos, se dio una renuncia a las explicaciones sobrenaturales y paulatinamente se exigieron demostraciones empíricas. Surge una revaloración del hombre concreto, con su cuerpo como referente en la acción. Todo esto será el sedimento de los siglos XVII y XVIII para que en el terreno de la caracterología emerjan, en el siglo XIX, las escuelas morfológicas europeas, atentas a las descripciones fisiológicas del organismo humano.

Bajo su propia interpretación del paradigma cartesiano, surge en Francia una corriente dedicada a la descripción clínica de individuos en los que predomina determinado órgano del cuerpo y su consecuente derivación caracterológica. Dos médicos elaboran tipologías haciendo *tabula rasa* del conocimiento precedente: "La morfo-psicología de Corman tiene como fundamento una oposición esencial entre el tipo expansivo y el tipo retraído; el primero alegre, optimista, espontáneo, impulsivo, de pensamiento concreto y práctico; el segundo, pesimista, reflexivo, inhibido, de espíritu especulativo" (Mueller: 2007: 473). En cada caso analizan metódicamente los rasgos fisiológicos de los sujetos.

La escuela italiana, morfológica también, incursiona en mediciones más sofisticadas, como en la sangre, en el funcionamiento endocrino, en el equilibrio neurovegetativo, en el metabolismo basal. Con ello Viola y Pende dividen a los seres humanos en longilíneos y brevilíneos y los subdividen para llegar a distinguir cuatro tipos fundamentales. Alemania también tiene su escuela morfológica con Kretschmer a la cabeza, quien se basa en dos tipos principales para aplicarlos a las razas humanas y a personajes de la historia.

Las escuelas mencionadas comparten un mismo paradigma, el de la ciencia moderna que plantea la separación de lo material y lo inmaterial, así como la concomitante elección de métodos, campos problemáticos y, obviamente, teorías sustentantes. Sobra decir que se vuelcan de manera fundamental en lo fisiológico y su influencia es fuerte en la academia durante varias décadas, hasta que en los años cuarenta del siglo XX aparece la obra de un psicólogo, profesor de Harvard, de nombre William H. Sheldon, quien, sin abandonar la tipología morfológica, logra investigar empíricamente, con mediciones acuciosas, la formación de las capas embrionarias para correlacionarlas con los tipos caracterológicos. Su tesis parte del desarrollo de dichas capas. Si el endodermo, por ejemplo, tuvo una intensidad mayor en la formación del organismo, la persona tendrá un carácter de tipo víscero-tónico; si en el desarrollo predominó lo correspondiente a músculos, sangre y esqueleto, habrá características distintas en su actuación, lo mismo que si el ectodermo tuvo predominancia, el individuo pertenecerá al tipo cerebro-tónico y su conducta será diferente. Así, Sheldon establece los llamados somatipos. La influencia de Sheldon es decisiva más allá de las corrientes morfológicas de la personalidad y sus tesis son retomadas por quienes continúan investigando sobre el Eneagrama en la segunda década del siglo XXI.[228] Uno de los representantes contemporáneos más conspicuos del Eneagrama, Claudio Naranjo, reconoce el impacto de este estudioso en su obra: "La idea de Sheldon de que las tres dimensiones del temperamento humano están íntimamente relacionadas con las estructuras corporales, que derivan de las tres capas originarias del embrión humano, ejerció un profundo impacto en mi comprensión de las cosas en aquél momento" (Naranjo, 2001: xxiii).

A continuación, una breve mención de otras escuelas que han incursionado en la diferenciación de las personalidades, las cuales resultan muy importantes porque en el siglo XX algunos de los autores contemporáneos que han dedicado su vida al Eneagrama trazan un paralelismo entre este y las tipologías de Freud y Jung.[229]

En materia de caracterología, al igual que en otras áreas por él estudiadas, Freud despierta asombro, abre polémica y suscita diferencias entre sus discípulos y seguidores. La tipología de los caracteres por él establecidos, según su teoría del desarrollo libidinal, se centra en tres tipos de individuos: el oral (psicótico), el anal (neurótico obsesivo) y el fálico-genital (histérico) que corresponden a los tres estadios principales de la sexualidad infantil.[230] Buscando una correspondencia con

---

[228] Al describir las características corporales de cada eneatipo, el doctor Jerome Wagner toma algunos elementos de Sheldon y otros de Ichazo. Por ejemplo, al hablar del eneatipo número cinco, dice que en la tradición del protoanálisis facial de Arica estas personas tienen más tensión en la parte derecha de la boca y de acuerdo con el tipo de cuerpo ectomórfico de Sheldon poseen el cerebro y el sistema nervioso central altamente sensibles.

[229] Es el caso específico de Don Richard Riso, en el capítulo 14 de *Personality Types: using the Enneagram for Self Discovery* (en español: *Tipos de personalidad. El Eneagrama para descubrirse a sí mismo* (1993), Santiago de Chile: Cuatro Vientos Editorial).

[230] Las personas adultas, por lo general, tienden a fijar su energía psíquica en alguna de las tres y la oralidad puede identificarse con una personalidad receptiva. La analidad con la retentiva y la fálica con la expulsiva.

los nueve tipos del Eneagrama, Don Richard Riso afirma: "Si examinamos las permutaciones, los nueve tipos de personalidad resultantes son el oral-receptivo (correspondiente al Nueve), el oral-retentivo (correspondiente al Cuatro) y el oral expulsivo (correspondiente al Cinco); el anal-receptivo (correspondiente al Seis), el anal-retentivo (correspondiente al Uno), y el anal-expulsivo (correspondiente al Dos); el fálico-receptivo (correspondiente al Tres), el fálico-retentivo (correspondiente al Siete) y el fálico-expulsivo (correspondiente al Ocho)" (Riso, 2009: 305). Los grandes autores del Eneagrama de las nueve personalidades incursionan, pues, en la herencia histórica de diferentes épocas.

Wilhelm Reich, en su primera etapa, avanza sobre las teorizaciones de Freud en la materia y para su propia teoría del carácter agrega las aportaciones de otros autores: "Lo que sabemos aquí se funda en los correspondientes trabajos de Freud, Abraham, Jones y Ophuijsen" (Reich, 1993: 207). En su obra sobre el análisis del carácter, este autor profundiza y discrepa de Freud, pero sin abandonar del todo el patrón original de los caracteres oral-anal-genital. A partir de 1933 Reich abrirá líneas de trabajo nuevas y diferentes que se apartan de Freud.

Algo semejante ocurre con Carl G. Jung, quien era dos décadas menor que Freud y lo admiraba profundamente porque veía en él a un hombre inteligente, penetrante, interesante y nada trivial, según sus propias palabras.[231] Jung leía a conciencia lo que Freud redactaba y era muy crítico. Sostenía conversaciones con él, tras las cuales hacía un balance entre aquello que lo convencía y lo que no podía aceptar. Dicho por él mismo: "Recuerdo todavía muy vivamente, cómo me dijo Freud: 'Mi querido Jung, prométame que nunca desechará la teoría sexual. Es lo más importante de todo. Vea usted, debemos hacer de ello un dogma, un bastión inexpugnable'. Me dijo esto apasionadamente y en un tono como si un padre dijera: 'Y prométeme, mi querido hijo, ¡que todos los domingos irás a misa! Algo extrañado le

---

[231] Cuatro años antes de morir, en la primavera de 1957, Jung inicia una serie de conversaciones con A. Jaffé, a las que añade textos inéditos y fragmentos generados por la conversación. Jung no quiso que estos recuerdos entraran en sus obras completas. Los tituló *Erinnerunger Träume Gedanken* y se publicaron en español, en 1964, como *Recuerdos, Sueños, Pensamientos*.

pregunté: 'Un bastión ¿contra qué?' A lo que respondió: 'Contra la negra avalancha', aquí vaciló un instante y añadió: 'del ocultismo'… Pero esto ya no tiene nada que ver con una opinión científica, sino solo con un afán de poder personal" (Jung, 1996: 160). Solo dos años después de este encuentro, Jung rompe con Freud: "En 1912 se publicó mi libro *Wandlungen und Symbole der Libido* con el cual se puso fin a la amistad con Freud. Entonces –*nolens volens*– comenzó mi propio camino" (Jung, 1996: 214).

Jung desarrolla, en 1921, su teoría de los tipos psicológicos o de la personalidad a partir de dos actitudes de la psique: la extroversión y la introversión, combinadas con lo que él define como sus cuatro funciones: pensamiento, sentimiento, sensación e intuición. Esta combinación da lugar a ocho tipos de personalidad, de acuerdo con el tipo de relación que el individuo establece con otras personas y con sus propios intereses. A esto le llamó Jung relaciones objetales. Con base en lo anterior, clasifica a los individuos en ocho tipos: extrovertido de pensamiento, extrovertido de sentimiento, extrovertido de sensación, extrovertido de intuición, introvertido de pensamiento, introvertido de sentimiento, introvertido de sensación, introvertido de intuición. Sobre esta tipología Jung afirma que le basta con mostrar las diferencias, porque le importa más lo que une a los seres humanos que lo que los diferencia, le interesa más el alma y sus potencialidades que las limitaciones del carácter. Acerca de lo que escribió referente a los tipos psicológicos, afirma: "En el libro sobre los tipos se llegaba a la conclusión de que todo juicio del hombre está limitado por su tipo y que todo modo de considerar las cosas es relativo. Con ello se planteaba la cuestión de la unidad que compensa esta diversidad" (Jung, 1996: 215). Los tipos psicológicos de Jung han sido base para posteriores modificaciones. Un ejemplo es lo realizado por Katherine Cook Briggs, creadora, junto con su hija Isabel, de lo que hoy se conoce como el MBTI o Myers-Briggs Type Indicator, método que describe comportamientos pero que no entra a la motivación tras la conducta como lo hace el Eneagrama.

Sobre la tipología de Jung, en su libro sobre el Eneagrama, Claudio Naranjo sostiene: "Un aspecto que fue tomando cuerpo a medida que iba construyendo este libro fue una explicación sistemática de la correlación que cabe apreciar entre los eneatipos y los tipos psicológicos de la tipología junguiana, los ocho tipos originalmente observados por Jung y la descripción de sujetos correspondientes a esos ocho tipos, de acuerdo con sus respuestas a los cuestionarios basados en las ideas de Jung" (Naranjo, 2001: xxxvi).

Jung estuvo convencido de que solo el proceso de individuación, central en su psicología, puede desembocar en una transformación del ser humano, más allá de las diferencias personales, siempre y cuando se atiendan los asuntos del alma: "Ya el simple hecho de que mediante el autoconocimiento, es decir, mediante la investigación de la propia alma, se tropiece con los instintos y su mundo de imágenes podría arrojar alguna luz sobre las fuerzas que dormitan en el alma, en la que rara vez se repara mientras todo anda bien" (Jung, 2001: 284). Esta idea de Jung es fundamental para comprender un aspecto del Eneagrama: el de los subtipos o instintos que acompañan a cada uno de los eneatipos y que resultan determinantes en el momento de la acción.[232]

Los ocho tipos de Jung son estudiados por Don Richard Riso, quien les encuentra correspondencia en el Eneagrama y señala que uno de ellos, el tres, está descrito en la tipología junguiana aunque no tenga una categoría separada.[233] Este autor estadounidense hace una aportación relevante sobre las líneas que unen entre sí a los nueve puntos del símbolo, explica que están conectados en una secuencia específica que denota dirección de integración, lo cual significa salud y autorrealización y en sentido contrario sería dirección de desintegración o enfermedad y neurosis. Lo anterior, relacionado con Jung, lo lleva a afirmar lo siguiente: "Desde el punto de vista del Eneagrama, podemos ver que Jung por lo general describe algunos de los rasgos de la persona promedio de cada tipo sicológico, moviéndose

---

[232] La mayoría de los estudios sobre el Eneagrama no desentrañan los subtipos, que a veces solo se mencionan cuando, según afirman quienes han profundizado más, resultan fundamentales para que el individuo logre equilibrar fortalezas y debilidades de su personalidad. La escuela de Naranjo y la mayoría de sus seguidores divide los subtipos en tres grupos, según las características del instinto predominante: social, de autoconservación y sexual. A este último otros autores, como Wagner, prefieren llamarle íntimo.

[233] Cfr. Inciso "Jung y el Eneagrama" en *Tipos de personalidad* de Don Richard Riso, *op. cit.*

libremente en torno a lo que nosotros podríamos considerar los Niveles de Desarrollo. Intuitivamente vira hacia la Dirección de Desintegración al final de cada una de sus descripciones cuando menciona los desarrollos neurótico y sicótico" (Riso, 2009: 310).

Si bien Jung incursiona por territorios muy ricos y diversos, no todos sus seguidores le son fieles. Llama la atención el caso de un contemporáneo suyo, inglés, quien se graduó en Cambridge y continuó estudios de psiquiatría y psicología en París, Berlín, Viena; al llegar a Zurich conoció a Jung y se mantuvo cerca de él por diez años hasta convertirse en uno de los exponentes de lo que hasta ese momento era su obra. Su nombre es Maurice Nicoll. En 1921 entró en contacto con la enseñanza de Gurdjieff y abandonó a Jung para siempre. ¿Qué fue lo que este médico de Cambridge encontró como para dejar de lado lo aprendido en sus 38 años de vida? Entre otros conocimientos, Nicoll halló el Eneagrama y a este le dedicó la mayor parte del segundo volumen de su amplia obra.[234] Una vez que Naranjo divulga sus conocimientos surgen multitud de autores que comprueban, aplican, rebaten, complementan, simplifican y profundizan sus teorías de la personalidad. Lo interesante de aquellos que lo estudian y captan cómo está construido el modelo, es que no se suele objetar la caracterización central de cada uno de los nueve tipos, ni las formas de comunicación y de acción de ellos derivadas.

A partir de Naranjo se multiplican las investigaciones sobre los eneatipos, los cursos y las publicaciones,[235] se despierta un fuerte interés por el Eneagrama dado que el aspecto que se expande es el de las fijaciones del ego en los nueve tipos de personalidad, cuestión accesible como punto de partida para un sistema que tiene un mar de fondo y en el que la gran mayoría no se interesa.

---

[234] Los cinco volúmenes de la parte principal de la obra de Maurice Nicoll se titulan: *Comentarios psicológicos sobre las enseñanzas de Gurdjieff y Ouspensky* (1970), Buenos Aires: Kier.

[235] Al inicio de la segunda década del siglo XXI se publican decenas de libros sobre el Eneagrama en más de diez idiomas. Las calidades van desde las aportaciones excelentes hasta las repeticiones distorsionadas.

En las últimas décadas del siglo XX y en los primeros quince años del XXI numerosos psicólogos no ortodoxos han incorporado a su práctica el Eneagrama de las nueve personalidades y este se ha expandido también –para bien y para mal– entre numerosas personas de diferentes procedencias académicas (o sin ellas) que lo encuentran útil para el desarrollo de las personas y los equipos de trabajo.

Asimismo, en nuestros días hay numerosos autores y practicantes del Eneagrama convencidos de que el conocimiento de las zonas de luz y de oscuridad en la propia personalidad es únicamente un primer paso para una transformación íntegra de su persona. Siguiendo a Gurdjieff, buscan el segundo choque o el segundo momento en sus procesos internos para generar un mayor grado de evolución de su conciencia.

Este es el caso de A. H. Almaas,[236] quien abre uno de sus libros diferenciando dos categorías de Eneagrama: el de la experiencia egoica y el de la experiencia básica. Una de sus tesis centrales es que los aspectos de la propia esencia se revelan si uno explora el ego y la personalidad, pero con miras a descubrir cómo es que cada uno de los enatipos se relaciona con la pérdida de contacto con el Ser. Aquí radica el interés principal de este autor: la autocomprensión de la pérdida de contacto con el Ser puede organizarse de un modo sistemático y simple con ayuda del Eneagrama. Almaas comienza trabajando con lo planteado por Ichazo y por Naranjo respecto a esta pérdida de contacto con el Ser para, mediante la práctica, tener sus propios hallazgos y su propia escuela.

Al final del primer capítulo de su libro *Facetas de la unidad*, Almaas anuncia el sentido de su trabajo: "Consideramos que la objetividad del Eneagrama significa, entre otras cosas, que puede ser percibido directamente por cualquiera con la capacidad necesaria que investigue de modo eficaz sobre la naturaleza de la realidad. Puesto que es un modelo verdadero de la realidad, no podemos agotar su conocimiento. El conocimiento de la realidad es a la vez ilimitado e inagotable: cada enseñanza tiene un modo específico de describir la realidad

---

[236] Su nombre es A. Hameed Alí, nacido en 1944 en Kuwait. A los 18 años entró a la Universidad de Berkeley; mientras estudiaba física conoció el Eneagrama, que hizo suyo a través de la práctica.

y ninguna de estas formas agota todas las experiencias posibles. El Eneagrama constituye una estructura que facilita la revelación de la verdad sobre el Ser y sobre los seres humanos como parte de este Ser" (Almaas, 2002: 23).

Este mismo autor entra en ese territorio donde las respuestas no coinciden: ¿Con el eneatipo se nace o este se forma después del nacimiento? Necesitamos actualizar nuestra información sobre el origen y el desarrollo de la vida, no únicamente desde el punto de vista biológico sino también, como apuntan varios estudiosos y practicantes del Eneagrama, desde la perspectiva del Ser.[237] El mismo A. H. Almaas es uno de los autores que da su punto de vista: "El proceso de desconexión del alma de su naturaleza básica sucede muy pronto en la vida, incluso antes de nacer. A medida que se produce la desconexión el alma pierde su cualidad más básica, primaria y primordial: el conocimiento nítido, la clara conciencia luminosa" (Almaas, 2002: 293). Sostiene que el eneatipo está determinado al nacer y que, por lo tanto, es independiente de las circunstancias de nuestra vida temprana. Sabe que es una respuesta controvertida y afirma que no hay datos que lo confirmen o no, pero al final de cuentas, sea antes o después del nacimiento, se pierde el contacto con el Ser.

En el ámbito de lo meramente fisiológico resulta útil conocer, aunque sea a grandes rasgos, la aportación que ha hecho la biología molecular de los últimos años. Son muchos los biólogos que en diferentes latitudes reconocen, desde hace décadas, la insuficiencia de la genética para explicar las leyes de la herencia. En los años ochenta del siglo XX, dos biólogos chilenos, Humberto Maturana y Francisco Varela, ambos doctores por la Universidad de Harvard, plantearon que la caracterización de la unidad viva mínima no puede hacerse solamente sobre la base de componentes materiales. Hay un proceso de constitución de identidad originado en una red de producciones metabólicas; se trata de una autoproducción de la unidad viviente a nivel celular (proceso al que llamaron autopoiesis), pero que no ocurre

---

[237] A.H. Almaas, autor que distingue el Eneagrama de las fijaciones del ego del Eneagrama de la experiencia básica que refleja la iluminación espiritual, propone los eneagramas de las virtudes y de las ideas santas.

únicamente en términos de su estructura físico-química sino en tanto unidad organizada; es un asunto de fenomenología biológica, es decir, que la especie humana no es la fuente de todo el orden biológico, más bien hay que tomar en cuenta que los organismos humanos dan origen a otros organismos cuyas propiedades son diferentes de las propiedades de las unidades progenitoras. Maturana afirma que "todos los fenómenos biológicos ocurren a través de la realización individual de los seres vivos" (Maturana, 2004: 11).

Vinculada con el Eneagrama, esta teoría sobre los seres vivos apoya la naturaleza individual del comportamiento de los humanos, sin dejar de aceptar la influencia determinante del medio que rodea al individuo cuando nace. Maturana lo expresa así: "Lo que la constitución genética de un organismo determina en el momento de su concepción es un ámbito de ontogenias posibles en el cual su historia de interacciones con el medio realizará una, en un proceso de epigénesis" (Maturana 2004: 103). Realizar una ontogénesis, entre otras posibles, es vivir un eneatipo con su base genética y su interacción con el medio en que el organismo se desarrolla. Pero los biólogos contemporáneos van mucho más allá, plantean otras dimensiones de la evolución humana además de la genética y de la epigenética. Jablonka y Lamb[238] han investigado, junto con las anteriores, otras dos dimensiones: la conductual y la simbólica, que enriquecen las posibilidades del cambio estructural de un mismo organismo independientemente de su herencia genética.

Lo importante del modelo del Eneagrama es que, una vez que la persona interesada en él encuentra su tipo y su subtipo, comprende los rasgos de su personalidad y también los de aquellos con quienes se relaciona de manera cotidiana o esporádica. Al comprenderlos su tolerancia se incrementa y es capaz de captar no solo las particularidades de su comunicación con los demás, sino de identificar su posible aportación complementaria a la acción con sentido colectivo.

---

[238] Jablonka, Eva y Lamb, Marion (2006), *Evolution in four dimensions. Genetic, Epigenetic, Behavioral and Symbolic Variation in the History of Life*. London: The MIT Press.

CAPÍTULO 14
LA HERENCIA GURDJIEFF-BENNETT-BLAKE EN EL PROCESO DE LA COMUNICACIÓN

Los errores de Gurdjieff también se han aprovechado en beneficio de la expansión del Eneagrama hacia territorios insospechados. Anthony Blake tenía diez años de edad cuando Gurdjieff murió; sin embargo, logró adentrarse en los aspectos que consideró más importantes de su filosofía, gracias a su contacto con John Bennett. Este, inglés también, le dio a conocer no solo la obra de Gurdjieff sino la suya propia y sobre ella dialogaron hasta los últimos días de la vida de Bennett. Fallecido este, trabajó con Elizabeth, su viuda, para organizar la publicación de los escritos y buscar nuevas interpretaciones y aplicaciones de la obra de su maestro.

Blake se dio cuenta de algo que hoy parece obvio, pero que los discípulos de Gurdjieff tal vez creían que se trataba solo del método que seguía el maestro: no podían discutir entre ellos. Blake lo dice así: "Por supuesto, el trabajo en grupo fue siempre parte del método de Gurdjieff, pero no permitía hablar juntos ni usar el potencial para pensar juntos" (Blake, 2009: 1).

Esto último, el hecho de desaprovechar el diálogo sobre asuntos trascendentes y para tareas comunes, a Blake le pareció un desperdicio, sobre todo porque, como él mismo dice, "a través del diálogo yo descubrí un acceso a la mente que me condujo al mundo del análisis grupal y a un modo de trabajar con uno mismo que complementó la metodología gurdjieffiana" (Blake, 2009: 1). Pudo llevar a cabo esta tarea de completar la obra de Gurdjieff y la de Bennett de manera profunda y creativa gracias a la influencia de un maestro suyo en la Universidad de Bristol: David Bohm, autor de la Teoría Cuántica, publicada en 1951, quien además escribió un texto de valor incalculable sobre la naturaleza del pensamiento colectivo, titulado *On*

Dialogue[239] que Blake incorporaría en su trabajo. De Bennett toma la experiencia de este con patrones de pensamiento a través de la "sistemática", una especie de equivalente pitagórico basado en números integrales para estudiar contenido y estructura del significado.

Con esta herencia y con un sistemático trabajo empírico, Blake escribe *The Supreme Art of Dialogue. Structures of Meaning,* sobre los patrones y flujos que se originan en la construcción de significado. Doce años antes había publicado *The Intelligent Enneagram,* el libro que mejor penetra en la naturaleza y las posibilidades que tiene el símbolo.[240] Lo que está a la vista es una amalgama del Eneagrama y la Mecánica Cuántica no solo para explicar la naturaleza de los procesos comunicativos, sino para ofrecer formas empíricamente probadas de trabajar en colectivo para llevar a término proyectos creativos y globalmente útiles.

En su introducción a *The Supreme Art of Dialogue,* Blake dice que con los años se dio cuenta de que el trabajo con uno mismo no era un asunto completamente privado sino que involucraba, de manera intrincada, la relación con los otros. Y esta comienza con el uso de los símbolos que aprendemos desde el primer año de vida, es decir con el lenguaje y las formas de expresión corporal que lo acompañan.

El Eneagrama de las nueve personalidades, del que no participa Blake, ha llegado con los años a pulir las características de cada eneatipo y a señalar, tras décadas de observación y práctica, cómo comunica cada uno de ellos. Si tenemos en cuenta que el tipo de personalidad básica corresponde a una forma del ego, a una máscara que la persona tuvo que adoptar para sobrevivir en el tráfago de lo social o en la relación con los otros, necesitamos comenzar por conocer esa máscara, la nuestra y la de aquellos con los que solemos tratar.

Es aquí donde las aportaciones de los múltiples estudios sobre las nueve personalidades se cruzan de manera natural con las propuestas de diálogo que hace Blake. Él encuentra, a partir de la obra de Bohm, que las personas pueden ser consideradas como moléculas de signifi-

---

[239] Bohm, David (2004), *On Dialogue,* New York: Routledge.

[240] Una reseña en español de este libro, elaborada por Angeles Lafuente, se encuentra en la página web de la Asociación Mexicana de Eneagrama.

cado que entran en relación unas con otras bajo ciertas condiciones. Antes de entrar en ellas, conviene recordar algo de lo que en materia de comunicación nos sucede en la vida cotidiana.

Las formas en que las personas expresan su sentir y su pensar provienen tanto de lo aprendido como de lo heredado en forma genética o epigenética y en ocasiones también de lo que está alojado en su inconsciente. No todos estamos construidos de la misma manera, ni hemos atravesado por iguales circunstancias. Hay ocasiones en que alguien se queda triste porque el otro le habló con dureza, cuando ese otro lo hace porque es la forma en que aprendió a hablar o a defenderse. Tal vez su organismo y su inconsciente no conozcan otra manera. Tal vez su eneatipo y sus circunstancias se enreden de tal forma que no nos permitan tender puentes para una comunicación fluida.

En conversaciones con los más próximos no suele haber mala intención ni deseo de marcar distancia. En el acto de comunicar simplemente emerge lo que cada uno es en el preciso momento en que entra en interacción con el otro o cuando libera alguna tensión. Las formas de comunicar son mucho muy variadas porque lo que somos tiene un mar de fondo; cada quien es único e irrepetible, sí, pero no somos tan originales. Hay patrones que se repiten, hay personalidades que se parecen tanto que es posible advertir con facilidad sus características comunes, aunque cada uno lo haga con sus rasgos personales y desde su particular biografía. Aquí es donde el Eneagrama de las nueve personalidades jugaría un papel inicial en la propuesta de Blake. Para llegar a construir nuevos significados comunes, como este autor propone, resulta de enorme utilidad controlar primero los puntos ciegos que cada quien tiene en su manera de entrar en contacto verbal y visual con los otros.

¿Por qué no proponemos estudiar las características comunicacionales y los modos de actuar en algún otro sistema caracterológico que no sea el Eneagrama?

Fundamentalmente por una razón: el símbolo en el que se basa la interacción entre las personalidades y en el que se inscriben los varios niveles de evolución de cada eneatipo, es en sí mismo un método que amalgama sabiduría antigua con investigación moderna. Se trata de un método que no se detiene en el paradigma de una época sino que articula elementos comunes de varias y como telón de fondo tiene la evolución hacia los más altos niveles de conciencia posibles.

El símbolo del Eneagrama señala el camino o método que cada quien puede seguir para llegar a donde cada quien desee. La etimología de método nos lleva precisamente a la palabra camino (μέθοδος, *méthodos*, οδος, camino, μετα, más allá o cambio[241]) y en el símbolo está trazada una ruta que no se detiene en un tipo de personalidad para cada ser humano, no solo por la abundancia de subtipos que permiten la especificidad y la completud, sino porque conduce a despertar potencialidades humanas.

Normalmente los métodos de una época provienen del paradigma que les da origen, de la epistemología que los sustenta. Al llegar a este punto hay que citar al infaltable Kuhn, quien sobre los paradigmas dice: "Considero a estos como realizaciones científicas universalmente reconocidas que, durante cierto tiempo, proporcionan modelos de problemas y soluciones a una comunidad científica" (Kuhn, 1983: 13). Con el Eneagrama se puede romper la norma porque quienes hacían ciencia quinientos años antes de la era común, si bien quedaron fuera del paradigma vigente en el Siglo de las Luces, resurgen en la época actual, aunque se vea remota su aceptación general, dada la dispersión del conocimiento en tantas ciencias y disciplinas y dados los sistemas de evaluación intraespecialidad que hoy privan.

Las teorías de la comunicación humana y el estudio del lenguaje han hecho aportaciones espléndidas para entender el fenómeno del coincidir con el otro, para captar lo que nos quiere decir y para expresarnos sin ser malinterpretados. Hay, sin embargo, algunos aspectos en los que no se ha profundizado y que facilitarían todavía más la comprensión del acto de comunicar. Ese algo que apenas ha sido mencionado por los estudiosos es la forma específica en que cada tipo de carácter o de temperamento expresa su forma de ver el mundo y de actuar en él. Hay personas en las que predominan las emociones

---

[241] El prefijo griego μετα significa además, más allá, después y su segunda acepción indica cambio. Cualquiera de las dos se aplica al sentido del método que está implícito en el Eneagrama.

y su manera de hablar es muy distinta de la de aquellas que tienen un fuerte intelecto o usan pocas palabras y ningún gesto. El Eneagrama diría que las primeras pertenecen a la triada emocional y las segundas, a la mental. En la forma de expresión hay un mensaje latente que puede o no activarse al ser recibido por un receptor que, a su vez, posee de manera innata un organismo sensible o insensible a ciertos estímulos. Carácter y temperamento constituyen una variable casi olvidada en el estudio de la comunicación humana.

Lograr un entendimiento pleno que se traduzca en una acción eficaz y duradera es algo sumamente complejo. Transmitir información es un acto sencillo, difundirla también. El problema está en la resemantización que el otro o los otros hacen de aquello que se expresó. Cada quien construye y decodifica los mensajes de acuerdo con sus propios componentes, de acuerdo con su particular biografía, con su modo de ver la vida, es decir, según su eneatipo. De ahí la cantidad de malos entendidos y de ruido con que se vicia la comunicación humana.

Si bien todos poseemos rasgos de todos los eneatipos, hay uno que en momentos de crisis, de extrema confianza, de cambios imprevistos, entra en acción de manera automática. Es el eneatipo-base que a su vez, y según el instinto rector, puede presentar, como ya explicamos, tres formas o subtipos. Esto nos da una relación de 27 tipos de personalidad diferentes. Además, los eneatipos situados a los dos lados del que nos corresponde también influyen y se les llama "alas", con lo que tendríamos 54 posibilidades; pero si cada ala tiene también tres posibles instintos rectores, la multiplicación arroja 162 tipos de personalidad diferentes y si a esto le agregamos particularidades de cada historia personal, el número crece enormemente. Por consiguiente, nadie puede ser etiquetado en un eneatipo fijo, pero sí es posible identificar ciertos rasgos básicos entre los nueve originales.

Son varios los autores contemporáneos del Eneagrama de las nueve personalidades que han descrito cómo se comunica cada eneatipo.[242] Algunos, como Ginger Lapid-Bogda, registran distintos aspectos del

---

[242] La descripción detallada de cada eneatipo se encuentra en la gran mayoría de los libros sobre el Eneagrama de las personalidades, incluidos los tres, aquí mencionados, que contienen la manera en cada tipo se comunica.

acto de comunicar; en unos el eneatipo se estudia desde la actitud que adopta cuando él es el emisor del mensaje, también identifica lo que ocurre con el mismo eneatipo cuando funge como receptor. Simultáneamente, ofrece características del lenguaje corporal cuando se expresa ese tipo de personalidad; también menciona sus puntos ciegos al hablar con los otros, así como los filtros que introduce al escuchar (Lapid-Bogda, 2006: capítulo 2). El texto de David Daniels y Virginia Price ofrece numerosas características de cada tipo y entre las que consideran más importantes aparece el estilo de comunicación; señalan qué estímulos hacen que la persona se ponga a la defensiva y registran también cuál puede ser el apoyo que brindan los demás a cada eneatipo en este terreno (Daniels y Price, 2010: 40-77). Por su parte, Jerome Wagner, en su tercer libro sobre el Eneagrama,[243] presenta primero los principios que explican el funcionamiento de la personalidad con las motivaciones y los valores de fondo que conforman la visión que cada tipo tiene del mundo, para pasar después a describir cómo operan estas dinámicas en cada uno de los nueve tipos. Dentro de las dinámicas aparecen detalladamente las nueve maneras que los individuos adoptan en el acto de comunicarse (Wagner, 2010: Part 2).

Los tres libros mencionados ofrecen en conjunto un panorama rico y versátil que se recomienda revisar detenidamente. Hay un autor más, con 22 años de experiencia empírica, que elabora un brillante resumen de lo mismo con un par de ventajas adicionales: está escrito en un muy claro español y va directo a lo más relevante de cada tipo. Su nombre: Roberto A. Pérez, autor del diagrama titulado Comunicación,[244] cuyo contenido o la actitud de cada tipo de personalidad al comunicar es la siguiente:

---

[243] Los dos anteriores son: *An Introduction to the Enneagram. Personality Styles and Where You Fit* y el segundo, *The Enneagram Spectrum of Personality Styles: an Introductory Guide*.

[244] Publicado en la página 39 de su *Manual de Eneagrama, Tomo I, Versión 08.13*, distribuido en el curso impartido del 27 al 29 de enero de 2015 por Roberto A. Pérez en Rosarito, Baja California, México.

- **Tipo uno: predica, enseña.** Centra la atención en los comportamientos y no en las motivaciones. Juzga de manera instintiva.
- **Tipo dos: aconseja.** Se centra en tomar una actitud intimista y en el calor de la conversación.
- **Tipo tres: se promueve.** Se centra en vender sus propuestas e iniciativas, gracias a su gran poder de persuasión.
- **Tipo cuatro: se lamenta.** Toda expresión verbal es insuficiente para transmitir la complejidad de su mundo interior. Adopta otras vías de expresión.
- **Tipo cinco: diserta.** Se centra en explicar las cosas y comprenderlas. Necesita una razón lógica y analítica.
- **Tipo seis: se mimetiza con el grupo.** Se centra en tomar una actitud cautelosa y prudente porque su manera de expresarse revela sus dudas y temores.
- **Tipo siete: cuenta anécdotas.** Se centra en un relato vivo y fascinante, y a menudo arrebatador.
- **Tipo ocho: es imperativo.** Se centra en la confrontación y en la presión para llegar a la verdad, en tono convincente y enérgico.
- **Tipo nueve: es difuso.** Concede a cada cosa la misma atención, se manifiesta en un tono sereno y libre de emociones.

La ubicación de una persona en un tipo específico no es permanente. Al interior de cada eneatipo hay procesos de integración de la conciencia como cualidad de la esencia que provocan cambios sustanciales en la forma de comunicar. El abandono de la forma enmascarada de comunicar es un objetivo. Las características aquí mencionadas corresponden a una persona promedio, que ni está integrada ni tampoco desintegrada, es decir que no se ha planteado dejar la máscara que le ha funcionado por años. Aun así, un eneatipo promedio puede aportar las ventajas de su forma de comunicarse en un trabajo de grupo.

Anthony Blake construyó una imagen de lo que pudo haberse logrado en la escuela de Gurdjieff si este hubiera permitido que los discípulos conversaran entre sí. El pensamiento que se hubiera construido habría impedido la disolución del grupo. Con esto en mente y con sus múltiples adquisiciones teóricas y prácticas comenzó a trabajar.

Sin abandonar el símbolo del Eneagrama, Blake, con las aportaciones de Bennett y de Bohm, ofrece la experiencia que adquiere desde los años setenta del siglo XX hasta 2008, año en que publica la primera versión de *The Supreme Art of Dialogue*. Para comenzar, menciona que Bohm recibió una fuerte influencia de su terapeuta Patrick de Mare, quien a su vez aprendió el trabajo de análisis con grupos de S. H. Foulkes.[245] Como resultado de su experiencia con grupos, Bohm plantea que para alcanzar un diálogo real se requiere un grupo no demasiado grande ni pequeño, sino mediano, integrado por cerca de diecisiete personas. La importancia del grupo mediano será un requisito que Blake sugiere para garantizar las características esenciales del diálogo, que son: "comenzar desde la ignorancia, establecer igualdad entre los participantes, reconocer a cada persona como sujeto no como objeto, operar en el momento presente con creatividad, se requiere también que haya diversidad de puntos de vista, con lo que se produce una unidad que no puede ser dirigida ni predicha" (Blake, 2009: 11).

Por diálogo Blake entiende una conversación de libre circulación no dirigida al futuro, sino al momento presente, con una estructura difusa que permita la emergencia del habla. Requiere la suspensión de los hábitos cotidianos y de las suposiciones en el discurso. Si hay una adecuada diversidad en el grupo mediano, el significado se encontrará entre lo conocido y lo desconocido pero no puede ser observado, requiere participación para que se dé la estructura básica de la construcción de significado. La observación, dice Blake, separa al observador de lo observado, mientras que en la participación solo hay caminos por trazar, no hay modelos por aplicar.

Usando el Eneagrama, Blake afirma que se puede simbolizar el proceso de construcción del significado compartido mediante el triángulo

---

[245] S. H. Foulkes, médico, psiquiatra y neurólogo alemán, autor de numerosos textos sobre psicoterapia de grupo, entre ellos *Therapeutic Group Analysis* (1964), Reino Unido: George Allen & Unwin. Fue psicoanalista de Norbert Elias y lo invitó a formar parte de un grupo interdisciplinario, cuyos resultados se publicaron en *Psychiatry in a changing society.*

que se encuentra dentro de la circunferencia. El trecho que va del 9 al 3 representa al primer proceso, que es la articulación de cada parte del significado. El segundo proceso, que va del 3 al 6, corresponde a la organización de ese significado en un nivel más alto. El tercer proceso comienza en el 6 y se da con la creación del significado final, en el 9, que puede expresarse en forma de historias o de símbolos. Las líneas de la hexada describen cómo los variados elementos que entraron en juego se relacionaron unos con otros en un significado interno. Pero todo esto forma parte de una serie de aportes teóricos y prácticos que hace Blake y que habría que estudiar para ser compartida en otro libro. Sin embargo, queda claro que en esta, como en otras áreas, el Eneagrama encierra territorios aún inexplorados.

Palabras finales

Hubo un tiempo para intentar y lo intenté. Llegó el tiempo de dar por terminada la búsqueda en el pasado. Aquí entrego la estafeta. Me anclo en lo único que existe: el presente. Que quienes vienen detrás viajen, revisen archivos, cotejen fuentes y respondan interrogantes históricas.

Por mi parte, quiero renacer aunque en mi generación haya quienes creen que se acerca el tiempo de morir. Abro otro intento sin modelos cerrados, sin rutas fieramente trazadas por otros, con atención –eso sí– a los tropiezos egoicos de todas las épocas.

Es tiempo de verme en el otro, de dialogar con los otros, de ser con el diferente, con ese que digo que no me entiendo. Construir comunidad es el proyecto. Comunidad que entrelaza lo mejor de las diferencias a partir del objetivo compartido. Ante los desánimos del entorno se impone un descentramiento que satisfaga el placer del intercambio recíproco.

Si algo de esto se pudo lograr en el pasado no hay nada que nos impida reinventar el presente.

Mixcoac, Ciudad de México, 16 de enero de 2016

ADDISON, Howard (2005), *El Eneagrama y la Cábala*, Málaga, España: Sirio.

ALGAR, Hamid (1976), "The Naqshbandi Order: a Preliminary Survey of its History and Significance", en *Studia Islamica*, núm. 44, pp. 123-152, París: Maisonnueve & Larose.

ALMAAS, A.H. (2002), *Facetas de la Unidad. El Eneagrama de las Ideas Santas*, Barcelona: La Liebre de Marzo.

ALMAAS, A.H. (2004), *The Inner Journey Home. Soul's Realization of the Unity of Reality*, Boston: Shambhala Publications.

ARANDA PESCADOR, Carlos (2013), *Aproximación al origen del pensamiento de G.I. Gurdjieff: las raíces musulmanas*, Tesis doctoral, Madrid: Facultad de Filología, Universidad Complutense de Madrid.

AUSEJO, Elena (2004), "La cuestión de la obra científico-matemática de Ramón Llull", en *Llull, Revista de la Sociedad Española de Historia de las Ciencias y de las Técnicas*, vol. 1, Zaragoza.

BAKHTIAR, Laleh (2013a), *Rumi's Original Sufi Ennveagram*, Chicago: Institute of Traditional Psychology.

BAKHTIAR, Laleh (2013b), *The Sufi Enneagram. The Secrets of the Symbol Unveiled*, Chicago: Institute of Traditional Psychology.

BEESING, Maria, NOGOSEK, Robert y O'LEARY, Patrick (2004), *El Eneagrama, un camino hacia el autodescubrimiento*, Madrid: Narcea S.A. de Ediciones.

BENNETT, J.B. (1973), *Gurdjieff: Making a New World*, London: Turnstone Press.

BENNETT, J.B. (1974), *Witness, the autobiography of John Bennett*, Tucson, Arizona: Omen Press.

BENNETT, J.B. (1975), *Gurdjieff, A Very Great Enigma*, Gloucestershire: Coombe Springs Press.

BENNETT, J.B. (2007a), *Estudios sobre el Eneagrama*, Málaga, España: Sirio.

BENNETT, J.B. (2007b), *Los grandes maestros de la sabiduría*, México: Grupo Editorial Tomo.

BERGADÁ, María Mercedes (1950), "El aporte de Francisco Suárez a la Filosofía Moderna", en Actas del Primer Congreso Nacional de Filosofía, tomo III, Argentina: Universidad de Córdoba.

BERLIN, Isaiah (1992), *Impresiones personales*, México: Fondo de Cultura Económica.

BLAKE, A.G.E. (1996), *The Intelligent Enneagram*, Boston & London: Shambala Publications.

BLAKE, Anthony (2009), *The Supreme Art of Dialogue. Structures of Meaning*, Charles Town, West Virginia: Du Versity Publications.

CASSIN, Elena *et al.* (1982), *Los Imperios del Antiguo Oriente*, tomo I, Madrid: Siglo XXI de España Editores.

CASSIN, Elena *et al.* (1983), *Los Imperios del Antiguo Oriente*, tomo III, Madrid: Siglo XXI de España Editores.

CHEVALIER, Jean (1986), *El Sufismo y la tradición islámica*, Barcelona: Kairós.

CHOURAQUI, André (1991), *La historia del judaísmo*, México: Publicaciones Cruz.

COLLIN, Rodney (1989), *El desarrollo de la luz*, México: Editora y Distribuidora Yug.

COLLIN, Rodney (1990), *La teoría de la vida eterna*, México: Editora y Distribuidora Yug.

COLLINS, Randall (2005), *Sociología de las filosofías. Una teoría global del cambio intelectual*, Barcelona: Editorial Hacer.

DANIELS, David y PRICE, Virginia (2010), *Eneagrama esencial: Test de personalidad y guía de autodescubrimiento*, Barcelona: Urano.

DEBUS, Allen (1986), *El hombre y la naturaleza en el Renacimiento*, México: Fondo de Cultura Económica.

ELIAS, Norbert (1994), *Conocimiento y poder*, Madrid: Ediciones de la Piqueta.

ELIAS, Norbert (1998), *La civilización de los padres y otros ensayos*, Bogotá: Norma.

EMPEREUR, James (2000), *El Eneagrama y la dirección espiritual: nueve caminos para la guía espiritual*, Bilbao: Desclée de Brouwer.

EVAGRIO PÓNTICO (1972), *The Prakticos & Chapters on Prayer*, Kentucky: Cistercian Publications.

FABRE, P.A., CÁRDENAS, Elisa y BORJA, J.H. (coords.) (2014), *La Compañía de Jesús en América Latina después de la Restauración: los símbolos restaurados*, México y Bogotá: Universidad Iberoamericana Ciudad de México y Pontificia Universidad Javeriana.

FARA, Patricia (2009), *Science. A Four Thousand Year History*, New York: Oxford University Press.

FERNÁNDEZ, Álvaro (2011), *La teúrgia de los Oráculos Caldeos. Cuestiones de léxico y de contexto histórico*, Tesis doctoral, Granada, España: Universidad de Granada, Departamento de Filología Griega y Filología Eslava.

GARCÍA, Rolando (2000), *El conocimiento en construcción. De las formulaciones de Jean Piaget a la teoría de los sistemas complejos*, Barcelona: Gedisa.

GARCÍA MARTÍNEZ, Florentino (1993), *Textos del Qumrám*, Madrid: Trotta.

GILBERT, Adrian (2002), *Magi*, Montpellier, VT: Invisible Cities Press.

GÓMEZ DE LIAÑO, Ignacio (1998), *El círculo de la sabiduría. Diagramas del conocimiento en el mitraísmo, el gnosticismo, el cristianismo y el maniqueísmo*, Madrid: Siruela.

GÓMEZ DE LIAÑO, Ignacio (2001), *Athanasius Kircher. Itinerario del éxtasis o las imágenes de un saber universal*, Madrid: Siruela.

GRANADA, Miguel (1994), "Agostino Steuco y la perennis philosophia", en *Daimon, revista de Filosofía*, núm. 8, España: Universidad de Murcia.

GURAIEB, José (1976), *El Sufismo en el Cristianismo y el Islam*, Buenos Aires: Kier.

GURDJIEFF, G.I. (2006), *Encuentro con hombres notables,* Bogotá: Solar.

HEGEL, Georg Wilhelm Friedrich (1974), *Lecciones sobre la Filosofía de la Historia Universal,* Madrid: Ediciones de la Revista de Occidente.

HELFFERICH, Adolph (1858), *Raymund Lull und die Anfänge d. Catalonischen Literature*, Berlin: Springer.

HUXLEY, Aldous (2010), *La filosofía perenne*, Barcelona: Edhasa.

ICHAZO, Óscar (1982a), *Between Metaphysics and Protoanalysis. A theory for analyzing the human psyche*, New York: Arica Institute Press.

ICHAZO, Óscar (1982b), *Interviews with Oscar Ichazo*, New York: Arica Institute Press.

ICHAZO, Óscar (1988), *Letters to the School*, New York: Arica Institute Press.

JUNG, Carl G. (1996), *Recuerdos, sueños, pensamientos*, Barcelona: Seix Barral.

JUNG, Carl G. (2001), *Civilización en transición*, vol. 10 de la Obra Completa, Madrid: Trotta.

KARAMUSTAFA, Ahmet T. (2007), *Sufism. The Formative Period*, Berkeley, CA: University of California Press.

KUHN, T.S. (1983), *La estructura de las revoluciones científicas*, México: Fondo de Cultura Económica.

KÜNG, Hans (2014), *La Iglesia Católica*, México: Penguin Random House Grupo Editorial.

LAO TSÉ (2012), *Tao Te Ching. Los libros del Tao*, edición y traducción de Iñaki Preciado, presentación de María Teresa Román, Madrid: Trotta.

LAPID-BOGDA, Ginger (2006), *Eneagrama y éxito personal*, Barcelona: Urano.

LÓPEZ FÉREZ, Juan Antonio (2009), *Filón de Alejandría: Obra y pensamiento. Una lectura filológica*, versión *online* de la *Revista Synthesis*, vol. 16, ISSN 1851-779X, Argentina: La Plata.

MADIROLAS, Eduardo (2005), *El camino del Árbol de la Vida, vol. I, Un curso de introducción a la Cabalá Mística*, Barcelona: Equipo difusor del libro.

MADRIGAL, Santiago (2014), *Los Jesuitas y el Concilio Vaticano II: Meditación histórica en el Bicentenario de la Restauración de la Compañía de Jesús*, Madrid: Universidad Pontificia de Comillas.

MAJERCIK, Ruth (1989), *The Caldean Oracles, Text, Translation and Commentary*, Netherlands: E.J. Brill.

MARTIN, Desmond R. (1966), "Account of the Sarmoun Brotherhood", en Davidson, Roy Weaver, *Documents on Contemporary Dervish Communities*, London: Hoopoe Ltd.

MASON, Stephen F. (1988), *Historia de las ciencias. La ciencia antigua, la ciencia en Oriente y en la Europa Medieval*, México: Alianza Editorial Mexicana.

MATURANA, Humberto (2004), *Desde la Biología a la Psicología*, Buenos Aires: Editorial Universitaria y Grupo Editorial Lumen.

MATURANA, Humberto y VARELA, Francisco (2004), *De Máquinas y Seres Vivos. Autopoiesis: la Organización de lo Vivo*, Buenos Aires: Editorial Universitaria y Grupo Editorial Lumen.

MEIER, John P. (1997), *Un judío marginal. Nueva visión del Jesús histórico*, tomo II/2, Navarra, España: Verbo Divino.

MOORE, James (1993), *Gurdjieff, a Biography, the Anatomy of a Myth*, Great Britain: Element Books Limited.

MUELLER, Fernand-Lucien (2007), *Historia de la psicología: De la Antigüedad a nuestros días*, México: Fondo de Cultura Económica.

NARANJO, Claudio (2001), *Carácter y Neurosis, una visión integradora*, Vitoria-Gasteiz, España: Ediciones La Llave.

NARANJO, Claudio (2012), *27 personajes en busca del ser*, Barcelona: Ediciones La Llave.

NEEDHAM, Joseph (2004), *De la ciencia y la tecnología chinas,* México: Siglo XXI Editores.

NICOLL, Maurice (1972), *Comentarios psicológicos sobre las enseñanzas de Gurdjieff y Ouspensky*, Buenos Aires: Kier.

NOTT, Charles (1984), *Further Teachings of Gurdjieff: Journey Through this World,* Maine: Samuel Weiser.

NOTT, Charles (1990), *Teachings of Gurdjieff: A Pupil's Journal*, London: Penguin Group.

ORAGE, Alfred R. (2010), *Ensayos*, México: Ediciones G.

OUSPENSKY, P.D. (1977), *Fragmentos de una enseñanza desconocida*, Buenos Aires: Librería Hachette.

OUSPENSKY, P.D. (1988), *La consciencia. Una búsqueda de la verdad*, Madrid: Luis Cárcamo Editor.

PALMER, Helen (1991), *The Enneagram. Understanding Yourself and the Others in Your Life*, New York: Harper Collins.

PALMER, Helen (1995), *The Enneagram in Love and Work: Understanding your Intimate and Business Relationships*, New York: Harper Collins.

PANG, Ming (2014), *The Theory of Hunyuan Whole Entity*, ZQ Educational Corporation.

PANIKKAR, Raimon (2006), *Paz e interculturalidad. Una reflexión filosófica*, Barcelona: Herder.

PÉREZ, Roberto A. (2015), *Manual de Eneagrama*, tomo I, distribuido en el curso impartido del 27 al 29 de enero de 2015 en Rosarito, Baja California, México.

PÉREZ TAMAYO, Ruy (1997), *De la magia primitiva a la medicina moderna*, México: Fondo de Cultura Económica.

PICO DELLA MIRANDOLA, Giovanni (1984), *De la dignidad del hombre*, Madrid: Editora Nacional.

PLATÓN (2007), "Timeo o de la Naturaleza", en *Diálogos*, México: Porrúa.

PUECH, Henri-Charles (1982), *Las religiones constituidas en Asia y sus contracorrientes,* México: Siglo XXI.

REDONDI, Pietro (1990), *Galileo herético*, Madrid: Alianza Editorial.

REICH, Wilhelm (1993), *Análisis del carácter*, México: Paidós.

REYES, Alfonso (1982), *Obras Completas*, vol. XVIII, México: Fondo de Cultura Económica.

REYES, Alfonso (1983), *Obras Completas*, vol. XIII, México: Fondo de Cultura Económica.

RISO, Don Richard (1997), *Descubre tu perfil de personalidad en el Eneagrama*, Bilbao: Desclée de Brouwer.

RISO, Don Richard (2001), *Cambia con el Eneagrama*, Bilbao: Ediciones Mensajero.

RISO, Don Richard (2009), *Tipos de personalidad. El Eneagrama para descubrirse a sí mismo,* Santiago de Chile: Cuatro Vientos Editorial.

RISO, Don Richard y HUDSON, Ross (2000), *La sabiduría del Eneagrama*, Barcelona: Urano.

ROHR, Richard y EBERT, Andreas (2006), *El Eneagrama, los Nueve Rostros del Alma*, Valencia, España: Edicep.

ROHR, Richard y EBERT, Andreas (2009), *The Enneagram, a Christian Perspective*, New York: The Crossroad Publishing Company.

ROSSI, Paolo (1989), *Clavis Universalis. El arte de la memoria y la lógica combinatoria de Lulio a Leibniz*, México: Fondo de Cultura Económica.

SAMBURSKY, Samuel (1990), *El mundo físico de los griegos*, Madrid: Alianza Universidad.

SCHÄFER, Peter (1995), *El Dios escondido y revelado*, Madrid: Caparrós Editores.

SCHOLEM, Gershom (1996), *Las grandes tendencias de la mística judía*, México: Fondo de Cultura Económica.

SHAH, Idries (2006), *Los sufís,* Barcelona: Kairós.

SHIRLEY, John (2011), *Gurdjieff, Vida y enseñanzas*, Barcelona: La Liebre de Marzo.

STEINER, Rudolf (1966), *El misterio de los temperamentos*, Buenos Aires: Editorial Antroposófica.

SVIRI, Sara (2010), *Hakim Tirmidhi y el movimiento Malamatí en los inicios del Sufismo,* The Golden Sufi Center, en: http://goldensufi.org/s_a_ss_malamati.htlm.

TEILHARD DE CHARDIN, Pierre (1964), *La visión del pasado*, Madrid: Taurus Ediciones.

TEILHARD DE CHARDIN, Pierre (2002), *El corazón de la materia*, Santander: Sal Terrae.

TEOFRASTO (1994), *Caratteri*, Milano: Garzanti.

WAGNER, Jerome (1998), *The Enneagram and the Spiritual Journey*, Chicago: The Midwest Ministry Development Service.

WAGNER, Jerome (2010), *Nine Lens of the World*, Evanston, Illinois: Nine Lens Press.

WEISMANN, Itzchak (2009), *The Naqshbandiyya. Ortodoxy and Activism in a Worldwide Sufi Tradition*, New York: Routledge.

WILTSE, Virginia y PALMER, Helen (2011), "Hidden in Plain Sight: Observations on the Origins of the Enneagram", en *The Enneagram Journal*, vol. IV, issue 1, julio.

YATES, Frances A. (1990), *Ensayos reunidos I, Lulio y Bruno*, México: Fondo de Cultura Económica.

YATES, Frances A. (1991), *Ensayos reunidos II, Renacimiento y Reforma: la contribución italiana*, México: Fondo de Cultura Económica.

ZERMEÑO, Guillermo (2003), "Libros jesuitas incautados y proscritos", en *Artes de México*, Ciudad de México, núm. 68, pp. 61-68.

ZWEMER, Samuel (1902), *Raimundo Lulio, primer misionero entre los musulmanes*, Madrid: Sociedad de Publicaciones Religiosas.